羅光全書

冊九

中國哲學思想史

——魏晉隋唐佛學篇（下）

臺灣學生書局印行

中國哲學思想史

魏晉隋唐佛學篇（下）

目錄

第七章 妙法蓮華經——天台宗……六九九

第八章　禪宗

第五章　本體宗論

一、大智度論

大智度論，爲龍樹的作品，鳩摩羅什譯成漢文，共百卷。龍樹作這部大論，註釋大般若經，提倡大乘，成於佛滅後六七百年間。譯本開端有僧叡的一篇序文，文中說：「經本既定，乃出此釋論論之。略本有十萬偈，偈有三十二字，並二十萬言。梵夏既乖，又有煩簡之異，三分除二，得此百卷，於大智三十萬言，玄章婉旨，朗然可見，歸途直達，無復惑趣之疑，以文求之，無間然矣。」

大般若波羅蜜多經，略稱大般若經，唐玄奘譯，共六百卷，爲佛所說，分爲四處十六會。四處爲佛說經的地名，一爲王舍城的鷲峯山，二爲舍衞國的給孤獨園，三爲他化自在天宮，四爲王舍城竹林精舍的白鷺池。六百卷經爲十六次所說，每次爲一會。最長的爲第一會，卽第一部份四百卷，其他會長短不一，最後的五波羅蜜，卽關於布施、淨戒、安忍、精進、靜慮，卷數很少。中間有些會的經文，分別由南北朝時的高僧譯成單行本。

般若爲梵語 Prajñā 意義爲智慧，龍樹釋論的漢譯名字，稱爲大智度論，便是意譯。

般若經的研究在南北朝時已經很盛，廣弘明集卷十九有幾篇請梁武帝講般若經的啟文，又有御講般若經序，可見當時佛教人士喜歡研究此經典。梁法彪敍述般若經的大概：

「此經亦名爲大品經，古舊相傳有五時般若，窮檢經論，未見其說。唯有仁王般若題列卷後，具有其文。第一，佛在王舍城說大品般若。第二，佛在舍衛國祇洹林中說金剛般若。第三，佛在舍衛國祇洹林說天王般若。第四，佛在王舍城說光讚般若。第五，佛在王舍城說仁王般若。……此土有光讚、放光、道行三經，放光卽是大品，光讚，道行與放光無殊，正以詳略爲異。光讚起序品至散華品凡二十七品，大品至散華有二十九品，光讚闕無二品。道行初起三段，盡後囑累，凡有三十品，依大本除前六品，猶應有八十四品，道行闕無五十四品。光讚道行與大品，事義無異，爲是出經者，辭有文質。爲是在天竺時，已分爲三部。……僧叡所言小品，卽是道行般若。……大品之名，是道安法師出經後事。道安云昔在漢陰十有五載，講放光經，歲常再過，爾時猶未名爲大名前來。小品後至。小品有三十章，大品有九十章，多少不同，以相形待，小大之名所以得生。……摩訶，此言大。般若，此言智慧。波羅，此言，彼岸。蜜，此言度，又云到。具語翻譯云：大智慧度。……」

在中華大藏經第一輯精裝本的第一册到第五册，所收的經典，都是般若經。有大般若波羅蜜多經六百卷唐玄奘譯；有放光摩訶般若波羅蜜經三十卷，晉無羅叉和竺法蘭合譯；有摩訶般若波羅蜜三十卷，鳩摩羅什譯；有千佛說光讚般若波羅蜜經十卷，晉竺法護譯；有道行摩訶般若波羅蜜經十卷，後漢支婁迦讖譯；有小品般若波羅蜜經十卷，鳩摩羅什譯；有金剛般若波羅蜜經一卷，見三種譯文，爲鳩摩羅什譯，元魏留支譯，陳眞諦譯。摩訶般若，放光般若，光讚般若，都是第一會的經品，但品有開合，文有長略不同。道行般若，小品般若，爲第四會的經品。金剛般若爲第九會的經品。

梁簡文帝作大法頌幷序，在序文中云：

「以爲般若經者，方等大法，峻極靡際，深淺無底。籠萬善乎無相，兆九垓而無邊。譬猶枝州，入大海而同味，衆芳雜彩，到須彌而一色。空空不著，如如俱會，不合不散，無去無來。種覺可生，允茲佛母，羣往弗逮，是號經王。」

按天台宗五時判教，般若爲第四時。第一時說華嚴，第二時說小乘法，第三時說方等大乘經，第四時說般若，第五時說法華涅槃。般若經的中心思想在於『一切法皆不合不散，無色無形，無對一相，所謂無相。』（大智度論卷第四十四，句義品第十二）

在中國的第一册般若譯文，是支婁迦讖所譯道行般若，稍後有晉法護所譯千佛說光讚般若及竺法蘭的放光般若。

大智度論的譯者鳩摩什曾譯摩訶般若波羅蜜經三十卷。大智度論提爲摩訶般若波羅蜜譯論。

1. 般若

甲、般若爲光明

般若爲梵語的音譯，意義則是智慧。在般若經開端，解釋佛爲何說般若經，說佛大放光明，遍照十方世界。

「佛現神足，放金色光明，遍照十方如恆河沙等世界，示現大身清淨光明，種種如色，滿虛空中，佛在衆中，端正殊妙，無能及者。」（大智度論卷第一，緣起論）

以光明表示智慧，佛代表般若實體。般若智慧，好似金色光明，遍照一切世界。中國般若譯本有放光摩訶般若波羅蜜和千佛說光讚般若波羅蜜經，都是以光明作爲般若的特性。

「經。從足下千輻相輪中放六萬億光明。

論。……佛欲現智慧光明初相故，先出身光。衆生知佛身光，既現智慧光明，亦應當出。復以，衆生常著欲樂，五欲中第一者色，見此光明，心必愛著，捨本所樂，令其心漸離欲，然後爲說智慧。」（大智度論卷第七，釋初品中放光）

佛自身上，五官百體放出六百萬億光明，這光明的用意，使衆生見到，心能脫離欲望，取得智慧。經典上以多註譬喻，解說佛身光明。佛毛孔皆放光明，遍照三千大千世界。又佛出廣長舌相，出千萬億光，但是佛身對於眾生，則常現一丈光。

「問曰：何爲常光？答曰：佛身四邊各一丈光明。菩薩生便有，此是三十二相之一，名爲丈光相。問曰：一切諸佛常光無量，常照十萬世界。釋迦牟尼佛神通無量，或一丈百丈千丈萬億，乃至滿三千大世界，乃至十方，如諸佛常法。但於五濁也爲衆生少德少智，故受一丈光明。若受多光，今衆生薄福鈍根，目堪其明。如人見天身，眼則失明，以光盛眼微故。若衆生利根福重，佛則爲之現無量光明。」（大智度論卷第八，釋初品中放光之餘）

佛的光明爲光照眾生，按照眾生所處的心境，普通眾生愚昧很深，祇能承受些微光明，佛所以常現一丈光相。佛說法常按聽眾的承受力若何，對一般聽眾，若講深奧佛法，則不能懂。佛教的五時三教，便是這種實例。

佛放光明，不是佛的生身，而是佛的法性身。生身佛即是說法之佛，爲受諸罪報身，並不是因自身有罪，而是爲眾生方便。法身佛則滿十方虛空，無量無邊，放出光明。

「佛有二種身，一者法性身，二者父母生身。是法性身，滿十方虛空，無量無邊，色相端正，相好莊嚴，無量光明，無量音聲，聽法衆亦滿虛空，常出種種身，種種名號，種種生處，種種方便度衆生，常度一切，無須臾息時。如是法性身佛，能度十方衆生。受諸罪報者，是生身佛。生身佛次第說法，如人法。以有二種佛故，受諸罪無咎。復次，佛卽得道時，一切不善法盡斷，一切善法皆成就，云何今實有不善法報可受？但憐愍未來世衆生，故現方便，受此諸罪。」（大智度論卷第九，釋初品中視普身）

般若經爲佛教第四時的空教，尚在小乘大乘之間，沒有三身的確實觀念，然而經中已經有法身和報身的思想。法身佛不是生身佛，生身佛同人一樣，雖是道德很高的尊者，然仍是人。法身佛則超越現實，爲一超越的現實，乃是般若實相，不是智慧德能，而是智慧的本體。天主教信仰基督耶穌有二種性，一爲人性，一爲天主性，基督以人性則是人，以天主性則是天主。因爲是人，便能受苦捨生爲贖人罪；因爲是天主，便能提攝眾人，使超凡入聖。這種信仰，在觀念上，和佛的二身，略有相似。

乙、般若爲佛心爲菩提

般若爲清淨的心，爲『一』爲『常』。這種心從本已來，不生不滅，如涅槃相。

「經。於一切法不著故，應具足般若波羅蜜。(1) 論。云何名般若波羅蜜？答曰：諸菩薩從初發心，求一切種智，於其中間知諸法實相慧，是般若波羅蜜。問曰：若爾者，不應名爲波羅蜜。何以故？未到智慧故。答曰：佛所得智慧是實波羅蜜，因中說果故。是般若波羅蜜，在佛心中，變名爲一切種智。菩薩行智慧，求度彼岸，故名波羅蜜。佛已度彼岸，故名一切種智。」（大智度經卷第十八，釋初品中般若波羅蜜）

「般若波羅蜜，實法不顚倒，念相觀已除，言語法亦滅，無量衆罪除，清淨心常一。」（同上）

般若爲佛心的一切智，而一切智就是佛心。智就是心，心就是智，智不能離心。這心常是一。宗鏡錄說：

「行般若波羅蜜者，畢竟清淨，無所窒礙。一念中，能散十方一切如恆河沙等三千大千國土，大地諸山微塵。故知有眞心。……金光明經疏云：如日光能照天下，不能照道理。心智之光明，能發智理事，故心是光。若心礙闇，體則憔悴。心有智光，膚色充澤。故云般若大故色大，般若淨故色淨，卽是明也。……又知依知正名光，知一切法爲明。是以若於宗鏡纔有信入，便生圓解，能發眞正菩提心，更無過上，是無等心，是最勝心，是最實心。」（宗鏡錄卷九）

宗鏡錄以般若爲光明，「能發智照理；故心是光。」心是光，也稱菩提心。菩提爲道爲覺。大智度論說：

「問曰：何等名菩提？何等名薩埵。答曰：菩提名諸佛道。薩埵名成衆生。……如是，人爲一切衆生，脫生老死故，索佛道，是名菩提薩埵。復次，三種道皆是菩提：一者佛道，二者聲聞道，三者辟支佛道。」（大智度論卷第四，釋初品中菩薩）

佛道爲菩提，爲智。辟支佛道和聲聞道，不足稱爲菩提；因尙不圓滿。菩提爲佛道，乃是一切智；佛道的菩提心，乃是一切智心。

「經。須菩提言：世尊，是阿耨多羅三藐三菩提心無等等心，不共聲聞辟支佛心。何以故？是一切智心，無漏不繫故。……論。釋曰：須菩提說摩訶薩無等等心，於是心亦不著。不著者，是菩薩從發心已來，不見有法定相。若生若滅，若增若減，若垢若淨，是心畢竟空。是中無有心相，非心相諸相，畢竟清淨故。」（大智度論卷第四十五，釋斷見品第十四）

菩提心爲佛心，佛心不著於任何相，不見生相，不見滅相，不見垢相，不見淨相，心是畢竟空，又是畢竟淸淨。這種心爲一切種智，爲般若。

丙、般若爲一切種智

般若經講三種智：一切智、道種智、一切種智。

般若的本意就是慧，般若上加摩訶，意爲大智慧，大智慧該有一切種智。

「問曰：何以獨稱般若波羅蜜爲摩訶，而不稱爲波羅蜜？答曰：摩訶，秦言大。般若言慧，波羅蜜言到彼岸。以其能到智慧大海彼岸，到一切智慧邊，窮盡其極，故名到彼岸。」（大智度論卷第十八，釋初品中般若相義）

佛到智慧彼岸，度過一切煩惱、妄想、無明的苦海，到了彼岸，乃是涅槃。涅槃是平等，脫離一切相，超越一切相對的智識，具有一切智慧。但在修行的歷程上，佛分人爲三乘：聲聞人、辟支佛、佛。這三乘都趣向佛法，都得有智慧，佛乃分智慧爲三等。

「經：須菩提言：佛說一切智，說道種智，說一切種智，是三種智，有何差別？

佛告須菩提，薩婆。若是一切聲聞辟支佛智，道種智是菩薩摩訶薩智，一切種智是諸佛智。……

須菩提言：世尊，何爲一切種智相？佛言：一相故，名一切種智。所謂一切法寂滅相。復次，諸法行類相貌名字顯示說佛如實知，以是故名一切種智。

須菩提白佛言：世尊，一切智，道種智，一切種智，是是三智結斷有差別有盡有餘不？佛言：煩惱斷無差別。諸佛煩惱習不悉斷。世尊，是諸人不得無爲法，得斷煩惱惱耶？佛言：不也。世尊，無爲法中可得差別不？佛言：不也。世尊：若無爲法中不可得差別，何以故說是人煩惱習斷，是人煩惱習不斷？佛告須菩提：習非煩惱，是聲聞辟支佛身口，有似婬欲瞋恚愚癡相，凡夫愚人爲人得罪，是三毒習，諸佛無有。」（大智度論卷第八十四釋三慧品第七十下）

牟宗三教授說：「是則聲聞辟支佛之一切智只是籠統地抽象地知一切法之總相，卽只是類概地知之，而不能具體地知其種種別相。……吾人必須分別法類之現象的總相與空如實相之總相。聲聞辟支佛之一切智之知總相，所謂總相，不只是泛說的法類之現象的總相，且當是眞如實相之總相。……是則『一切種智』中之『一切』是直覺中的一切，非概念中的一切；其中之『種』是卽寂滅相之差別相。佛心直覺圓實地盡知遍知一切法門之差別相時卽知其一相無相所謂寂滅相，此卽差而無差。」(2)

由抽象之知和直覺之知，解釋一切智和一切種智的差別，還不如從佛所說「煩惱習」斷否去解釋。佛說「煩惱斷無差別」「諸佛煩惱習不悉斷。」佛以聲聞所有智爲一切智，辟支佛所有智爲道種智，佛所有智爲一切種智。「煩惱斷無差別」，煩惱斷在於心斷十二因緣，即在於心和世間一切法脫離，心無執著。這種境界沒有程度差別，或者斷了煩惱，或者沒有斷，不能有些煩惱斷了，一些煩惱沒有斷。煩惱是相連的，或者一切斷，或者一切都不斷。爲斷煩惱須用無爲法，無爲法沒有差別。佛說：「習非煩惱」，習不是煩惱，而是產生煩惱的根，即是身口意的愚癡相，即是大般涅槃稱爲煩惱習氣，煩惱習氣乃是我執，(大般涅槃經卷第十二)　在斷煩惱習上，則有差別。佛是沒有煩惱習，辟支佛本已斷煩惱，然要入世度眾生，因而具有身口意的愚癡相，當然辟支佛能夠不爲煩惱習所擾；然而仍具有愚癡相。聲聞若得道，努力精神，可以斷煩惱，然而煩惱習則留住。

有煩惱習，便有身口意癡相，心便不能見有平等智，平等智不能普遍智，平等智是最高智慧，把世間一切法的分別都捨離，而祇見般若實相。凡是名字，凡是相，都沒有了，祇有一實相。是空，又不是空。

因此，佛有一切種智，大乘起信論說是無分別智。一切分別都不見了，知道一切種法，又知道這一切種法都是空，佛心清淨，這就是般若。

聲聞的一切智，知道佛法，知道一切皆空，然不能脫離一切法，心常滿足一切假法的相。雖說是智，仍是愚癡；因爲心不清淨。辟支佛有道種智，道種智使辟支佛得佛道，這種智是道種，然而尚未使辟支佛進入涅槃寂靜。三種智若眞眞成爲智，則要入佛的一切種智；因此，三種智的名字也就都成爲一種智的稱呼。

「經：是故佛是實一切智一切種智。有如是無量名字，或時名佛爲一切智，或時名一切種智，或時名爲一切種智人。」（大智度論卷第二十七，釋初品中大慈大悲）

既是同一，祇是名字不同，乃是一種階梯，漸漸往上進。智慧祇是一，在表現上則有不同。

「論：問曰：般若波羅蜜，是菩薩第一道一相，所謂無相，何以說是種種道？答曰：是道皆入一道中。所謂諸法實相，初學有種種差別，彼皆同一，無有差別。」（大智度論卷第二十七）

智雖有三種，道雖有三乘，而實則同歸一道。智雖有三種則同歸一智，即是般若。

「經：欲以道種慧具足一切種智，當習行般若波羅蜜。欲以一切智具足一切種智，當習行般若波羅蜜。」

「論：問曰：一切智一切種智有何差別？答曰：有人言無差別。或時言一切智，或時言一切種智。有人言總相是一切智，別種是一切種智，因是一切智，果是一切種智。略說一切智，廣說一切種智。」（同上）

這種分別，龍樹也不能表示意見。總之，般若是智慧，是一切智慧的實相。人在修行時，須經過許多路途，路途的旅程，能有許多名字，然都是向着般若智慧。這些旅程的站牌，也稱爲般若波羅蜜。但最後則走入般若智。

2. 法

甲、法

『法』爲事物，在佛教各宗派裏都佔重要位置；並不是因爲『法』重要，而是因爲佛教要解脫人的痛苦，痛苦則在事物裏，佛教各宗派便都解釋『法』的意義，也把『法』分成許多種類。大般若經也講到這個問題。

「經：須菩提白佛言：世尊，何等是一切法？云何一切法中，無礙相學應知？

佛告須菩提，一切法者：善法、不善法、記法、無記法；世間法、出世間法；有漏法、無漏法；有爲法、無爲法；共法、不共法。須菩提，是名一切法。菩薩摩訶薩(3)是一切法無礙相中應學應知。」（大智度論卷第四十四，釋句義品第十二）

佛所舉的一切法，都屬於人事，而不屬於自然界的物；祇有共法和不共法，屬於理則學。佛教以自然界的物由人心所造作，離了心便沒有物，所以自然界的物被包括在人事以內。所謂有漏法，世間法便是自然界事物的因緣。

佛所舉的一切法，在同一卷裏又加以說明，舉出各種細節。例如：

「世間善法者：孝順父母，供養沙門婆羅門，敬事尊長，布施福處，持戒福處，修定福處，勸導福事，方便生福德，世間十道善，九相：脹相、血相、壞相、膿爛相、青相、噉相、散相、骨相、燒相。四禪，四無量心，四無定色，念佛、念法、念僧、念戒、念捨、念天、念善、念安般、念身、念死，是名世間善法。」（同上）

這些法爲人事，人事由人心所起，有善惡，有果報，對於佛教度人脫離苦海的宗旨有密切關係。

「論。一一法有九種：一者有體，二者各各有法（本能），三者諸法各有力，四者諸法各自有因，五者諸法各自有緣，六者諸法各自有相，七者諸法各自有性，八者諸法各自有限礙，九者諸法各自有開道方便。」（大智度論卷第三十二，釋初品中四緣義）

每一法有體、能、力、因、緣、相、性、限、方便。這九種有，爲法的特點。體、性、相，爲每一法之所以成爲法的原素；因、緣，則爲每一法所以能存在的根由，本能、力、限、方便，爲每一法的特性。從佛法看來，一切法都是空，法的體、性、相、能、力、限、方便，都沒有價值，而最主要的則是每一法的因緣，若能斷絕因緣，諸法便消失，痛苦則就斷滅了。

大般若講四緣：

「經：菩薩摩訶薩，欲知諸法因緣，次第緣，緣緣，增上緣，當學般若波羅蜜。

論：一切有爲法，皆從四緣生。」（大智度論卷第三十二，釋初品中四緣義）

四緣爲佛教最早的因緣論，後來各宗對四緣有所增多，但各宗派都與接受。四緣的名稱，因緣常稱因緣，次第緣也稱等無間緣，所緣緣也稱境界緣，增上緣常稱本名。佛說若想知道四緣，應學般若波羅蜜，這是爲什麼呢？是不是因爲般若波羅蜜講明這四緣呢？卻不是這樣。

「經。云何說欲知四緣，當學般若波羅蜜？

答曰：汝不知般若波羅蜜相，以是故說，般若波羅蜜中四緣皆不可得。般若波羅蜜於一切法，無所捨，無所破，畢竟清淨，無諸戲論。如佛說四緣，但以少智之人，着於四緣而生邪論，爲破著故，說言諸法實空，無所破。如心法從內外處因緣和合生，是心如幻如夢，虛誑無有定性。心數法亦如是。」(同上)

般若波羅蜜教人明白諸法是空，使四緣消失。四緣論是對少智的人說明因緣，以能明白諸法皆空。因此，般若對於一切法所有的說明，乃是『諸法實空。』

乙、空

佛教的判教論以小乘有部爲初級的佛教，第二級則是破有而說空的般若，唯識論夾在有和空之間，所以稱爲大乘權教。中論則從空論再進一級，以結合有與空，而講非有非空，亦有亦空。最後則有大乘圓教，以一切互相圓融。

大智度論，講十八空：

「經。復次，舍利弗菩薩摩訶摩，欲位內空、外空、內外空、空空、大空、第一義空、有爲空、無爲空、畢竟空、無始空、散空、性空、自相空、諸法空、不可得空、無法空、有法空、無法有法空，當學般若波羅

蜜。」（大智度論卷第三十一，釋初品中十八空）

在論裏，龍樹對十八空，予以解釋，列舉有關的節目。

內空，爲內法空，內法爲五種感覺和意識，卽眼耳鼻舌身意，所謂根。六識皆空無，便沒有主體和客體。龍樹說：「無我，無我所，無色法。」

外空，爲外法空。外法爲六入，卽是六塵，色、香、味、觸、聲、法（識）。是六識所得的識，如眼得色識。外空，把六識爲空，則也就『無我，無我所，無色法』。

內外空，爲內外法，是十二入，卽內六入和外六入。使「十二入中無我，無我所，無內外法。」

空空者，是以空破內空外空，故稱爲空空。內空外空的辨法，自己默觀內身的三十六種不淨，很可厭惡。觀了內身的不淨，又觀自身的外面也是不淨。這兩種空觀都是實，是爲智小根鈍的人講說。若入大乘，則須破壞這兩種空觀，使內外空都空，故名空空。不着心在內空，也不着意在外空，祇有一個『空』，空破一切法，然後連空也放棄，乃是空空。

大空者，爲聲聞法的空。聲聞法的空，是十方相空。方爲空間，空間本來是無，但在世俗諦中還是有，因此該以摩訶摩法去破。大空的大，以來方無邊，故稱爲大；一切處所都是有，故稱爲大；包括一切的彩色，故稱爲大；方處常有，故稱爲大；爲世間所有益，故稱爲大；衆生因而不迷悶，故稱爲大，既然稱爲大，乃能因法而破，故名爲大空。這種空觀，破除空間的觀念，或者造成超越空間的心境，不爲物質所牽絆。

第一義空者，空第一義，第一義以諸法都是實相，不破不壞；把這第一義的諸法實相作爲空，乃能無受無着。無受是對於世間煩惱不有感受；無着是對於愛欲沒有牽着。涅槃空即第一義空。涅槃分兩種：有餘涅槃和無餘涅槃。有餘涅槃，對於煩惱還有感受，無餘涅槃則不感受煩惱。以涅槃爲空，即是以有餘涅槃爲空。

有爲空，以有爲法爲空。有爲法名爲因緣和合而生，即諸法都由因緣和合而生。有爲空，以因緣爲空，無我，無我所，諸法常存不變易。無爲法空，以無爲法爲空。無爲法觀有爲法和無爲法實相，以萬有爲因緣所生皆是虛妄，無有作者。把這種法也作爲空，不見有爲法和無爲法的聯繫，不取有爲法和無爲法的相。因爲若以無爲法破有爲，心着無爲，又生結絆，能起不善業；故無爲法也該作爲空。

畢竟空者，以有爲空無爲空破一切法，名爲畢竟空。內空，外空，內外空，十方空，第一義空，有爲空，無爲空，使一切都空，更沒有空法，乃稱爲畢竟空。畢竟空要在經過以上各種空法，已經達到一切都視爲空的境界。凡是四大所結，天和微塵，因和果，以及三世，都變成了空。

無始空者，以眾生眾法都沒有始。一切眾生，都從前世因緣而有，前世復從前世而有，這樣展轉，眾生沒有開始點。再如：若先有生而後有死，生不從死來；若先有死而後有生，生不能從死來，故眾生沒有始。然若以這種無始破有始，則又墮在無始的見解中，故必須以無始空破無始見解。

散空者，以散爲空。散是別離，別離是使因緣分離。一切法都由因緣和合而有，若因緣互相分離，一切法都不有了。譬如車由輻輞轅轂相合而成，若各離散，使沒有車。又如人由五眾和合而成，五眾若離散，便沒有人。因此散便是空。

性空者，是諸法本性常空，祇是因着假業相繼續，似若不空。譬如水性本冷，加以火則熱，火熄又仍變冷。諸法未生時，本無有，祇藉因緣生，因緣散仍又是空；故曰性空。再者，性名爲自有，不待因緣而生；若待因緣而生，乃是造作，不是自性。一切法都是藉着因緣而生，沒有自性，因此，稱爲性空。

自相空者，以相爲空。空有兩種：有總相，有別相。二相都是空，稱爲相空。總相是物的共同特性，譬如無常，別相爲每物的個別特性，如地爲堅，火爲熱。性和相有區別。性爲物的本性，即是體；相是物的識別特點，如僧侶受戒爲僧人的本性；剃髮、割截染衣爲僧人的相。

一切法空者，爲以一切法皆空。一切法包括五眾，十二入，十八界等。一切法都有相，卽知相、緣相、增立相、因相、果相、總相、別相、依相。一切法相都是空，稱爲一切法空。

不可得空者，以一切法由因緣和合而生，在因緣中不可得有所由的法，因爲諸法本來是空，故名不可得空。

無法空，有法空，無法有法空，三空相聯繫，無法空滅無，有法空滅有，無法有法以兩者的相都不可得，故都是空。或者以過去未來的法爲無，以無爲空，稱無法空。以現在的法爲有，以有爲空，稱爲有法空。以三時諸法都爲空，便是無法有法空。

這十八空，在於把內外的事物，事物的性和相，都看爲空。空的基本理由，乃是一切法由因緣而生，沒有性，沒有相，不是實有，所有名是假名。再進而肯定因緣也不是實有。因此內空，外空，內外空，有爲空，散空，性空，自相空，諸法空，不可得空，無法空，有法空，無法有法空，肯定一切法是空。一切法既都是空，則時間空間也不存在，便有大空，無始空。但若空了諸法，心卻有在這種空上，心有所牽着，仍舊不能解脫，因此便應有空空，畢竟空，心空一切，又不着空，畢竟淸淨。

般若的智慧雖講十八空，以一切法爲空，然這並不是佛智的上乘。因爲空觀祇是消極的破除工作，若祇破除而沒有建設，人心乃有空的境況，而沒有達到眞正的智慧，使心安定。般若經教導人不要留在空上，不要以空破空，轉入佛性。

「菩薩行般若波羅蜜，不以內空觀外空，不以外空觀內空，不持內外空觀空空，不持空空觀內外空，亦不以空空見大空，亦不以大空觀空空，亦不以大空見最第一空，最第一空亦不見大空，第一空亦不觀有爲空，有爲空亦不觀第一空，亦不持有爲空觀無爲空，亦不持無爲空觀有爲空，亦不持無爲空觀無邊際空，亦不以無邊際空觀作空，作空亦不觀性空，性空亦不觀作空，作空亦不觀自空，自空亦不觀性空，自空亦不觀諸法空，不持諸法空觀自空，諸法空亦不觀無空，無空亦不觀諸法空，諸法空亦不觀有空，有空亦不觀無空，有空亦不觀無有空，無有空亦不觀有空。舍利弗菩薩作是行般若波羅密轉上便應菩薩之道。」（放光摩訶般若波羅蜜卷第三，舌相光品第八）

大智度論第四十二卷，有一段話和上一段話意義相同，祇是說法不一樣：「內空中不見

外空，外空中不見內空；外空中不見內外空，內外空中不見外空。……」（釋功學品第八）

這一大段的文章，爲般若的經文，似乎和龍樹的思想在大智度論所說十八空有些相牴牾，但是在實際的修行上是相合的。十八空以『空』觀一切法，使一切法爲空，然最後的目標，在於連空也要空。若是以空觀一切，而注意這個空觀，心中便不空，便究竟不潔淨。因此經文說：不以一種空觀另外一個空，不在一種空中見另一種空，卽是不要以空觀的最後法門。

丙、一切法不合不散

若以一切法爲空，一切相爲無，則一切法都散。法之所以有，由於因緣的和合，把因緣離散，則一切法都散而爲空。

般若學卻說一切法不合不散，這怎麼解釋呢？

佛說菩薩若想住在空，以諸事爲空，該學般若波羅蜜，然後又說「欲知一切諸法性者，當學波羅蜜。欲知一切諸法眞際者，當學般若波羅蜜。」（放光摩訶般若波羅蜜經卷第一，放光品第一）

一切諸法性，一切諸法眞際，不祇是一個空，較比空更深。放光般若經卷第二假號品，講諸法的假，一切字爲假。

「舍利弗，行般若波羅蜜，當作是觀。菩薩者，但字耳，佛亦字耳，般若波羅蜜亦字耳，五陰者亦字耳。舍利弗，一切有言吾我者，亦皆字耳。索吾我亦無有吾我，亦無衆生，亦無所生，亦無生者，無人無生，無作無造，亦無成者，亦無受者，亦無授者，無見無得，何以故？一切諸法無所有，用空故。是故菩薩於一切字法，都無所見。於無所見中，復不有見。」（放光般若波羅蜜經卷第二，假號品第三）（參看大智度論卷第四十一，釋三假品第七）

一切法都是假名；所謂假名不是說名學錯誤，而是說一切名是空。一切法祇是空名，沒有相應的實。沒有自我，也沒有物，而且沒有因緣。在一切名中，即字中，不見有實體，『一切諸法無所有，用空故。』

然而所謂無，所謂空，又不是完全的消極虛無。假使是完全虛無，則沒有任何事可說。佛教無法否認一切存在；雖然可以說一切法是假名，然而究其實一切諸法都在眼前。說眼前諸法都是空，爲什麼卻在眼前有一切諸法。若說這是來自人的錯覺，爲什麼人人都有這樣的錯覺呢？若說這是前世業所造成，前世業推到再前世業，問題仍然存在。般若波羅蜜乃講諸法的性和諸法的眞際。

「經：欲知諸法如、法性、實際、當學般若波羅蜜。舍利弗，菩薩摩訶薩應如是住般若波羅蜜。」

「論。諸法如有二種：一者各各相，二者實相。各各相者，如地堅相，水濕相……破地以爲微塵，以方破塵，終歸于空，亦失堅相。如是推求地相則不可得，其實皆空。空則是地之實相。一切別相皆亦如是，是名爲如。」

「法性者，如前說各各法空，空有差別，是爲如。同是一空，是爲法性。法性亦有二種：一種用無者心分別諸法；分別諸法，各自有性故。二者名無量法，所謂諸法實相。……」

「實際者，以法性爲實際故，爲際。……」（大智度論卷第三十二，釋初品中四緣義）

『如』，『法性』，『實際』，都是在空的方面去看一切法。「空有差別，是名爲如，」法不是實有，乃是空。既是空，雖然看來似乎有差別，實際上沒有差別，因此，一切法都是一樣，便稱爲『諸法如』，好似莊子的齊物論的『齊』，以一切法都相如，相等。諸法既是空，法的性便是空，「同是一空，是爲法性。」諸法的實性是空，空便是法的實際，卽是說在實際上諸法都是空，「實際者，以法性爲實際故」。

『實相』，『法性』，『實際』，都是積極的名詞；然而所有的涵義則是空。就『空』一方面說，空當然是不分不合，不增不減，不生不滅。「復次，諸法實相常住不動。」(同上)但是問題卻常是一樣，若是一切法的實際是空，還有什麼可說呢？因此，應該進一步從積極方面去解釋。

大智度論在同一篇中說：『實際卽是涅槃』。

「涅槃種種名字說，或名爲離，或名爲妙，或名爲出，如是等則爲說，實際但不說名字，故曰無因緣。」(同上)

實際乃是涅槃，涅槃不是絕對的虛無，乃是絕對的實際。

『如』是三世平等，生和未生時亦是一樣。

「復次，諸法如者，諸法未生時，生時亦如是，生已過去，現在亦如是。諸法三世平等，是名爲如」(同上)

『三世平等』也是積極的意義。若一切都空，一切是無，就沒有平等可言。一切法不合不散，等於說一切法不生不滅。般若經以爲法不必破壞，因爲法是空，不必破。

3. 實相

般若經講空，不以空爲虛無，而以一切法不合不散，三世平等。這種法名爲『如』，又名爲『無量法』，又名爲『諸法實相』。「諸法實相常住不動」，乃是實際，『實際卽是涅槃』。

實相究竟是什麼？

> 「問曰：如、法性、實際，是三事爲一爲異？若一，云說三？若三，今應當分別說。
>
> 答曰：是三皆是諸法實相異名。……
>
> 復次，知諸法實相中無有常法，無有樂法，無有我法，無有實法，亦捨是

觀法。如是等一切觀法皆滅，是爲諸法實如湟槃，不生不滅，如本不生。譬如水是冷相，假火故熱。若火滅熱盡，還冷如本。用諸觀火，如水得火；若滅諸觀火，如火滅水冷，是名爲『如』。如實常住。何以故？諸法性自爾，譬如一切色法皆有空分，諸法中皆有湟槃性，是名法性。得湟槃種種方便，法中皆有湟槃性。若得證時，如，法性則是實際。復次，法性者無量無邊，非心心數法所量，是名法性。妙極于此，是名眞際。」（大智度論卷三十二）

龍樹解釋實相法性，涅槃，建立實相的思想。實相爲法的本體相，譬如水的實相爲冷。但是世間一切法的相都不是實相，因爲經過愚昧所改造，如水得了火則熱，熱不是水的實相，而是一種假相；因此，世間一切法都是假相。

在假相中隱有實相，這種實相祇是一相，一切法的實相都同是一相，所以說一切平等，一切『如』。這種實相稱爲法性，法性沒有分別的名字，無量無邊，不是心法所能測量，即是不能爲人的智識所認識。「妙極于此，是名眞際」，乃是眞正的實相。體驗實相，就是涅槃。

眞正的實相，在諸法中都有，般若經說：諸法中皆有涅槃性，等於說諸法中皆有佛性；祇是般若經不講佛性。

諸法中有法性，有實相；因此諸法在人認識中的相是假相，便是空，便是不實；所以一切法皆空。可是諸法在假相中具有實相，實相雖不被人所認識，實相是在諸法中，諸法便不是空。因此說諸法：空、非空，不空亦空，不生不滅，不增不減，三世平等。

爲能識得法性，佛教各宗有許多觀法，般若經主張破除這些觀法。『如是等一切觀法皆滅，是爲諸法實如涅槃。』般若經不主張空觀。主張修『般若波羅蜜。』

般若思想在佛教入華的初期爲佛教的主要思想，當時佛教僧師，如道安、慧遠、僧肇等都有般若的思想，而且和道家的思想，在實行生活上，可以融會。後來天臺宗、華嚴宗和禪宗成了中國佛教的主流，般若思想乃隱晦；但是天臺宗則是承般若經的實相論。

註

(一) 波羅蜜 Pāramitā，又作波羅蜜多。意思是究竟，是到彼岸。菩薩度衆生，從生死岸到涅槃岸，故也翻作度。

波羅蜜有六種：一、擅波羅蜜，即布施。二、尸羅波羅蜜，爲戒律。三、羼提波羅蜜，即是忍辱。四、毘梨耶波羅蜜，即是精進。五、禪波羅蜜，即靜慮。六、般若波羅蜜，即智慧。六波羅蜜即是六度。

㈡ 牟宗三 佛性與般若上册，頁二四——二七。學生書局。

㈢ 摩訶薩，又作摩訶薩埵，即大有情，或大心，勇心。為菩薩之通稱。

二、中論

中論為龍樹所著，者目作疏譯，鳩摩羅什譯為中文。為古三論之一。三論為中論、十二門論、百論。前兩論為龍樹所造，百論則為龍門弟子提婆所造。三論為三論宗的根本經典。

中論漢譯有僧叡的序文。序文說：「中論有五百偈，龍樹菩薩之所造也。以中為名者，照其實也；以論為稱者，盡其言也。……百論治外以閑邪，斯文祛內以流滯，大智釋論之淵博，十二門觀之精詣，尋斯四者，真若日月入懷，無不朗然鑒澈矣。」

漢譯中論四卷，分為兩部份，第一部份共十四品，題目都是破；第二部份共十三品，題目都觀。破的目標在破邪見，觀的目標，在知『中論』。

中論開端說：

「問曰：何故造此論？

答曰：有人言萬物諸大自在天生，有言從韋細天生，有言從和合生，有言從時生，有言從世性生，有言從變化生，有言從自然生，有言從微塵生，有如是謬，墮於無因邪因斷常等邪見，種種說我我所，不知正法。佛欲斷如是等諸邪見，令知佛法。故先於聲聞法中，說十二因緣，又爲已習行，有大心堪受深法者，以大乘法說因緣相，所謂一切法不生不滅，不一不異等畢竟空無所有。……佛滅度後百百歲，像法中人根轉鈍……不知佛意，但著文字，聞大乘法中說畢竟空，不知何因緣故空，卽生見疑。……龍樹菩薩爲是等故，造此中論。

不生亦不滅，不常亦不斷，不一亦不異，不來亦不去，能說是因緣，善滅諸戲論，我稽首禮佛，能說中第一。」（中論卷第一，破因緣品第一）

龍樹造中論，爲救誤信般若經執着空義的人，爲彼等講不有不空的中，稱『中』爲第一。

隋吉藏撰中論疏十卷，也撰了三論玄義、大乘玄論。他是中國三論宗的代表人物。吉藏的師父爲法朗，法朗承襲僧朗的思想，僧朗爲法度的弟子，同時的還有曇濟，曇濟爲僧導的弟子，僧導爲鳩摩羅什的弟子。這是中國三論宗的師承關係。

1. 破因緣

中論的第一部份，破斥外道和佛教小乘大乘的邪見。邪見的重點，在於執着一種意見以爲眞理，小乘執着有，大乘執着空，或執着非有非空。中論則主張破除一切執着，以不肯定任何意見爲眞理，因此在破斥邪見以後無所得，一切歸之否定。

佛教的基本原理以一切法都來自因緣，萬法由因緣和合生。然而這種主張雖說是破除了無明的愚昧，知道萬法皆假，仍舊執着有因緣，仍舊執着因緣可以和合；因在萬法有生有滅。大乘進一步說一切法不生不滅，一切平等，常住不變，這仍然是執着一種常住的體。中論則破除一切執着，在否定以後，不以否定所得爲眞理。

中論講『八不』，「不生亦不滅，不常亦不斷，不一亦不異，不來亦不去」。八不的根基，在於否定因緣，因緣在佛教中爲根本的觀念，若否定了因緣，便否定了一切。中論的第一品便是「破因緣品」。

破因緣品的論證，爲邏輯上的論證：

「緣中先非有果非無果，若先有果，不名爲緣，果先有故；若先無果，亦不名爲緣，不生餘無物故。」（中論卷第一，破因緣品第一）

所謂因緣，是因着一種關係，卽是果由緣所生。可是，若是果在出生以先，已經存在緣中，則果不由緣生，緣不能稱爲緣；若是果在出生以前，不存在緣中，緣不能生果，緣也不能稱爲緣。這種論證，爲理則上的論證。通常在哲學上，因果律也常起爭論，就是對於因果的關係不能明白地予以肯定，因爲人的理智力是否可以認識物的本體，大家有不同的意見。中論否定因果關係，從因果的名字去講，果要後於緣，然而果又不能後於緣，果在不緣中，緣就不能生果。中論定一原則：「緣中先非有果非無果」，於是不能稱爲緣。

「若緣能生果，應有三種：若有、若無、若有無，如先偈中說。緣中若先有果，不應言生，以先有故。若先無果，不應言生，以先無故，亦緣與無緣同故。有無亦不生者，有無名爲半有半無，二俱有過。又有與無相違，無與有相違，何得一法有二相！如是三種求果生相，不可得故。云何言有因緣？」（同上）

這一段破除因緣，緣有四種：因緣、次第緣、緣緣、增上緣，中論一一與以破除。因緣的意義，爲普遍的意義，卽是相生，但是果不能由緣所生，因爲緣中不能先有果，又不能先無果，更不能有果無果。「三種求果生相，不可得故，云何言有因緣？」

次第緣，也稱無間緣，爲三世相續的因果緣，過去爲現在的因，現在爲將來的果。中論破除這種因緣：

「諸心心數法，於三世中次第生。現在心數法滅，與未來作次第緣。未來法未生，與誰作次第緣？若未來法已有，卽是生，何用次第緣？現在心心數法無有住時，若不住，何能爲次序緣？若有住，則非有爲法。何以故？一切有爲法常有滅相故。若滅，已則不能與作次第緣。若言滅法猶有，則是常，常則無罪福等。若謂滅時能與作次第緣，滅時半滅半未滅，更無第三法名爲滅時。」（同上）

一切法無常，乃是佛教三法印之一。既是無常，則過去卽滅；現在法不能爲未來法的因，因爲未來法還沒有生，現在法已滅；現在法若不滅，未來法不會生。也不能說現在法滅了還能生果，那就是說現在法滅了又沒有滅，但不能有這種現象。因此次第緣也就不能成立。

「果若未生時，則不應有滅，滅法何能緣，故無次第緣。」(同上)

緣緣，也稱境界緣，卽是一切心法，須依境而起。中論以境爲空；若境爲空，則不能爲緣。

「佛說大乘諸法，若有色無色，有形無形，有漏無漏，有爲無爲等諸法相，入於法性，一切皆空，無相無緣。」(同上)

這是破除因緣的最高理論，以一切入於法性，都成爲一，一切平等，因此便沒有因緣的基礎了。

增上緣，可以說是動力因，又可以說是目的因。若一椿事能有強力以生果，就是增上緣。中論以事爲空，沒有事，便沒有因緣。

「諸法無自性，故無有有相，說有是事故，是事有不然。

經說十二因緣是事有，故是事有，此則不然，何以故？諸法從衆緣生，故

自無定性，自無定性，故無有有相。有相無故，何得言是事有？故是事有，故無增上緣。」（同上）

增上緣指十二因緣，十二緣爲十二事，事又是因緣所生，事沒有自性，便不是實有，便是空。

中論破除因果關係，假定一切法中沒有果，法中沒有果，便不能是因緣。

「略廣因緣中，求果不可得，因緣中若無，云何從緣出。」（同上）

一切因果關係，在於果由緣生。然而這種關係不能有，因爲因緣中不能有果，既不能有果，緣不能生果。

因果既不能成立，則不能有生，既沒有生則沒有滅。然而這種沒有生沒有滅，乃是消極的意思，就是一切法都是虛無，都是空幻。但中論所講不生不滅，則並不是絕對的虛無，祇是說不生不滅。若祇是不生不滅，則就是常存。中論卻又說『不常亦不斷。』爲破除從不生不滅所能產生的自有而常存的實體，乃說沒有常存者。既然沒有常存者，則就是不常，卽是斷了或變了。中論乃說『不斷』，既不常又不斷，那是什麼呢？那可能是一個綜合體。中論於是說『不一亦不異』，不是一個唯一的純體，但也不是二個或多個的異體，不是一也不是多，這從哲學的觀念說，乃是相反矛盾律。但是中論和佛教大乘的各宗派都有這種主張，即是超越矛盾律，因爲有相對，纔有矛盾；沒有相對，便沒有矛盾。沒有相對，可以從積極方面看，也可以從消極方面看。從積極方面，超越矛盾，則是絕對。絕對而實有的眞如，超越一切相對。從消極方面，則是否定一切相對，但在否定後，是不是有一積極超越相對的實體，則存而不論。中論是消極的超越矛盾論，祇是否定相對，卻不建立絕對。

這種消極的超越，也可以從『不來亦不去』的解釋中顯示出來。

「已去然有，去已去故。若離去有去業，是事不然。未去亦無去，未有去法故。去時名半去半未去，不離已去未去故。」（中論卷第一，破去來品第二）

這種時間觀念，和歐美有些哲學家的時間觀念有相同點。「世間眼見三時，有作已去未去去時。」（同上）時間分過去現在未來，中論分爲已去、未去、去時。這三個時間不能成立。已去則是『無有』，已經去了，就不存在。未去還沒有去，不是去又不是來，「未去亦無去」，去時則是本去本未去，「不離已去未去」。既然沒有去，也沒有來，去來都沒有，時間便不成立，不去不來是說明時間的不能有，否定時間的存在。沒有時間，有什麼？

中論不建立。中論雖然說時間和事實相合，講時間去，必定要有「去者」，「若離於去者，則去法不可得。」（同上）同樣，「若離去法，去者不可得」。去法是現在不能講去，未去更不能講去；同樣，去者已去，則沒有去者了；若是還未去，還不是去者。這種論證都是邏輯方面的論證。

中論在「觀時品」中講時間的三時不能成立：

> 「若因過去時，有未來現在時者，則過去時中，應有未來現在時，何以故？隨所因處。有法成，是處應有是法。如因燈，有明成，隨有燈處，應有明。如是，因過去時，成未來現在時者，則過去時中，應有未來現在時。若過去時中，有未來現在時者，則三時盡名過去時。何以故？未來現在時在過去時中故。若一切時盡過去者，則無未來現在時，盡過去故。若然未來現在時亦應無過去時。何以故？過去時，因未來現在時，故各過去時。」（中論卷三，觀時品第十九）

這種論證，和因果不成立的論證相同。否定了生滅，否定了去來，又否定五陰六情和三相，把我和生住滅三相都予以否定。然後否定苦，否定行，否定和合。和合是主體、感官、客體，三者和合乃有識，破這三者，一切法都不成。

「說曰：上破根品，中說見，所見，見者，皆不成。此三事無異法故，則無合。」（中論卷第二，破和合品第十四）

見於感官眼睛，乃是根；可見是色塵，見者是我，在感覺時，這三者要和合。中論說不能和合，爲什麼不能和合呢？

「是三事各在異處，終無合時。異處者，眼在身內，色在外，我者或言在身內，或言遍一切處，是故無合。」（中論卷第二，破和合品第十四）

這個問題本是哲學上認識論的基本問題，主體和客體怎麼相合而生知。中論提出這項論證，以根、塵、我，三者不同在一處，不能和合，然而普通一般人，都以爲我、意、根、塵，四者可以相合而生知。中論辯駁說：

「答曰：是事根品中已破，今當更說。汝說四事合故知生，是知爲見瓶衣等物。已生爲未見而生者，若見已生者，知則無用。若未見而生者，是則本合，云何有知生？若謂四事一時合而知生，是亦不然。若一時生，則無相待，何以故先有瓶，次有見，後知相？一時則無先後。知無，故見，可見，見者亦無。如是諸法如幻如夢，無有定相，何得有合。無合故空。」

(同上)

中論第一部份的『破』品，從否定方面破除邪見，以顯示八不。八不破除一切相對的矛盾，所顯示的爲空。諸法無自性，無定相。諸法的名，不是法的自性和定相，而是假名，假名不實。例如我、意、根、塵相合而知生，這是邪說，因爲知，要求這四者同時和合，然而塵則在先，然後有根，最後有意。既有先後，便不能同一時而和合。再者假使四者能夠一時相合，也不能生知。因爲生知，是說在知生以前沒有知，若已有知，知便不在。知既沒有生，四者便沒有相合。若知生了，四者和合已過去了，等於沒有和合。這種論證，本不合邏輯。但若名字不代表實體，沒有內容，便不能適用普通的邏輯了。因此，中論說『無知』，則一切法皆空。

可是，破有而執空，同樣是邪見。

「大聖爲破六十二諸見及無無愛等諸煩惱，故說空。若人於空復生見者，是人不可化。譬如有病，服藥可治？若藥復爲病，則不可治。」

破除邪見的『有』，卻不能執着『空』，否則空變成了有，又生一切煩惱。因此，『空』又該破，破法爲『觀』。

2. 觀有無

『破』，從否定方面去駁斥，辯明邪說不能成立。『觀』則是從邪法的本身，看到不成立的理由，觀是一種思考。在各種觀品中，第一品爲「觀有無品。」有無爲一基本的問題，有無不可以破除，而應予以思考。

『有』來自性，有性纔能有。普通都以物各有性，性的表現，爲用。

「問曰：諸法各有性，以有力用故，如瓶有瓶性，布有布性，衆緣會時，則出。

答曰：若諸法有性，不應從衆緣出。何以故？若從衆緣出，即是作法，無

有定性。」（中論卷第三，觀有無品第十五）

諸法從眾緣和合而出，諸法便沒有自性。若有自性，則不從眾緣出；從眾緣生，祇是因緣和合，而不是有自性的物體。瓶不是瓶，布不是布，不能常住不變。

「若諸法決定有性，終不應變異。何以故？若定在自性，不應有異相。……今現見諸法有異相，故當知無有定相。」（同上）

有變，則有異相；有異相，便是沒有定相。沒有定相便沒有自性。從變異去看，物沒有自性；但若以沒有自性爲定論而作爲自己的主張，則是執着『無』，這是一種邪見，不應保留。於是要從『有』一方面去觀看。若是物沒有自性，爲什麼可以變呢？卽是說物無自性便不存在，不存在的物怎麼能變異呢？

「若法定有性，云何可變異？若無自性，則無自體，云何可變異？復次：……定有則着常，定無則着斷，是故有智者，不應着有無。」（同上）

有性不能變，無性也不能變。而且，以有是定則是常，便執着常；以無是定則是斷，便執着斷；兩執都是愚昧，智者便不執着有，也不執着無。這是『非有非無』。

「若法定有，則是有相，非無相，終不應無。若無，則非有，卽爲無。先已說過，如是則墮常見。」（同上）

人們的常見，以有爲有，以無爲無。實則有不是有，無不是無。那麼，究竟是什麼？中論則沒有說明。

在十二門論「觀有無門章」中云：

「復次，一切法空，何以故？有無一時不可得，非一時亦不可得。如說：有無一時無，離無有亦無，不離無有有，有則應常無。」（十二門論，觀有無門第七）

有無不能同時存在，乃是顯明的事，但若說離無，有可以存在。離有，無可以存在，則不是顯明的事；因爲有不從無來，無不從有來，則已是哲學上的主張。十二門論便是說「離無有亦無」，離了無，有也無了；「不離無有有」，更不合理，不離無怎樣能有有呢？那不是同時是有無嗎？因此「非有非無」，「不有不無」。

但是這種思想，在佛教裡可以遇着一個大難題，佛教承認業力存在，在三世中實現爲十二因緣。

「問曰：汝雖種種破諸法，而業決定有，能令一切衆生受果報。如經說：一切衆生皆隨業而生，惡者入地獄，修福者生天，行道者得涅槃，是故一切法不應空！」（中論卷第三，觀業品第十七）

中論先從邏輯方面去看，業在果報以先，有果報時，業已斷滅，則沒有業力了，不能說有業便有果報。再者，業是心業或身口業，都是「無形無觸」，不能和果報相接觸，便不能說業和果報相續。

「若以業果報相續，故以穀子爲喻者，其過甚多。……何以故？穀子有觸有形可見，有相續，我思，惟是事，尚未受此言，況心及業，無觸無形，不可見生滅不住。欲以相續，是事不然。復以，從穀子有芽等相續，爲滅已相續，爲不滅相續？若穀子滅已相續者，則是無因；若穀子不滅而相續者，從是穀子常生諸穀，如是者，一穀子則生世間穀，是事不然。是故業果報相續則不然。」（同上）

這是從邏輯方面去推論，從佛教的理論說可以成立。即是果不能在因中，又不能不在因中，因果關係不能成立。沒有因果關係，業和果的關係便不能存在了。

從本體論方面去看，諸業都不是有，因爲沒有自性，業沒有自性便不能生，業沒有生就是空無。

「第一義中，諸業不生。何以故？無性故，以不生因緣故。……
業不從緣生，不從非緣生，是故則無有，
能起於業者。無業無作者，何有業生果？
若其無有果，何有受果者。」（同上）

業無自性，不生。但是，若作業的人不是受報者，受果報的人則是另一人，另一人而受不是自己作業的報應，於理不合。若有作業的人，這人受自己的果報，果報和業在事上不相同，如春生成夏，夏不由春而生便不是相續，業力因此不能成立。然而果報的煩惱則是有，怎麼可以說是無。果報煩惱來自無明。

「無明之所蔽，愛結之所縛，而於本作者，不異亦不一。」（同上）

無明所成的，乃是假，也是空。實際上作業的人，和受報的人，「不異亦不一」，不是同一個人，又不是不同一個人。

能够把有無和業報看成不有不無，則一切法都是不有不無了，到底畢竟空。

「問曰：若諸法盡，畢竟空，無生無滅，是名諸法實相者，云何入？

答曰：滅我我所著故，得一切法空無我慧，名爲入。」（中論卷第三，觀法品第十八）

滅我，滅我所著，入於滅我慧。中論所注意的是『著』，著是執着；若有執着，心就有所縛；有所縛就是煩惱，一切煩惱都來自『著』。著的第一，是我執，以我爲有。破滅了我執，煩惱的根本就滅了。

「若我是五陰，我卽爲生滅。若我異五陰，
則非五陰相。若無有我者，何得有我所？
滅我我所故，名得無我智。得無我智者，
是則名實觀。得無我智者，是人爲希有。
內外我我所，盡滅無有故。諸受卽爲滅，

受滅則身滅，業煩惱滅故，名之爲解脫。……………諸法實相中，無我無非我。諸法實相者，心行言語斷。無生亦無滅，寂滅如涅槃。一切實非實，亦實亦非實，非實非非實，是諸名佛法，……………是故名實相，不斷亦不常，不一亦不異，不常亦不斷。是名諸世尊，教化甘露味，……」（中論卷第三，觀法品第十八）

非我非非我，乃是無我智。有了無我智，則滅五陰，斷十二因緣，便得解脫，解脫了煩惱，乃無生滅，得諸法實相。實相卽是八不，「不生亦不滅，不常亦不斷，不一亦不異，不來亦不去。」

「就這樣，所有變化的特殊性質都被否定了。這八種否定並沒有特殊意義，只是意味著全盤的否定。我們可以視它爲對變化世界之八種錯誤執着的交互掃蕩，或對四雙邊見之交互排斥，或是縱長地掃除一種又一種的謬見。……依照這方式，我與他，或斷與彼的所有差別都被消除了。因此，對一種謬見或邊見之破斥，同時也是一種正見的說明。當正與邪對立時，這『正』叫做『對偏正』。當邪是完全破斥時，則此『正』是『盡偏正』，亦卽超越的正。當正見、邪見全被拋棄一邊時，此『正』叫做『絕對正』，也就是其理。」(1)「八不是形容因緣生的，不是如一般通常形容一個絕對實有如上帝之類的。本說緣生，何以又說不生乃至不滅等等？曰：此由緣生無性而來也。」(2)

中論講中道，不執着一邊，不主張有相對。八不，就是摒棄一切的名詞，以這些名詞爲假名。

「衆因緣生法，我說卽是空，亦爲是假名，亦是中道義。
未曾有一法，不從因緣生，是故一切法，無不是空者。」（中論卷第四，觀四諦品第二十四）

然而僅就此偈看，祇有空，而沒有中道義。除非我們把前一偈的前半句，聯着念，「衆因緣生法，我說卽是空」，因緣生法和空，「亦爲是假名」，生法和空，都是假名，則是中道義。若以第三句，加重第二句，說明因緣所生法，是空，也是假名，而不以空爲假名，則不見中道義。一切法都是空，這是大乘的教義，各宗都有，不成爲中道，中道則是非有非空，不有不空。

3. 如來

中論既破斥一切相對的名詞，排斥一切邊見，則應有中論的實相。般若和涅槃講如來或眞如時，也說不生不滅，不常不斷，以眞如超越一切相對，而是一絕對的實相。中論講不講中道實相？中論講實相，然以實相爲相對者的否定，而不說一種絕對的實有。中論留在相對的否定，不進入積極的絕對。

中論在「觀如來品」裡，說如來亦有亦非有。邪說以爲如來是沒有的，倚見以如來爲有，實則如來亦有亦無。

「邪見深厚者，則說無如來。如來寂滅相，分別有亦非。」（中論卷第四，觀如來品第二十二）

邪見爲什麼說沒有如來呢？中論說因有四種不正的論證，乃使邪見加深。

「但因過去世，起四種邪見：世間有常，世間無常，世間常無常，世間非常非無常，寂滅中無。何以故？諸法實相，畢竟清淨，不可取。空尚不受，何況四種見……四種見皆以自見爲貴，他見爲賤，諸法實相，無有此彼。是故說寂滅中無四種見。如因過去世有四種見因，未來世有四種見亦如是。世間有邊，世間無邊，世間有邊無邊，世間非有邊非無邊。」（同上）

四種見，分開來說，可以說是邪見；聯起來說，則是大乘的正道。中論以爲是邪見，因爲都仍有所『著』，卽是執着自己的主張。正見則是寂滅，不講常或不常，而是畢竟清靜，一無所想。

但是這樣，便沒有如來嗎？或還是有如來？

若以如來爲有，有如普通一切法的有，則應說無如來。因爲普通一切法的有，爲五陰和合的有，如來不能是五陰和合，便不能說有。然而也不能說如來的有是特別的有，是離五陰的有。

「若不因五陰，先有如來者，以今受陰故，
則說爲如來。今實不受陰，更無如來法。
……………

若於一異中，如來不可得，五種求亦無，
云何受中有？又所受五陰，不從自性有。
若無自性者，云何有他性。」（中論卷第四，觀如來品第二十二）

如來不由五陰而來，五陰中沒有如來，離開五陰也沒有如來。因爲五陰是有爲法，有爲法不常，有生滅，如來不能受五陰，「今實不受陰」。

「若於一異中，如來不可得，」因爲如來既不是一，又不是異；與五陰不一，與五陰不異；與一切法也不一，與一切法也不異。在一和異中，不能求得如來。十二門論有「觀一異門品」，龍樹說一不可得，異也不可得，因爲相和可相皆空。如來沒有一和異，因如來沒有『相』

「五種求亦無」，五種求法：如來非陰、如來非離陰、如來不在陰、五陰不在如來、如來非他性有。如來若從五陰有，則無自性，無自性不能有，故不從五陰有。若說不從自性有，如來可從他性有；然而既無自性，怎樣可以有他性？「若不從自性有，云何從他性有！何以故？以無自性故，又他性亦無。」（同上）

如來既不有，如來便是空，空並不是沒有，祇是不是從五陰之有，五陰之有，即是有形有觸的有。那麼，如來是不是無形無觸之有？那也不是，只能說如來是空。

「以如是義故，受空受者空。云何當以空，而說空如來。」（同上）

但若以如來爲空，便以如來爲無，又是一種邪見。正見則是不想如來的有無，一想有無，便墮於邊見，加以分別。如來爲畢竟空。畢竟空爲非有非無，亦有亦無。

「諸法實相空故，不應於如來滅後，思惟若有若無若有無，如來從本已來畢竟空，何況滅後。」（同上）

如來從本已來畢竟空；因此若問何是如來性，則應答說如來沒有自性。

「問曰：何等是如來性？
答曰：如來無有性。」（同上）

這是「觀如來品」中的裡最後一句話，「如來無有性」。既然沒有性，便不能懂，也不能講，祇能說如來爲『畢竟空』。

『畢竟空』有什麼意義？

畢竟空爲第一義，爲最高妙理，爲妙空。不講有，也不講空，又不講不有不空，而祇是否定。這種思想由「觀如來品」，進到「觀涅槃品」，更爲顯明。

「若一切法空，無生無滅者，何斷何所滅，
而稱爲涅槃。無得亦無至，不斷亦不常，
不生亦不滅，是說名涅槃。」（中論卷第四，觀涅槃品第二十五）

涅槃爲一種否定，否定中藏有肯定。不常爲否定，不斷則是肯定；無生爲否定，無滅爲肯定。但在中論的思想裡，否定和肯定不互相抵消。雖然語氣是一種抵消，否定抵消了肯定，肯定抵消了否定，結果是一個空，卽是沒有了。可是這個空，卻不是沒有，而是一種絕對的超越的有；而中論卻不提出這個絕對超越的有，一直祇說空。

「如來滅度後，不言有與無，亦不言有無，
非有及非無。如來現在時，不言有與無，
亦不言有無，非有及非無。」（同上）

如來滅度後，不言有與無。如來在現在，也不言有與無，而且也不言非有非無。如果滅度後，卽是涅槃；若不入涅槃以渡衆生，如來常是畢竟空。「離如來誰當得涅槃？何時何處以何法說涅槃？是故一切時，一切種求涅槃相，不可得。」（同上）如來卽是涅槃，涅槃寂靜爲空。

「一切法空後，何有邊無邊，亦邊亦無邊，非有非無邊，何者爲一異，何有常無常，亦常亦無常，非常非無常，諸法不可得。滅一切戲論，無人亦無處，佛亦無所說。」（同上）

一切法無自性，故卽是空；旣是空，則沒有一邊兩邊可法。如來涅槃也無自性，如來爲畢竟空。

「諸有所得皆息，戲論皆滅，故通達諸法實相，得安隱道。從因緣品來，分別推求諸法，有亦無，無亦無有，無亦無非有，非無亦無，是名諸法實相，亦名如法性，實際涅槃。」（同上）

這是觀「涅槃品」的結語。中論指出諸法實相，實相卽是如法性，卽是實際涅槃，卽是如來，如來乃是畢竟空。

中論的結論爲畢竟空；畢竟空爲八不的空，爲無邊的空，爲一切相對的否定。從相對的否定，不提出一絕對的肯定。

牟宗三教授說：「中論的講法已到盡頭，但亦可說這只是涅槃的通義，一切大小乘皆不能違。如果只這通義即足够，何必有大小乘之之別，而大乘中又有諸般的大乘？……關鍵唯在是否對于一切法作一窮源的根源的說明，卽吾所謂存有論的說明。而此問題之關鍵又在是否能進至『如來藏恒沙佛法佛性』一觀念。就中論所表現而言，中論對于一切法無根源的說明一問題，因而它亦無『如來藏恒沙佛法佛性』一觀念。般若經亦然。」(3)

中論祇說一切法是空，又說不能執空，都是否定，沒有提出一實有，涅槃經和天臺宗、華嚴宗的經典，就提出了絕對實有觀念。

註

(一) 高楠順次郞著　藍吉富譯　佛敎哲學要義，頁一〇三。正文書局

(二) 牟宗三　佛性與般若，上册頁九〇。學生書局

(三) 牟宗三　同上　頁一一二。

三、涅槃經

涅槃經在中國的流傳，起自北涼，科南本涅槃經序說：「吾佛大聖人，最後雙林會上，爲末世比丘普及大地眾生明心見性，而說是經也。備明戒檢，廣開常宗，摩訶止觀依之爲抉律，顯常喻之以贖命重寶。故經云：此經若在，佛法則在，此經若滅，佛法則滅；佛法命脈存亡繫焉。始於沮渠蒙遜請曇無讖及猛法師，兩度翻譯，共十三品，成四十軸，行之北方。至宋文帝敕嚴觀二師，同謝康樂更共治定，開爲二十五品，縮爲三十六軸，行之江南。……南本大涅槃經三十六卷二十五品，章安尊者疏，分文爲五。初從如是訖序品，是召涅槃眾，二從純陀訖大眾問，合十六品，是開演涅槃施，三從現病訖德王，合五品，是示現涅槃行，四從獅子吼訖品，是問答涅槃義，五從迦葉訖陳如品，是折攝涅槃用。」

這篇序文簡單地說明涅槃經的內容和翻譯的經過。但除序文所說譯文外，還有別種譯文。大涅槃經分小乘大乘兩種，大藏經中現收有大般涅槃經上中下三卷，爲東晉平陽沙門法顯所譯，乃爲小乘的涅槃經，出於阿含經。法顯和覺賢又合譯小乘的大般泥洹經六卷。曇無讖所譯大般涅槃經四十卷爲大乘的涅槃經，有唐若那跋陀羅與會寧等合譯大般涅槃經後分二卷。大般涅槃經疏三十三卷，爲陳灌頂撰，唐湛然再修改作疏的爲曇無讖的譯本，灌頂則又作了大般涅槃經玄義二卷。

1. 涅槃經的目標

涅槃經是佛祖在去世以前不久所講的經。那時佛祖向弟子們說他快要入涅槃，弟子們若有所問，就趕快問。弟子們一聽佛祖快要去世，大家悲號，請佛祖不要這樣快入涅槃，更好住壽以利眾生。佛祖許下留住三月：

「我欲棄補此，朽故之老身，今已捨於壽，
住命留三月，所成化度者，皆悉已畢竟。
是故我不久，當入般涅槃。我所說諸法，
則是汝等師，頂戴加守護，修習勿廢忘。
汝等勤精進，如我在無異。生死甚危脆，
身命悉無常。常求於解脫，勿造放逸行。

正念清淨觀，善護持禁戒，定意端思惟，
攝情於外境。若能如此者，是則護正法。
自到解脫處，利益諸天人。」（大般涅槃經卷上，法顯譯）

當時弟子們仍是大聲悲號，「唯願世尊住壽一劫，若減一劫」，佛乃說涅槃經。涅槃經的目標，在於講說佛性。

「此經始於悉明佛性。佛性則通，無處不辨別。……獅子吼中，則以六句問於佛性，以何義故，名爲佛性？如來具答：佛性只是大涅槃義。……獅子吼云：佛性者亦名首楞嚴三昧，亦名般若波羅蜜，亦名金剛三昧，亦名獅子吼三昧，亦名佛性。」（大般涅槃經疏卷第一，章安頂法師撰）

經疏解釋，若從所召的眾人，皆住楞嚴，得知一切事究竟，剛健不移。這種智慧稱爲首楞嚴三昧，名爲佛性。

「首楞嚴者，名一切事竟。嚴者名切，畢竟而得堅固，名首楞嚴。以是故言首楞嚴，定名爲佛性。」（大般涅槃經卷第二十五卷，獅子吼初品第二十二曇無讖譯）

若從智慧方面說，佛性光明常照，當名為般若波羅蜜。

「若從佛智，應名般若，若從設教，名涅槃施。」（大般涅槃經疏卷第一）

若從效用方面說，佛性堅強正直，不可破碎，而能破碎各種煩惱，故比譬為金剛。

「何以證涅槃施是五一行，真正調直，不可傾動，復能碎散煩惱結惑，若從修習名之為行，若從譬喻，喻於金剛。」（同上）

另一個譬喻為獅子吼，比喻佛性的體用，像是獅子的吼聲，振動天地。（獅子吼本是一菩薩的名字）

「所以佛性，卽是涅槃之義。此義卽在決定無畏。若從能譬，喻獅子吼，若從所譬，卽佛性義。當知獅子吼名，可證譬槃之義，體用相卽。一切諸法中，悉有安樂性，無非佛性，卽體而用，游化世間，攝惡攝邪，皆歸正善。」（同上）

大般涅槃經的目的，乃是佛祖在去世以前向弟子講佛性。弟子們要求佛祖再長壽一刼，以救眾生，佛祖則以佛性之道，教授弟子。佛性之道有四種功用，可以正己，又可以正他，可以隨問隨答，可以善解因緣。

「佛復告迦葉，善男子，菩薩摩訶薩分別開示大般涅槃，有四相義。何者爲四？一者自正，二者正他，三者能隨問答，四者能善解因緣。」（大般涅槃經卷第四，如來性品第四之一。曇無讖譯）

涅槃經講佛性，佛性爲妙有。南北朝學者傾向老莊，喜歡講空；般若經乃被學者所重。然而講空，則傾於虛無，不足以爲人世生活之道，於是當涅槃經傳入中國後，學者便多研究佛性。

2. 佛 性

甲、各家學說

既然有多數學者研究佛性，大家對於佛性的解釋，便不相同。吉藏的大乘玄論卷三，列舉正因佛性十一家。元曉涅槃宗要對於佛性體列有六種師傳。均正的大乘四論玄義卷七則說正因佛性有本三家、末十家的分別。

湯用彤（湯錫予）的漢魏兩晉南北朝佛教史列舉以上各家：

「今以均正所傳爲母，而以吉藏元曉所言爲子，分附於均正各家之下。

均正本三家：

甲、道生法師，當有爲佛性體。玄論之第八家。當果爲正因佛性，古舊諸師多用此義。

乙、曇無讖法師，本有中道眞如爲佛性體。玄論於其所列之十一家外曰：『河西道朗法師與曇無讖法師共翻涅槃經，親承三藏作涅槃義疏，釋佛性義，正以中道爲佛性。』

丙、瑤法師於上二說中，執得佛之理爲正因佛性。

均正末十家：

一、白馬寺愛法師，執生公義云，當果爲正因。宗要之第一師，當有佛果爲佛性體。

二、靈根寺慧令僧正，執瑤師義云，一切眾生本有得佛之理，爲正因佛性。玄論之第九家。

三、靈味寶亮法師，眞俗共成眾生眞如佛理爲正因體。玄論之第十家。

四、梁武帝，眞神爲正因體。玄論之第六家，以神爲正因佛性。

五、中寺法安法師，心上有冥傳不朽之義爲正因體。玄論之第四家。

六、光宅寺法雲法師，心有避苦求樂性義，爲正因體。玄論之第五家。

七、河西道朗法師，及末有莊嚴寺僧旻與招提白琰公等，眾生爲正因體。玄論之第一家。

八、定林寺僧柔開善寺智藏，（通）則假實爲正因。

九、地論師，第八無沒識爲正因體。玄論之第七家。

十、攝論師，第九無垢識爲正因佛性。玄論之第十一師。」(1)

綜觀上面所列各家對於佛性的解釋，有講性體，有講體用。本有三家中的第一家，以當有，或以當果爲佛性，雖透過了空，然祇到了一個抽象的觀念，沒有達到佛性的本體。般若講實相法身，沒有提出實相法身的本體，涅槃講佛性，道生仍以般若之學講涅槃，故祇以當有爲佛性。於生死之中，追求無生；無生爲當有，超於生死，寂靜不變，稱爲佛性。這種佛性爲眾生淨悟將來有之果。

第三家釋法瑤以得佛之理爲佛性，即眾生有成佛之理，理即佛性。所謂佛之理，即是佛之所以是佛之理，這種理就是性，宋朝理學家以理爲性。然而理乃是抽象觀念，涅槃經所講佛性，乃是本體，或是體能，是具體的妙有，而不是抽象的理。法瑤說眾生本有佛性，但不顯露，要眾生淨悟時，才顯出。宋明理學家以人性本有理，但因慾情的蔽塞，不能顯出。除却慾情，性理乃顯，理卽是性。法瑤的佛理，有似於理學家的性理。理雖然可以稱爲性，然性也是抽象的性，性若具體化，則成爲心。以佛性之理爲佛性，佛性也是抽象的性。湯用彤在漢魏兩晉南北朝佛教史引涅槃集解所引僧宗的話：

「佛性是理，不斷此也。」（涅槃集解卷十四）

「性理不殊，正以隱顯爲異。」（涅槃集解卷十九）

「與理冥符，是出世之法。」（涅槃集解卷四十五）

「佛性之理，萬化之表，生死之外。」（涅槃集解卷四十七）

這幾段話幾乎可以認作宋朝理學家的話，以性和理爲異名而同實。

本三家的第二家，以中道眞如爲佛性，爲三論宗的見解，若僅講中道，則祇是一種觀法，眞如也祇是觀法的代表辭，而不是妙有本體。後來天臺宗和華嚴宗才進到了佛性的本體。梁武帝以眞神爲正因體，卽是在追求一種妙有的本體，但沒有進到深遠的哲理，而改以宗教神明的佛性。

其他末中的幾家，或以不朽之義爲正因體，或以避苦求樂性義爲正因體，或以第八識或第九識爲正因體，都祇在枝節上解釋佛性，而沒有進入妙有之中。

乙、涅槃經的佛性

A、佛性是中道

大般涅槃經的第二十七卷到第三十二卷，名爲獅子吼，以問答體，解說涅槃的意義。因爲涅槃即是佛性，獅子吼中所講涅槃的意義，便是佛性的意義。

「善男子，如問云何爲佛性者？諦聽，諦聽！吾當爲汝分別解說。善男子，佛性者，名第一義空。第一義空名爲智慧。所言空者，不見空與不空，智者，見空及與不空，常與無常，苦之與樂，我與無我。空者，一切生死；不空者，謂大涅槃。……中道者，名爲佛性。以是義故，佛性常恒，無爲變易。」。(大般涅槃經卷第廿五，獅子吼菩薩初品第二十三之一)

佛性爲第一義空，爲智慧，爲中道。按照這種解說，佛性爲超越相對的絕對。這種超越性由智識方面去看，爲一種智慧，見到空又見到不空，在一種超越相對的直觀中，見到平等，沒有分別，一切都互相融合。這種超越的智識，稱爲中道。中道在智識方面，是一種智慧。緊接着則有更深入的解說，以佛性爲常恒，沒有變易；這已經不是停止在認識界，而是進入了本體界，進入了中道智慧所認識的本體。雖然還沒有說出本體，更沒有說明本體是什麼；然而已經說出，佛性是永恒不變的，這便是一個絕對的本體，超越相對的多稱和認識，又是永恒不變。

「佛性者，卽第一義空。第一義空名爲中道；中道者，卽名爲佛。佛者，爲湼槃。」（同上）

章安灌頂的經疏，解釋這章經：「智者見空及與不空，見空是見邊，見不空是見中。見邊見中，是第一義智慧。若此空智，非前非後，不淺不深，卽空卽智，卽智卽空，亦卽非空非智，而空而智，是佛性之相。」（大般湼槃經疏卷二三，獅子吼品一之上）

佛經又重復申述中道的意義：

「善男子，佛性者，亦色，非色；非色，非非色；亦相，非相；非相，非非相。亦一，非一；非一，非非一；非常，非斷；非非常，非非斷；亦有，亦無；非有，非無；亦盡，非盡；非盡，非非盡；亦因，亦果；非因，非果；亦義，非義，非義，非非義；亦字，非字；非字，非非字，」

（大般涅槃經卷第二十五）

佛經用一切矛盾的語文來解說中道，一切矛盾成了不矛盾，本是反乎人之常情。常情卽是凡夫所有的情，佛就是要破除這種常情。破除一切矛盾，一切平等，這是般若智慧。這是圓義，然不是圓教，圓教則是無一無二，一二雙亡。「無常無斷，乃是中道」（同上）是常而不以爲常，斷無常而不以爲斷，稱爲『中道』。

B、佛性爲無因無果

「善男子，一切諸法，悉無有我。而此涅槃眞實有我，以是義故，涅槃無因，而體是果，是因非果，名爲佛性。非因生果，非沙門果，故名非果。」（大般涅槃經卷第二十六，獅子吼菩薩品之二）

佛教講一切法，都以因緣爲存有的元素。一切法沒有自性，沒有本體；一切法所以然而爲有，乃是因爲因緣和合。因緣所以有和合，乃是因爲人的無明，而有我執物執。佛教諸宗都在於破除我執物執，主張無我無物。般若經以一切法都來自因緣，故稱爲空。涅槃經假設佛祖世尊將入涅槃，涅槃便不能是空，故主張『涅槃眞實有我』。但這涅槃的我，不是凡夫所執的我，這個我乃是佛性。佛性的我既是眞實的有，便不能來自因緣；若來自因緣，則不能是眞實的有，乃是空。因此，佛性無因無果，而是它自己。勉強說來，佛性可以稱爲果，因爲佛性須證而後顯，普通人也有佛性但被無明所蔽，不能見。修行佛法，佛性乃顯，佛性便可稱爲果，是修行的果。

但既然是果，便該有因，佛性的因，不是存有本體的因，而是能見佛性的認識因。涅槃經講兩種因：一是生因，二爲了因。生因爲存有本體的因，了因爲認識的因。能生物者爲生因，能照物者爲了因。

「善男子，因有二種：一者生因，二者了因。能生法者，是名生因；燈能照物，故名了因。」(同上)

不過，從佛法方面說，一切存有的法，都是因緣和合；因緣和合，來自無明。無明生煩惱，煩惱引起因緣。再從認識方面說，爲破除無明，須修智慧。因此大般涅槃經說：

「煩惱諸結，是名生因；衆生父母，是名了因。穀子等，是名生因；地水糞等，是名了因。復有生因，謂之波羅蜜阿耨多羅三藐三菩提；復有了因，謂六波羅蜜佛性，復有生因，謂首楞嚴三昧阿耨三藐三菩提。復有生心，所謂信心六波羅蜜。」(同上)

牟宗三教授以這段文章，意義紛亂。「依此界定，吾人可說般若智是『了因』。但若說「地水糞等是了因」，則難解。對穀種爲『生因』而言，則「地水糞等」。只可說是『緣因』，卽諸般扶助條件。經言此等是『了因』，並不是嚴格的說法，蓋籠統地把了因視爲緣助，故以緣助比配了因也。至于此下于『六波羅蜜阿耨多羅三藐三菩提』等等，說生因了因，則生因了因互有出入，只彷佛有其義耳。」(2)

實際上，佛教以一切法的存有來自無明，無明是屬於認識；般若智破除無明，也是屬於認識；因此生因和了因，在字義上分晰明白，在實際上則常相混。

從生因和了因方面去看佛性，佛性沒有生因，祇有了因。

「善男子，涅槃之體，畢竟無因，猶如無我及無我所。」(同上)

涅槃之體超越有無，爲絕對體，絕對體不來自他體，故沒有因。佛相則不能說無因。佛相爲佛性顯出之相。顯出之相，是在認識範圍內，一定要有認識之因。涅槃經說佛身有色，非色，佛身卽是佛相。

「如來之身復有二種：一者是色，二者非色。色者，如來解脫；非色者，如來永斷諸色相。故佛性二種：色者，阿耨多羅三藐三菩提。非色者，凡夫，乃至十住菩薩。十住菩薩見不了了，故名非色。善男子，佛性復有二種：一者是色，二者非色。色者，謂菩薩，非色者謂衆生。色者，名爲眼見，非色者，多爲聽見。佛性非內非外，雖非內外，然非失壞。故名衆生悉有佛性。」(同上)

佛性的解釋，在上段話裏，也是從認識方面去講。佛性有兩種：色，非色；色佛性爲菩薩，因佛性已顯示而可見；又因菩薩知道自己的佛性，見到自己的佛性。非色佛性爲衆生，衆生不知道自己的佛性，祇聽見佛法說他們有佛性。他們的佛性隱而不可見。

C、佛性不是菩提心

「善男子，心非佛性，何以故？心是無常，佛性常故。汝言何故有退心者，實無退心。心若有退，終不能得阿耨多羅三藐三菩提。以遲得故，名之爲退。此菩提心，實非佛性。何以故？一闡提等斷於善根墮地獄故。若菩提心是佛性者，一闡提輩不得名一闡提也。菩提之心，亦不得名爲無常也。是故定知菩提之心實非佛性。」（大般涅槃經卷第二十六，獅子吼菩薩品之二）

菩提心不是佛性；菩提爲道爲覺，求道之心爲菩提心，或求正覺之心爲菩提心。這種菩提心不是佛性，因爲這種菩提心是求道之心，並還沒有得道，還沒有證佛性。這種心有變換，「心是無常」，佛性則常住常明。但有一種菩提心也稱爲緣因佛性，即「緣事菩提心」，這種菩提心以眾生有佛性，誓願求度眾生。大般涅槃經說：「有二種因：一者正因，二者緣因。……欲明見故，緣因卽是了因。」（同上）緣因佛性，卽是能顯明佛性的緣因。緣事菩提心，以四宏願，度無邊眾生，使能明佛性。

「若菩提心是佛性者，一闡提輩不得名一闡提也。」一闡提爲不信佛法的人，斷滅一切諸善根本，沒有成佛之性，墮地獄中。一闡提若能求道，便有菩提心，但他卻沒有佛性；因此說菩提心不是佛性。又因一闡提能斷善根，善根也是菩提心，菩提心能斷，又是不常，不是佛性。阿耨多羅三藐三菩提（Anuttara-Samyaka-Sāmbodhi），「阿」爲無，「耨多羅」

爲上，「三藐」爲正，「三」爲徧，「菩提」爲道，合起來爲無上正徧道。心若有退，則終不能得無上正徧道。所謂退，不是後退，而是遲慢。心若得道遲遲，便不是常住常明的佛性。所謂遲慢，在大般涅槃經第廿九卷有所解釋，卽是初發菩提心，遇難而退，然後來又奮發前進，乃得見佛性。

「心非佛性」，這卽斷語，頗能引起疑慮。若心不是佛性，眞心或眞如實卽心的本體，眞心或眞如乃佛性的本體，怎麼能說「心非佛性」呢？這種所說「心非佛性」的心，不是指的心的本體，而是指心的作用。因爲菩提心爲求道之心，求道爲心的一種作用。心的作用當然不是佛性。大般涅槃經所講佛性，沒有講佛性的本體，祇講佛性的顯示。

D、佛性無相

「獅孔吼言：世尊，無相定者，名大涅槃，是故涅槃名爲無相。以何緣，名爲無相？善男子，無十相故。何等爲十？所謂色相、聲相、香相、味相、觸相、生住壞相、男相、女相，是名十相，無如是相，故名無相。善男子，夫着相者，則能生癡，癡故生愛，愛故繫縛，繫縛故受生，生故有死，死故無常。不著相者，則不生癡故，則無有愛；無有愛故，則無繫縛；無繫縛故，則不受生；不受生故，則無有死；無有死故，則名爲常。以是義故，涅槃名常。」（大般涅槃經卷第二十八，獅子吼菩薩品之四）

涅槃即是佛性，涅槃名常，佛性爲常。有相則變，變則無常，故涅槃無相，佛性便是無相。

無相，即是無形，即是沒有物質，佛祖所舉十相，都是物質所成的形相，成爲感覺的對象，也成爲變化的本體。佛性不是物質物，不能見，不能聽，不能感觸，也不能生，不能住，不能壞。所謂住，不是常存，而是有形的存在，故佛性也不住。

「獅子吼言：世尊，何等比丘，能斷十相？佛言：善男子，若有比丘，時時修集三種相者，則斷十相。時時修集三昧定相，時時修集智慧之相，時時修集捨相，是名三相。師子吼言：世尊，何名爲定慧捨相。定是三昧者，一切衆生皆有三昧，云何方言修集三昧？若心在一境，則名三昧；若更餘緣，則不名三昧。如其不定，非一切智，云何名定！若以一行得三昧者，其餘諸行，亦非三昧；若非三昧，則非一切智；若非一切智，云何名三昧？慧捨二相亦復如是。」（同上）

三昧（Samaya）爲定，使心不暴，正觀佛法。比丘時時修行定觀、慧觀、捨觀，得一切智，便能無十相，明見佛性。

「善男子，十住菩薩，智慧力多，三昧力少，是故智得明見佛性。聲聞緣覺，三昧力多，智慧力少，以是因緣，不見佛性。諸佛世尊，定慧等故，明見佛性，了了無礙，如觀掌中庵摩勒果。」（大般涅槃經卷第二十八，獅子吼菩薩品之四）

修集三種相，定相、慧相、捨相，乃能明見佛性。定相和慧相爲修行，兩相要並行不偏。捨相則是修行之果，「見佛性者，名爲捨相。」（同上）

E、佛性爲如來，爲常樂我淨

「如是中道，能破生死故，名爲中道。中道之法，名爲佛性。是故佛性，常樂我淨。（大般涅槃經卷第二十五獅子吼菩薩品初第二十三之一）

「又無住者，名無邊衆生界。如來悉到無邊衆生界，分而無所住。又無住者名無屋宅，無屋宅者名爲無有，無有者名爲無生，無生者名爲無死，無死者名爲無相，無相者名爲無繫，無繫者名爲無着，無着者名爲無漏，無漏卽善，善卽爲無爲，無爲者卽大涅槃常。大涅槃常者卽我，我者卽淨，淨者卽樂。常樂我淨卽是如來。」（大般涅槃經卷第二十八，獅子吼菩薩品第二十三之四）

佛祖曾說佛性爲第一空義；第一空義爲中道，空而不空。大般涅槃經以『常樂我淨』爲涅槃，首先從『觀』方面去說，「無常見無常，常見于常。」（獅子吼品第二十三之一）解除煩惱，不生不死，故有樂。「如來常住，則名爲我。如來法身，無邊無碍，不生不滅，得八自在，是名爲我。」（獅子吼品第二十三之六）所謂淨，斷絕一切因緣，明照自性，光明清白，卽是淨。佛教常說萬法無常，無我，又說一切皆是痛苦。然這種說法，是對凡夫說，至於已得佛法的人，則知道萬法的根本常不變動而有眞我。「若說於苦愚人，便謂身是無常，說一切苦，復不能知身有樂性，說無常者，凡夫之人，……有智之人，應當分別，不應盡言一切無常，何以故？我身卽有佛性種子。」（大般涅槃經卷第八，如來性品第十二）

再從本體方面談，『常樂我淨』表現佛性本體的特性，特性的本體應該是眞如或眞心。大般涅槃經以種種名詞解說佛性；然而沒有講到佛性本體。所謂第一義空佛性、了因佛性、緣因佛性、正因佛性，等等說法都是從旁面去看佛性。究其實佛性本體是不可說的，好比老子的『道』是不可道。

「或作是言，色是佛性，……。或有說言，受是佛性，……。又有說言，想是佛性……。又有說言，行是佛性，……。又有說言，識是佛性……。又有說言，離陰有我，我是佛性，……。大慈大悲名爲佛性，……。大喜大捨，名爲佛性……。佛性者名大信心，……。佛性者，名一子地，……。佛性者名第四力，……。十二因緣卽是佛性，……。佛性者名四無礙智，……。佛性者名頂三昧，……。……善男子，如上所說種種諸法，一切衆生定當得故，是故說言一切衆生悉有佛性。」（大般涅槃經卷第三十，獅子吼品第二十三之六）

一方面因爲佛性本體不可說，故從各方面，用各種說法去說佛性；另一方面因大般涅槃經主張衆生都有佛性，衆生的各種表現都是佛性的表現，故用這種種表現去說佛性，鼓勵衆生以求得到顯明自性的境地。

佛性卽是如來，如來卽是每人的自性。自性不是凡人所想或所認識的自性，而是在凡人所想或所識的自性以下所隱藏的眞實自性，眞實的自性，乃是眞心或眞如。

大般涅槃經講述各種的修行方法，爲能破除障礙，以顯明佛性。

另一種講佛性的，爲天親菩薩所作的佛性論，陳三藏法師眞諦所譯，共四卷。卷第二，開卷說佛性體，似是講佛性本體，然而仍舊是從旁的方法論去講。

「復次，佛性體有三種，三性所攝義。應知三種者，所謂三因三種佛性。三因者：一應得因，二加行因，三圓滿因。應得因者，二空所現眞如，由此空故，應得菩提心及加行等，乃至道後法身，故稱應得。加行因者，謂菩提心由此心故，能得三十七品地十波羅蜜道之法，乃至道後法身，是名加行因。圓滿因者，卽是加行，由加行故，得因圓滿而果圓滿。因圓滿者，謂福慧行，果圓滿者，謂智斷恩德。」（佛性論卷第二，佛性論第三顯體分，三因如品第一）

所謂三因佛性，和大般涅槃經所講正因、了因、緣因各種佛性互相貫通。

佛敎所講佛性，不是指着心或性的本體，而是指着一種可以成佛的『能』。儒家曾講「人人都可成堯舜」，卽是人人都有成聖的『能』。『能』則需要『行』才會實現。成佛的『能』，也靠行去實現。因此，大般涅槃經講種種的方法去使佛性成爲現實，使『能』成爲

『行』。譬如每個人都有求知識的『能』，然而須每個人去努力求知識才可以有知識。儒家舉出，學、思、問、辨，等等方法，所得知識也各有程度的高低。大般涅槃經講佛性，乃是各種方法所實現的佛性，即是佛性實現的各種程度，以至於色、受、想、行、識，大慈大悲等等都是佛性，又有了因佛性、緣因佛性、正因佛性。章安頂法師在大般涅槃經疏裏說：「佛性既爲種子，種子能生兩因兩果。此兩因果又是種子，能顯中道，即是更互以爲種子」（大般涅槃疏卷第二十三，獅子吼品之一上）

3. 一切衆生都有佛性

佛性爲成佛的『能』，一切衆生都具有這種『能』。大般涅槃經堅持這種主張。佛性爲『能』，爲『種子』，並不是現行，在衆生裏隱而不顯，爲無明所覆，看來似乎沒有佛性。

> 「是故我說：一切衆生悉有佛性。……以是義故，我常宣說，一切衆生悉有佛性。」（大般涅槃經卷第二十五，獅子吼菩薩品第二十三之一）

衆生悉有佛性，爲佛祖的一貫主張。有什麼理由使佛祖常有這種主張？因爲一切衆生都能因修行而得智慧。「善男子，一切眾生定得阿耨多羅三藐三菩提。」(同上) 既然能够得到正智，正智顯示佛性；一切眾生便都具有佛性。

佛祖更說就是惡人要墮地獄，也具有佛性。要墮地獄的惡人稱爲一闡提。

「故我常宣說，一切衆生悉有佛性，乃至一闡提等亦有佛性。一闡提者無有善法。佛性亦善，未來有故。一闡提等悉有佛性，何以故？一闡提等定當成阿耨多羅三藐三菩提。善男子，譬如人家有乳酪。有人問言有酥耶？答言有。酪實非酥，以巧方便，定當得故，故言有酥。衆生亦爾。悉當有心，有心定當得成阿耨多羅三藐三菩提。以是義故，我常宣說：一切衆生悉有佛性。」(同上)

佛性爲成佛的『能』。譬如酪有成酥之『能』，故能說凡是酪都有酥性。一切眾生都有心，心具有成正智之能，故說一切眾生悉有佛性，就連一闡提也有。但是一切眾生，常爲煩惱所困，不能解脫；因此不能見到佛性。

「善男子，衆生佛性，諸佛境界，非是聲聞緣覺所知。一切衆生不見佛性，是故常爲煩惱繫縛，流轉生死。見佛性故，諸結煩惱所不能繫，解脫生死，得大涅槃。」（大般涅槃經卷第二十六，獅子吼菩薩品第二十三之二）

王陽明主張凡是人都有良知，就是慣常作惡的人也有良知，祇是被慾情和壞習氣所掩蔽。王陽明的主張在說法方面，是採取佛教的佛性說法。一切眾生都有佛性，但被無明所覆，不得見到。

「師子吼菩薩言：世尊，如其乳中無有酪性，麻無油性，尼拘陀子亦無樹性，泥無瓶性，一切衆生無佛性者。如佛先說一切衆生悉有佛性，是故應得阿耨多羅三藐三菩提者，是義不然。何以故？人天無性，故人可作天，天可作人，以業緣故，不以性故。」（同上）

師子吼菩薩設一難，以爲凡夫得正智，不是因爲具有佛性，而是因爲修行善業；因此不能說一切眾生悉有佛性。這個難題來自眾生無有自性。因爲佛祖在同一章說：

「善男子，一切諸法本無有性，以是義故，我說是偈：本無今有，本有今無，三世有法，無有是處。」（同上）

師子吼說：眾生沒有正智，後來修行得有正智，便不能說眾生本來有正智。眾生本來沒有佛性，後來得有佛性，就不能說眾生悉有佛性。眾生爲成佛，當藉種種因緣；好似乳爲成酪，須有因緣。

「本無後有，以是義故，一切衆生應無佛性。」（同上）

佛祖答說：佛性爲成佛，當然要有因緣；然若沒有佛性，因緣不能使人成佛。就如乳爲成酪，應有因緣；但若乳若沒有酪性，因緣也不能使乳成酪。

「譬如衆石，有金有銀有銅有鐵，俱稟四大，一名一實，而其所出，各各不同。要假衆緣，衆生福德爐冶人功，然後出生。是故當知本無金性。衆生佛性不名爲佛，以諸功德因緣和合，得見佛性，然後得佛。汝言衆生悉有佛性，何故不見者，是義不然。何以故？以諸因緣未和合故。」（同上）

佛祖的答覆，明白說出佛性是種『能』，『能』要仗恃因緣而後得實現爲『行』。這種能，來自性，成佛之能，乃稱爲佛性。佛性不是佛，「眾生佛性不名爲佛」。然而佛的本性，稱爲佛性。但所說眾生悉有佛性，不是指佛的本性，而是指成佛之能。

大般涅槃經也想由『能』而講『本性』，然因佛的本性不可言，故祇以『能』去研究，但不能執一說以爲佛。譬如盲人摸象，以頭足爲象，當然不對，然也不能不要頭足而說象。章安頂法師注疏說：「牽象示眾盲者，他作一存一亡釋之：頭足等皆非象，亡也，不離頭足等是象，存也。佛性非六法，亡也，六法之外無別佛性，還用六法，存也。如此釋者，不得出於卽離兩句。……頭足之中，既無有象，不可卽也。頭足之外，既無別象，不可離也。非卽非離，非內非外，而得言象。眾生佛性，亦復如是。非卽六法，非離六法，非內非外，故名中道，名爲佛性。若取六法爲佛性者，乃是眾育之佛性了若離六法爲佛性者，如指虛空爲佛性。」（大般涅槃經疏卷第二十七，獅子吼品之五）

大般涅槃經講修行以顯佛性，應屬漸教；然修行也可以是頓，因此涅槃經並不排擠頓教。中國南北朝佛教有頓漸之分，而頓漸兩方，都宗涅槃經。隋天臺灌頂說：「大般涅槃者，卽發軫仍頓仍圓，一切的法，悉入其中，眾流悉鹹，無非性海。漸圓與頓圓，更無別異，歷以門第，故言漸耳。今經乃具二文，從勝受名，卽是圓頓之教，於諸教中最爲尊上也。」（大般涅槃經卷下，釋教相灌頂撰）

灌頂以大般涅槃經屬於頓教，是以爲經中包括漸頓兩教，頓教居上，乃「從勝受名」，以居上者爲名，名爲頓教。

註

(一) 湯用彤 漢魏兩晉南北朝佛教史，頁六七八——六八二。

(二) 牟宗三 佛性與般若 上册，頁一九二。學生書局

第六章　華嚴經

華嚴經爲大方廣佛華嚴經的略稱，傳說爲佛祖得道後所說的經。佛祖把得道後的心境和所悟的學理，向聽衆宣講，但是聽衆都不能懂，佛祖乃體悟到所講的教理過於深奧，便改變方法，先從很淺近的有論阿含經宣講，然後由淺入深。所以華嚴經乃是佛教最高乘的經典。

華嚴經在中國有三種譯本。第一種譯本，爲東晉佛馱跋陀羅的譯本，共六十卷，稱六十華嚴，也稱舊經。賢首撰註釋，名華嚴經探玄記二十卷，唐智儼撰華嚴經搜玄記五卷，第二種譯本爲唐實義難陀的譯本，共八十卷，稱八十華嚴，也稱新經，第三種譯本，爲唐般若的譯本，共四十卷，稱四十華嚴。

華嚴經爲中國華嚴宗的基本經典，所有註疏甚多，唐朝時的注疏家以李通玄、法藏、澄觀爲最著。李通玄撰華嚴經合論一百三十卷，新華嚴經論四十卷，華嚴經大意一卷，華嚴經決疑論四卷，法藏爲中國華嚴宗的集大成者，所有著述很多，華嚴經探記二十卷，華嚴經文義綱目一卷，華嚴經旨歸一卷，華嚴經問答二卷，華嚴經策林一卷，華嚴五教章三卷，華嚴遊心法界記一卷，華嚴三昧章一卷，華嚴發菩提心章一卷，華嚴十重止觀一卷，普賢觀行法門一卷，華嚴經傳記五卷，華嚴經分齊章四卷，華嚴經明法品立三寶章二卷，開脈義記一卷。澄觀撰華嚴經疏六十卷，華嚴經隨疏演義鈔九十卷，貞元新譯華嚴經疏十卷，華嚴經疏鈔八十卷。

華嚴經的內容，六十華嚴分爲七處八會三十四品，八十華嚴分爲七處九會三十九品。四十華嚴專講入法界品，這一品在六十和八十華嚴中，都佔四分之一的分量。

所說的華嚴經的會和處，爲佛祖宣講華嚴經的時間和地點。

中國華嚴宗的歷史，源始於地論宗。地論宗的基本經典爲世親的十地經論，由北魏菩提流支、勒那摩提、佛陀扇多譯爲漢文。華嚴經有十地和六相，十地論便是講十地和六相的結論。

地論宗分爲南北兩派，北派以菩提流支的弟子道寵爲主，南方以勒那摩提的弟子慧光爲主。南北派的爭端點，在於阿梨耶識（阿賴耶識）的性相，北派以這識爲妄識，和眞如有分別；南派以這識爲淨識，和眞如相同。

在六十華嚴經譯本以前，東晉西晉有片段的華嚴經譯品。覺賢（佛馱跋陀羅）來中國，東晉支法領曾由于闐東南的遮拘迦國，携來華嚴經，覺賢在揚州道場寺，翻譯六十卷華嚴。覺賢的弟子很多，中間有人講習華嚴經。十地經論譯成漢文後，慧光根據此經典創地論宗，他的弟子們研習地論、講論華嚴。

唐朝初期，杜順專門研究華嚴經，著有五敎止觀一卷，法界觀門一卷。杜順法名法順，生於陳永定二年，圓寂於貞觀十四年，壽八十四歲，在當時很受皇帝的禮遇，尊稱帝心尊者，乃成爲華嚴宗的初祖，吸收了地論宗的傳統。

杜順的弟子智儼，爲華嚴宗第二祖，著華嚴經搜玄記九卷。第三祖爲法藏，乃是華嚴宗思想系統的建立人，著作很多，又協助翻譯六十華嚴和四十華嚴。死後，謚號賢首。

第四祖爲清涼大師澄觀。澄觀生於賢首死後的二十七年，越州會稽山陰人，生於開元二十六年，死於文宗開成四年，壽一百零二歲。賢首的弟子慧苑，叛離師說，自創新論，澄觀重振華嚴宗，居五公山大華嚴寺，著述很多。

第五祖爲宗密。宗密姓何，果州西充人，先學南宗禪，後習華嚴經，倡『敎禪一致』，發揮圓覺經義理，死於唐會昌元年。唐武宗於會昌五年毁佛，唐末又有五代的兵亂，佛教衰頹，華嚴宗的宗脈乃斷了。

一、教判

華嚴經爲佛得道後所宣講的第一部經典，因聽講的人都不懂，佛祖乃改從小乘開始宣講，逐漸向高深教義。因此，便發生問題，華嚴經在佛教裏究竟有什麼地位，爲開始的教義，或是爲最高的教義？這就是教判問題，天臺宗稱爲教相判釋。

賢首法藏在華嚴經探玄記卷一，正式講判教問題，分五教十宗。清涼澄觀在華嚴經疏鈔玄談卷四，詳說諸家的判教觀。

解深密經曾講『三時』，涅槃經曾講『五味』，華嚴經講『三照』，都是判教問題的基礎。龍樹菩薩講顯密二教。慧遠的大乘義章卷一有五時七階的教判，智顗的法華玄義卷十有南三北七的教判，而智顗代表天臺宗主張五時八教。

法藏在華嚴經探玄記分佛教爲五教，五教的分別標準，不是按佛祖說法的時間，而是按教理。五教爲小乘教、大乘始教、大乘終教、大乘頓教、大乘圓教。五教又按所尊崇的教理分爲十宗。

1. 五教

五教的區分標準，按照教義而分，由淺入深，由分而圓，首先分爲大小二乘，大乘再分爲始、終、頓、圓四教。

甲、小乘教：以四阿含經爲經典，給凡夫講一切法爲有，假立名字，乃爲實在論。雖然否定我的存在，但不明說萬法爲虛，祇講涅槃爲寂滅。萬法的緣起，爲業力緣起，由十二因緣繼續不斷。

乙、大乘始教：佛對於求佛法的人，講一切法爲虛爲空。法相宗和唯識宗以萬法唯識，由阿賴耶識的種子所薰起。中論的三論宗以一切法爲空。這兩宗都不承認萬法中有佛性，法相宗不主張一切人均可成佛，三論宗主張有與非有的合一，一切人可以入涅槃。但事和理，卽現象和最終實體的常相分離。

丙、大乘終教：楞伽經、涅槃經、大乘起信論主張眾生都有佛性，提出一切法的終點，卽是佛性，因此稱爲終教。佛性爲理，一切法爲事，事理一致。

丁、大乘頓教：禪宗不立文字，不講義理，完全托於人的本心。人若能滅除思慮，直接體驗自心佛性，純淨的佛性頓卽呈現，人立時成佛。

戊、大乘圓敎：華嚴宗以一乘包括三乘，三乘爲小乘、大乘漸敎（始敎，終敎）、大乘頓敎，華嚴全部包涵。以相卽相入，一切平等，萬法圓融，造成一全體和諧的圓滿世界。佛入定時，得到光明，證悟眞理，出定後把入定的經驗，宣講爲華嚴經。華嚴經代表佛祖最高的精神經驗，乃是佛敎敎義的最高點，也是佛敎敎義的最深奧處。

法藏在華嚴一乘敎義分齊章說：

「第一心識差別者，如小乘但有六識義分，心意識，如小乘論說於阿賴耶識，但得其名，如增一經說。若依始敎，於阿賴耶識但得一分生滅之義，以於眞理未能融通，但說凝然不作諸法，故就緣起生滅事中，建立賴耶，從業等種辦體而生異熟報識，爲諸法，依方便漸漸引向眞理，故說熏等，悉該卽空。如解深密經云，若菩薩於內於外，不見藏住，不見熏習，不見阿賴耶，不見阿賴耶識，不見阿陀那，不見阿陀那識，若能如是智者，是名菩薩。……瑜伽經中亦同此說。……若依終敎，於此賴耶識，得事理融通二分義，故論云，不生不滅，與生滅和合，非一非異，各阿梨耶識，以許眞如，隨熏和合，成此本識，不同前教業等種生。故楞伽經云：如來藏爲無始惡習所熏，名爲藏識。……又起信論云：自性清淨心，因無明風動成染心……若依頓教，卽一切法唯一眞如心，差別相盡離言絕慮，不可說也。……若依圓教，卽約性海圓明，法界緣起，無礙自在，一卽一切，一切卽一，主體圓融。……

問云：何一心約就諸教，得有如是差別義耶？

答：此有二義：一約法通收，二約機分齊。初義者，由此甚深，緣起一心，具五義門，是故聖者，隨以一門，攝化衆生。一、攝義從名門，如小乘教說。二、攝理從事門，如始教說。三，理事無礙門，如終教說。四、事盡理顯門，如頓教說。五、性海具德門，如圓教說。是卽不動本而常末，不壞末而恒本。故五義相融，唯一心轉也。二，約機明得法分齊者，或有得名而不得義，如小乘教；或有得名，得一分義，如始教；或有得名，得具分義，如終教；或有得義，而不存名，如頓教；或有名義俱無盡，如圓教。」（華嚴一乘教義分齊章 卷第二）

上面所引長段文據，可以看到法藏區分五教的理由，從心識方面區分。華嚴爲五教的最高圓教，法藏在這四卷裏，繼續述說五教的分別，引經據典，在第三卷末尾，說佛身在五教的差別：

「或是法，非報化，如頓教說。或亦法亦報化，總如三乘等說。或非法非報化，如別教一乘，是十佛故也。數開合者，或立一佛，謂一實性佛也，此約頓教。或立二佛，此有三種：一，生身化身，此約小乘說。二，生身法身，謂他受用與化身合，名生身，自受用身與法身合，名法身，如佛地論說，此約始教說。三，自性法身應化法身，如本業經說，此約終教說。或立三身佛，如常所說，此通始終二教。或立四佛，此有三種：一，於三身中受用身內分自他二身，故有四，如佛地論說，此約始教。二，於三身外，別立自性身，爲顯法身，是恒沙功德法故，是故梁攝論云：自性身與法身作依止故。三，亦於報身內，福智分二，故有四。如楞伽經云：一、應化佛，二、功德佛，三、智慧佛，四、如如佛。此約終教說。或立十佛，以顯無盡，如離世間品說，此約一乘圓教說也。」（華嚴一乘教義分齊章卷第三）

佛身，乃是最高實體，在佛教各宗裏，解說各有不同。所有解說各按各宗的教義而成，從佛身說便也可看出五教的差異。華嚴宗立十佛身，顯示佛身無盡，十身相融。

2. 十宗

五教的區分，按照教理的淺深，次第而上。若再往細節目看，五教的區分，不能把佛教各宗派都分清楚，法藏乃又有十宗的區分，十宗不是用佛教普通各宗的名稱，是以所宗的教理而標名。

1. 我法具有宗：主張我和法都是實有，三世的我也是實有，死後的我，爲『非卽蘊非離蘊』之我。這種主張是有部的犢子部的教理。

2. 法有我無宗：主張三世的法都是實有，卽過去現在將來三世爲實有，而我則是無。一切有部、雪山部、多聞部都屬於這一宗。沒有三世的法，心識沒有根境，不能成立，因而因果之理也不能成立，故諸法實有。我是五蘊所成，離五蘊則無我。

3. 法無去來宗：主張過去和未來的法，都不是實有，唯現在的法爲有，大眾部宗這種主張。過去未來的法都沒有作用，惟現在法有作用。

4.現通假實宗：主張過去未來的法，不是實有，現在的法，在五蘊者爲實，在十二處十八界者爲假。五蘊本身，不依根境，直接對於物質之色而有受，故爲實。六根六入以及十八界是相對的假法。成實論屬於這一宗。

5.俗妄眞實宗：主張世俗法是假，出世法是實。五蘊處界和三科，或就整體而言，或就分別而言，從世諦去講都是假，從眞諦去講纔是實。這較比前面四宗又進於空假勝義一層。小乘說出世部屬於這一宗。

6.諸法但名宗：主張一切諸法，唯有假名，沒有實體。世間法既是虛假，出世間法也是虛假。這宗爲小乘的最高部，已通於大乘，一說部屬於此宗。

7.一切皆空宗：主張有漏無漏都是空，但空又不空，爲「卽空」之空。諸法但名宗所講空爲分析之空。這宗爲大乘始敎，般若經和三論屬於這一宗。

8.眞德不空宗：主張一切法來自眞如，眞如具有無量功德，顯現差別諸法。這宗爲大乘終敎。維摩、勝鬘、楞伽、起信、寶性、佛性等經都屬於這一宗。

9.相想俱絕宗：相爲客觀的境相，想爲主觀的心想，都泯滅了，一念不生，立卽成佛，斷絕一切言說，這是大乘頓敎，維摩經和一切禪宗都屬於這一宗。

10.圓明具德宗：主張一切法都由性起，平等圓滿，互卽互入，主體具足，圓融自在。這宗是大乘圓教，即是華嚴宗。

這十宗的區分，和五教的區分是相連繫的。十宗的後面四宗，即爲五教的四種大乘教：始、終、頓、圓。前面六宗則把五教的小乘，加以分析，因爲實際上在小乘裏本有許多宗派。十宗爲賢首法藏所立，杜順的五教止觀祇提到第一宗。慈恩窺基的華嚴玄讚第一卷則提出八宗。賢首把八宗修正爲十宗，即前七宗和窺基八宗的七宗相同。但以窺基的第八宗分爲八、九、十宗。

教判

三教（慈恩）		五教（法藏）	八宗（慈恩）	十宗（法藏）
有宗	阿含等小乘	小乘	我法俱有宗 法有我空宗 法無去來宗 現通假實宗 俗通假實宗 俗妄眞實宗	我法俱有宗 法有我無宗 法無去來宗 現通假實宗 俗妄眞實宗 諸法但名宗
空宗	般若、三論等經	大乘始教	勝義皆空宗	一切皆空宗
非有非空宗	華嚴、深密、法華	終教 頓教 圓教	應理圓實宗	眞德不空宗 相想俱絕宗 圓明俱絕宗

但佛教的教判差別頗多，三教八宗，五家十宗較爲著名。

「今古諸賢所立教門差別非一，且略述十家，以爲龜鏡。

一、依菩提流支依維摩經等，立一音教，謂一切聖教皆是一音一味一兩等霔；但以眾生根行不同，隨機異解，遂有多種。如克其本，唯是如來一圓音教……

二、依護法師等依楞伽等經，立漸頓二教，謂以先習小乘，後趣大乘，大由小起，故名爲漸。亦大亦小俱陳故，卽涅槃等教是也。如直往菩薩等，大不由小，故名爲頓，亦以無小故，卽華嚴是也。遠法師等後代諸德，多同此說。

三、依光統律師，立三種教，謂漸、頓、圓。光師釋意，以根未熟，先說無常，後說常，先說空，後說不空深妙之義。如是漸次而說，故名漸教。爲根熟者，於一法門具足，演說一切佛法，常與無常，空與不空，同時俱說，更無漸次，故名頓教。爲於上達分階佛境者，說於如來，無礙解脫，究竟果海，圓極秘密，自在法門，此經是也。

四、依大衍法師等一時諸德，立四宗教，以通收一代聖教。一、因緣宗，謂小乘薩婆多等部。二、假名宗，謂成實經部等。三、不眞宗，謂諸部般若，說空卽理，明一切法不眞實等。四、眞實宗，涅槃華嚴等，明佛性法界眞理等。

五、依護身法師，立五種教，三種同前衍師等，第四名眞實宗教，謂涅槃等經，明佛性眞理等。第五明法界法，謂華嚴明法界自在無礙法門等。

六、依耆闍法師立六宗教，初二同衍師。第三名不眞宗，明諸大乘通說諸法如幻化等。第四名眞宗，明諸法眞宗理等。第五名常宗，明說眞理恒沙功德常恒等義。第六名圓宗，明法界自在，緣起無礙，德用圓備，亦華嚴法門等是也。

七、依南岳思禪師及天臺智者禪師，立四種教，統攝東流一代聖教。一名三藏教，謂是小乘故。……二名通教，謂諸大乘經中說法通益三乘人等，及大品中乾慧等十地通大小乘者是也。三名別教，謂諸大乘經中，所明道理不通小乘者是也。四名圓教，爲法界自在。具足一切無盡法門，一卽一切，一切卽一等，卽華嚴等經是也。

八、依江南敏法師立二教，一、釋迦經，謂屈曲教，以逐物機，隨計破着故，如涅槃經等。二、盧舍那經，謂平等道教，以逐法性自在說故，卽華嚴是也。

九、依梁朝光宅寺雲法師立四乘教。

十、依大唐三藏玄奘法師，依解深密經、金光明經及瑜伽論，立三種教，卽三法輪是也。一轉法輪，謂於初時鹿野園中轉四諦法輪，卽小乘法。二名照法輪，謂中時，於大乘內密意說言諸法空等。三名持法輪，謂於後時，於大乘中顯了意，說三性及眞如不空理等。此三法輪中，但說小乘及三乘中始終二教，不攝別教一乘。何以故？以華嚴經在初時說，非是小乘故。彼持法輪在後時說，非是華嚴故，是故不攝華嚴法門也。

以上十家立教諸德，並是當時法將，英悟絕倫，歷代明模？」（法藏。華嚴一乘敎義分齊章，卷第一）

上面所引一段長文，說理清晰，可以使我們知道佛教教判的各種主張。在各種主張裡華嚴經大概都列在最後的圓教。當然，敍述這些主張的作者是法藏，而天台宗的主張則不完全相同。但是華嚴經的特點，在這種教判的主張中，可以看出，是在於圓成一切，自在法門。

二、法　界

1. 法　界

華嚴宗的特色爲『法界緣起』。

法界是什麼呢？法界有兩重意義：一、指最高的眞理，也可以說是絕對的實體，實體卽是法，因此最高實體稱爲眞理，而稱爲法界。二、指一切法的範圍，卽是宇宙。一切法都在宇宙以內，宇宙便是萬法。

法界緣起講宇宙萬法的緣起，這種緣起是以最高實體的眞如爲本體。眞如爲法界，隱在一切法以內，負有無明的染汚，乃顯現宇宙萬法。然眞如本體是淨，人若能以法界觀法除去無明，卽顯眞如本體。因此萬法由自身的法界而緣起，又能除去染汚而顯自身淨相。法界是一法，而又是萬法，一卽一切，一切卽一，互相圓融。

法界，爲華嚴經的宇宙，宇宙有四重；四重宇宙，卽四種法界。四種法界爲事法界、理法界、理事無礙法界、事事無碍法界。

「事法界」爲現象界，卽是事實的現象宇宙，俗眼所見的世界。

「理法界」爲隱藏在事實中的最高眞理，卽是萬法所以存在之理，卽是眞如。

「理事無碍法界」起信論和天台宗，以理事同一，不相牴衝，不相消除。

「事事無碍法界」事和理不僅不相違，而且事事都因理而相卽相入，互相圓融。

這四種世界，可以同時存在。四種世界的意義，在於理與事的關係。這幾種關係的解釋成立佛教的五教。

事和理的關係，可以有下列幾種：

1. 事和理相分離，祇有事是實有。這是小乘的有部，以五蘊的事實界爲實有，不講論事實的最高眞理，這種關係，卽是事法界。

2.理是實，事是空，然而理和事相離，祇講事之空，而不講理之實。這是大乘的始敎，如中論和般若，以萬法爲空。

3.事與理爲一，事是理，理是事，兩者不相離。事是理的外相，外相有種種差別，理則沒有增減。般若講不生不滅，不去不來，卽是事理相卽不相離，事顯而理隱。涅槃所以講如來藏。

4.理事相入，互相圓融。事和理不僅是一體的兩面，而且是互相入，理中有事，事中有理。現象有本體，本體有現象。現象和本體，互相圓融。一卽一切，一切卽一。這是華嚴經的主張。

2. 世界

理與事的四種關係，構成四重世界，也構成佛敎的四大敎派。但是說華嚴宗的宇宙觀，具有四種世界，則祇就敎判方面說；華嚴宗的宇宙觀，則是事事圓融的世界。理爲佛身眞如，事爲現象萬法，在佛身中，顯現一切。

「一微塵中多剎海，處所各別悉嚴淨。
如是無量入一中，一一區分無雜越。
一一塵內難思佛，隨衆生心普現前。
一切剎海靡不周，如是方便無差別。
一一塵中諸樹王，種種莊嚴悉垂布。
十方國土皆同現，如是一切無差別。
……」（八十華嚴卷七，世界成就品第四）

這一頌是普賢菩薩所言。普賢承佛威力，觀察四方，得見一一世界海中，萬法都沒有差別，海和微塵互相融入，彼此平等爲一。

「一一世界海中，一切佛音聲，普徧世界海，無邊刧住無差別。一一世界海中，法輪方便無差別。一一世界海中，一切世界海，普入一塵無差別。一一世界海中，一一微塵，一切三世諸佛世尊，廣大境界，皆於中現，無差別。」（同上）

以海譬喻眞如，以微塵譬喻現象，在眞如中一切顯示，一切無差別。在微塵中一切世界海，皆能顯現，沒有差別。

這樣的宇宙觀，稱爲華嚴世界。

華嚴世界爲毗盧遮那如來無量刼數的修行，所經歷的世界，以佛力使一一世界得淨。華嚴經描述華嚴世界，爲須彌山微塵數風輪所持。風輪代表佛力，名叫平等住，寶威德，平等燄，種種普莊嚴，普清淨，聲徧十方，一切寶光明，速疾普持，種種宮殿遊行，最上風輪名殊勝威光藏。這種華嚴世界有如香水海，一遍香氣；又如光明海，四週遍光明，無絲毫塵垢。在世界中，依照佛力，顯現各種莊嚴，有種種差別。然而各種莊嚴相連，成世界網，一切平等。「普賢菩薩欲重宣其義，承佛威力，而說頌言：

華藏世界海，法界等無別，莊嚴極清淨，
安住於虛空。此世界海中，剎種難思議。
一一皆自在，各各無雜亂。華藏世界海，
剎種善安布，殊形異莊嚴，種種相不同。
諸佛變化音，種種爲其體。隨其業力見，

……大海眞珠燄，光網不思議，如是諸刹種，
悉在蓮華住。一一諸刹種，光網不可說，
光中現衆刹，普徧十方海……
……一切莊嚴中，
普見衆刹海，諸修普賢願，所得清淨土，
三世刹莊嚴，一切於中現。佛子汝應觀，
刹種威神力，未來諸國土，如夢悉令見，
十方諸世界，過去國土海，咸於一刹中，
現像猶如化。三世一切佛，及以其國土，
於一刹種中，一切悉觀見，一切佛神力，
塵中現衆土，種種悉明見。……」（八十華嚴卷十，華藏世界品第五之三）

從眞如清淨本性方面看，一切莊嚴清淨。現像的形形色色，祇是一些形相。因着每人的業力，見到各種差別的事物。實際修普賢願的智者，在三世的事物中，觀到眞如，而在諸法

中，看到眞如的光網。整個華嚴世界，過去現在未來三世的國土，「悉在華嚴住。」

3. 六相

宇宙不是虛無，萬法也不是空；然而也不是實有，祇是法界的顯相。顯相有如微塵之多，種種差別，華嚴宗乃講六相。六相爲：總相、別相、同相、異相、成相、壞相。這些相都不是定相，由因緣會合而成，有成有壞。相，表示形相，表示特性，表示名。宇宙的法，有共同的總性，有各自的特性，有些法相同，有些法相異。所以共有六相。

1. 總相，爲一攝多，共有一相。如五蘊所成，共有色相。
2. 別相，爲各自特性，共有總相的法，又各有別相。
3. 同相，因緣相同，和合成就同相體。
4. 異相，因緣不同，和合成異相。
5. 成相，因緣和合，遂有成相。
6. 壞相，因緣不和合，便有壞相。

金獅子章說：

「獅子是總相，五根差別為別相，共一緣起為同相，眼耳各不相知是異相，諸緣共會是成相，諸緣各住自法是壞相。」

若以一棟房子作譬喻，整棟房子是總相，包括房子的各部份。房子的各部份，如廳堂住室是別相。樑柱瓦石合成整棟房子，乃是同相；樑柱瓦石則自不相同又是異相。樑石瓦柱為房子的因緣，因緣會合，便是成相，因緣雖相合，常保持各自的異相，能够不相合，便是壞相。

法藏說明六相：

「六相緣起，三門分別，初列名略釋，二明教興意，三問答解釋。初列名者，謂總相、別相、同相、異相、成相、壞相。總相者，一含多德故。別相者，多德非一故。別依止總，滿被總故。同相者，多義不相違，同成一總故。異相者，多義相望，各各異故。成相者，由此諸義緣起成故。壞相者，諸義各住自法不移動故。……

一卽具多名總相，多卽非一是別相。

多類自同成於總，各體別異現於同。

一多緣起理妙成，壞住自法常不作。
唯智境界非事識，以此方便會一乘。」
（法藏 華嚴一乘敎義分齊章·卷四）

六相爲事物的相，由華嚴宗看來，沒有一相是獨立的，而是互相結合，且是互相融會。總有別，別有總；同有異，異有同；成有壞，壞有成，稱爲六相圓融。就體相用去看，總別兩相屬體，同異兩相屬相，成壞兩相屬用。凡是一物都有體相用。華嚴宗以萬法的體相用，互相融會，因是體是唯一。法藏說明爲什麼華嚴法講六相：

「第二，敎興意者，此敎爲顯一乘圓敎法界緣起，無盡圓融，自在相卽，無礙鎔融。乃至因陀羅無窮理事等，此義現前一切惑障，一斷一切斷，得九世十世惑滅，行德卽一成一切成，理性卽一顯一切顯，並普別具足，始終皆齊。初發心時，便成正覺。良由如是法界緣起，六相融解，因果同時，相卽自在。」（同上）

法藏說明六相是爲着圓融的敎義而設的，顯明一乘圓敎所主張的法界緣起，一切事和理不相離，而且事事無礙，「自在相卽」。斷了一障，便斷一切障；得了一分德，便得一切德；

顯一分理，便顯一切理。

華嚴經中有「如來現相品」，描述毗盧遮那如來在華嚴世界所現光明，東西南北各方的光海中，一切光明莊嚴，充滿佛身。佛坐菩提座，十方菩薩和諸佛都到座前。

「佛身充滿於法界，普現一切衆生前，
隨緣赴感靡不周，而恒處此菩提座。
如來一一毛孔中，一切剎塵諸佛坐，
菩薩衆會共圍繞，演說普賢之勝行。
如來安處菩提座，一毛示現多剎海。
一一毛孔悉亦然，如是普周於法界，
一一剎中悉安坐，一切剎土皆周徧。
…………
一切剎土微塵數，常現身雲悉充滿，
普爲衆生放大光，各雨法雨稱其心。」（八十華嚴卷六，如來現相品第二）

所說的事，是佛演法，十方菩薩來到座前。經中說如來一一毛孔皆放光明，一一毛孔中有同樣的如來演法的事，即是十方世界都在一毛孔中，一毛孔等於十方世界。這就是總相同於別相，別相同於總相，互相融會，構成一個一切圓融的華嚴世界。

「剎海無量妙莊嚴，於一塵中無不入，
如是諸佛神通力，一切皆由業性起。
一一塵中三世佛，隨其所樂悉令見，
體性無來亦無去，以願力故徧世間。」
（八十華嚴卷第七，世界成就品第四）

這裡用一點微塵代表一，就如毛孔代表一，在微塵和毛孔中有「剎海無量莊嚴」，即有一切世界的一切法。在一中有一切，一切所以有分別，「一切皆由業力起」。然而在一一塵中有三世佛，即是有如來本體，本體沒有來沒有去，常不變。若能得到智觀，就能見到自身的佛。即是每樁事物顯現自身本體眞如，滅除一切別相異相和滅相，而祇有總相同相和成相。

4. 性　起

六相圓融的根由，在於『性起』。佛教講宇宙萬法的成立，常用緣起說，說明萬法由各種因緣和合而成。佛教乃有業力緣起、唯識緣起、如來藏緣起、眞如緣起諸說。華嚴的宇宙觀，不講緣起，而講性起。

『性起』的意思，在於說明宇宙萬法的成立，不來自各種緣起，而是自己本性的顯現。『性起』是眞如，爲萬法的本體。萬法是眞如的顯相。眞如和萬法的關係，眞如爲本體，萬法是現象。

『性起』又有另一種意義，性起爲華嚴的觀法，由自己本心而見到自己的性。在觀法裡，直接看到眞如本體，泯滅一切差異，頓然成佛。法藏在探玄記說：本體不改稱爲性，顯現體的用稱爲起，性起就是如來的性起。

六十華嚴有「性起品」，說明一切萬象，莫非佛三世之業，整個法界也是如來性起的德用顯現。

普賢菩薩向諸菩薩講解十法，爲成正覺。

「爾時，普賢菩薩摩訶薩告如來性起妙德菩薩等諸大衆言，佛子，如來應供等正覺性起正法，不可思議。所以者何？非少因緣成等正覺，出興于世。佛子，以十種無量無數百千阿僧祇因緣，成等正覺，出興于世。何等爲十？一者，發無量菩提心，不捨一切衆生。二者，過去無量劫修諸善根正直深心。三者，無量慈悲救護衆生。四者，行無量行，不退大願。五者，積無量功德，心無厭足。六者，恭敬供養無量諸佛，教化衆生。七者，出生無量方便智慧。八者，成就無量諸功德藏。九者，具足無量莊嚴智慧。十者，分別演說無量諸法實義。」（六十華嚴卷第三十四，如來性起品第三十二之一）

華嚴重視『行』和『觀』，以善行而得正覺，正覺爲智慧，便能觀如來性。觀看十方世界。

「善哉無礙智，覺悟一切法，具足平等慧，
說佛無量境。諸佛子聞已，心皆大歡喜。
願時爲敷演，如來性起法。……………」（同上）

性起法說明世界由於業報，三千世界由於無量因緣，也藉諸菩薩的善根。三千世界爲有，也爲無，因緣爲有，也爲無，都是在如來性中。

「佛子，譬如三千大世界，非少因緣成，以無量因緣乃得成。所謂與大雲雨，因大雨故，起四風輪。何等爲四？一名曰持，能持大水。二名漸消，漸消大水。三名曰起，起諸處所。四名莊嚴，莊嚴三千大世界，衆生業報，如是四種，皆衆生業報，及諸菩薩善根所起。佛子，如是等無量因緣，乃成三千大世界法。如是，故無有作者，亦無成者。」(同上)

華嚴說『起』，不說『生』，又說『無作者』『無成者』，雖講因緣，不講緣起。一切萬法的世界，起於衆生業報。業報所起，在人心中，一切唯心，是人的邪見。人若能以十種善行，得成正覺，心中光明，如佛身所發光明，則能見一切都在如來中。華嚴重在眞心觀。性起爲如來，如來本性清淨，在清淨性中，一切卽一，一卽一切，無生無滅，無染無淨。

「譬如如如性，離虛妄寂滅，亦無有生者，
亦無有滅者，如是諸如來，及一切境界，

亦同如如性，不增亦不減。譬如未來際，
眞實際無際。三世性自離，眞實不可得。
等正覺如是，境界亦復然。一切三世中，
通達無障礙，諸法無變易，性空無作故，
離垢無染汚，其性如虛空。一切諸如來，
清淨性亦然。一切性無性，非有亦非無，
正法性遠離，一切語言道。一切趣非趣，
皆悉寂滅性。一切諸如來，境界亦如是。」（同上）

性無性，性寂滅，非有非無，不增不減。中論也講不生不滅，不增不減；但中論講萬法的空，沒有歸到眞如本性。華嚴講如來本性，『其性如虛空』，性自清淨，遠離塵垢。然而如來性起萬法，萬法有差別。應在正覺中，纔能歸到本性，這種性稱爲如如性。

「譬如虛空性，無處而不至，十方世界中，
一切諸佛刹，色處非色處，一切衆生類，
去來今現在，非至非不至。一切諸最勝，

清淨妙法身，無處而不至，充滿諸法界。最勝妙法身，一切莫能見。…………」（六十華嚴卷第三十五，如來性起品之二）

「虛空之性」，卽是「如如性」，無處不到，充滿大千世界，三世的一切法，都是如如性所起。祇是一切凡夫，不能見到『清淨妙法身』。

清淨妙法身充滿的世界爲『一眞法界』，八十華嚴第二十卷「十行品」說「此一性清淨不壞平等，無差別之法界，卽是一眞法界。」這個眞法界祇有一性本來清淨，不可毀壞，無盡無碍，圓融自在。八十華嚴第七十一卷，入法界品說：「我知法界一性，如來一音，一切衆生無不事故。我知法界清淨，了如來願，善度一切衆生故，我知法界不可壞，一切智善根，充滿法界，不可壞故。」

三、一　心

華嚴的思想，爲唯心的思想；但不像唯識論倡萬法唯心；而且實際上華嚴的唯心思想和唯識的唯心思想，兩者不相同。唯識只講宇宙的萬法由心識而有，心識以種子的業力，造成五蘊的宇宙；這種宇宙可以說是幻想。唯識講了宇宙萬法爲識所造，不再向上追求，識究竟由何而來？識的深處有無支持者？華嚴講宇宙萬法是一體，體是眞心。眞心的表現，有染淨兩面，染的一面，爲宇宙間各形各色的法；淨的方面，爲菩薩等的正覺，在正覺中，觀看萬法中的眞心，一切差別法都寂滅，或者更好說互相融會，都歸到如來眞心中，成爲一眞法界。因此，華嚴以一心爲眞實，萬法爲眞心所顯現，在正覺的心觀裡，萬法融通在眞心裡。所以，一卽一切，一切卽一，萬法圓融，整個都是心的體和用。

1. 一 心

甲、心的意義

「御製大方廣佛華嚴經序」說：「蓋聞統萬法唯一理，貫萬古唯一心。心者萬法之源，眾妙之體，靈明不昧，清淨空寂。」

心在大乘佛教各宗都佔中心的位置，在華嚴宗則包括整體的教義。華嚴以眞心爲本體，爲最高之理，理事通融，萬法乃是眞心的現象，一卽一切，一切卽一，心卽萬法，萬法卽心。因着佛智，智者在心內，頓現本體眞心，眞心卽我，我卽萬法。心包一切大千世界，一切圓融。這是別教一乘圓教。華嚴宗的第五祖圭峯宗密作禪源諸詮集都序說禪宗有三宗：息妄修心宗、泯滅無寄宗、直顯心性宗。以第三宗相應於華嚴圓教。圭峯說：「顯示眞心卽性教。此教說一切眾生皆有空寂眞心，無始本來自性淸淨，明明不昧，了了常知，盡未來際，常住不滅，名爲佛性，亦名如來藏，亦名心地。從無始際，妄想翳之，不自證得，耽着生死。大覺愍之，出現于世，爲說生死等法一切皆空，顯示此心全同諸佛。……如是開示靈知之心卽是眞性，與佛無異，故顯示眞心卽性教也。」

心卽是性，性卽是自立實有，實有爲一常住不滅的精神，明明不昧，有靈有知。心和性的意義和儒家理學所講心和性的意義不完全相同。朱熹以心爲性之用，性爲心之理，理和性和心，都不是自立實有。心在宋明理學，爲一精神實體，有靈有知，然祇是人之大體。華嚴以心爲眞正唯一實體。萬法，乃是因無明妄想眞心所顯的現象。

唯一實體的名稱，在華嚴經沒有，在華嚴宗的作品裡也不用；然而實際上眞心在華嚴裡是有唯一實體的意義。但是眞心是超乎語言，不可思議，祇能從心之用的方面去看心的本體，心可以說是有，也可以說是無。因此「心是卽事、卽物、相卽相入而無礙的萬象本身的存在。換言之，具體的萬象本身卽是心的本質，萬象卽是心，叫做『一心』。華嚴世界觀的根本原理，盡在此一心。」(1)

心的本質爲空，爲清淨。心的自覺作用，就是『觀』，稱爲海印三昧。

空是否定形色，否定具體的存在實體。佛教大乘通常以一切萬法爲因緣和合，不是實體，祇是因緣和合的一種形態或機會，所以稱爲假相，稱爲空。萬法是空，因緣是不是空？也是空；因緣乃是無明妄想所起，無明妄想染汚了心，再藉着外緣，乃引生萬法。華嚴不講這種因緣緣起，而講性起，無明妄想染汚了眞心本性，眞心乃自性引起萬法的假存在。這是所起性起，或法界緣起。法界卽是眞心。眞心不可思議：

「所取不可取，所見不可見，所聞不可聞，
一心不思議，有量及無量，二俱不可取。
若有人欲取，畢竟無所得。不應說而說，
是爲自欺誑。……………」（八十華嚴卷第十九，夜摩宮中偈讚品第二十）

乙、萬法唯心

性起說，或法界緣起說，主張一切爲眞心本性所起。眞心爲體，萬法爲現象，萬法爲眞心所起。

「譬如工畫師，不能知自心，
而由心故畫，諸法性如是。
心如工畫師，能畫諸世間，
五蘊悉從生，無法而不造。
如心佛亦爾，如佛衆生然。
應知佛與心，體性皆無盡。
若人知心行，普造諸世間，
是人則見佛，了佛眞實性。
心不住於身，身亦不住心，
而能作佛事，自在未曾有。
若人欲了知，三世一切佛，
應觀法界性。一切唯心造。」（八十華嚴卷第十九，夜摩宮中偈讚品第二十）

一切萬法都是『唯心造』。心如畫工，能用各種顏色畫各樣的人物，所畫的人物並不是實際離畫而存在的人物，祇是存在畫上。人物和畫融而爲一，離了畫，沒有所畫的人物，離了所畫的人物，沒有畫。一幅畫包括整部所畫的人物。畫是畫工，又是畫，心在自己性內起造萬法，萬法在心上，離了心沒有萬法，離了萬法也不見心。

「譬如工畫師，分布諸彩色，虛妄取異相，大種無差別。大種中無色，色中無大種。亦不離大種，而有色可得。心中無彩畫，彩畫中無心，然不離於心，有彩畫可得。彼心恒不住，無量難思議，示現一切色，各各不相知。」（八十華嚴卷第十九，夜摩宮中偈讚品第二十）

萬法自己不自知底蘊，惟有慧智者，纔能觀法界性，知道「一切唯心造」。觀法界性，爲眞如觀；觀萬法唯心，爲唯識觀。將兩種觀融會爲一，則能直接了達眞心。八十華嚴經卷第十七「梵行品」說：「知一切卽心卽性，了了常覺，卽成慧身矣。」(2)

一切衆生界，皆在三世中。三世諸衆生，悉住五蘊中。諸蘊業爲本，諸業心爲本。

心法猶如幻，世間亦如是。世間非自作，
亦復非他作。而其得有成，亦復得有壞。
世間雖有成，世間雖有壞，了達世間者，
此二不應說。」（同上）

業力緣起和唯識緣起，都講業力爲世間萬法的根本因緣。沒有業，則沒有十二因緣，便沒有生死；沒有業，則沒有熏習，也就沒有種子，萬法都不成。華嚴雖講因緣，然標明「世間非自作，亦復非他作。」而是自性引起；自性則是『一心』。

「諸法無作用，亦無有體性，
是故彼一切，各各不相知。
…………
法性本無生，示現而有生，
是中無能現，亦無所現物。
眼耳鼻舌身，心意諸情根，
一切空無性，妄心分別有。

如理而觀察，一切皆無性。」（八十華嚴卷第十三，菩薩問明品第十）

一切法沒有體沒有性，也沒有作用，不能生他事物，法性眞心也不能生，因常住不變；祇因無明染汚，乃有現示，現示而有現象，現象卽是萬法。然而眞心示現諸法時，沒有另外一個『能現者』作主體，也沒有『所現者』萬法作客體，祇是眞心自性引起現象，現象在主體以內。眞心和萬法不相分離，相卽相入。

法藏曾解釋五教所依心識的差別，頓教以一切法唯一眞心，差別相盡，華嚴一乘圓教則是「若依圓教，卽約性海圓明，法界緣起無礙自在，一卽一切，一切卽一，主體圓融，故說十心以顯無盡，如「離世間品」及第九地說。又唯一法界性起心亦具十德，如性起品說，此等據列教言。」（法藏。華嚴一乘教義分齊章所詮差別第九）

2. 觀

甲、海印三昧

萬法爲眞心本性所起，萬法不自知。惟有得到智慧的人，纔能知道這種眞理。所謂知道，不是理性的推論，而是心的直觀，心在自性內觀到萬法歸於眞心。這種直觀稱爲『禪觀』，或者僅稱爲『觀』。整部華嚴經用各種譬喻或象徵，來回講述這種直觀。

海印三昧，爲眞如本覺，好似大海，風平浪息，海水澄清，天上星辰，地上山林樹木，都印在海中。海印象徵智慧如海，至明至淨，直接觀到眾生的法界。

華嚴經「賢首品」講十種三昧，一、圓明海印三昧。二、華嚴妙行三昧。三、因陀羅網三昧。四、手出廣供三昧。五、現諸法門三昧。六、四攝攝生三昧。七、俯同世間三昧。八、毛光照益三昧。九、主體嚴麗三昧。十、寂用無涯三昧。海印三昧爲十種三昧的第一種，總攝其他的九種三昧。

華嚴經全書分八會，每一會也是講一種三昧。第一會，講如來淨藏三昧。第二會，講十信行入定位三昧。第三會，講菩薩無量方便三昧。第四會，講善伏三昧。第五會，講明智三昧。第六會，講大智慧光明三昧。第七會，講佛華嚴三昧。第八會，講如來獅子奮迅三昧。

華嚴宗的祖師智儼、法藏、澄觀，疏解各種三昧時，常依海印三昧爲基本。

清涼澄觀華嚴經疏釋說：「海印之義，昔雖略解，未盡其源。今以十義解之。……言十義者，一、無心能現義，經云：無有功用，無分別故。二、現所所現義，經云：如光影故。出現品云：普現一切眾生心念根性欲樂，而無所現故。三、能現與所現非一義。四、非異義，經云：大海能現能所異，故非一，水外求相不可得，故非異。顯此定心與所現法，即性之相，能所宛然，即相之性，物我無二。五、無去來義，水不上取，物不下就，而能顯現，三昧之心亦爾，現萬法於自心，彼亦不來，羅身雲於法界未曾暫去。上之五義，與鏡喻大同。六、廣大義，經云：遍十方故，普悉包容無所拒故，明三昧心周於法界，則眾色心皆定中物，用周法界，亦不離此心。七、普現義，經云：一切皆能現故。出現品云：菩提普印諸心行故，此與廣大異者，此約所現，不揀巨細，彼約能現，其量普周。又此約所現，無類不現，彼約能現，無行不修。八、頓現義，經云：一念現故，謂無前後，如印順成。九、常現義，非如明鏡有現不現時。十、非現現義，非如明鏡對至方現，經云：現於天下像故。四兵羅空，對而可現，四天之像不對而現，故非現現也，以不待對，是故常現，該三際也，具上十義，故稱海印。諸佛究竟，菩薩相似。」（澄觀。華嚴經疏釋，第十六）

三昧為梵語 Samadhi，意思是定。念息凝定，稱為三昧，一切禪定，也稱三昧。探玄記卷三說：「三昧此云等持，離沈浮，故定慧等，故名等也。心不散，故住一境，故名持也。」探玄記卷四說：「海印者，從喻為名，如修羅四兵列在空中，於大海中印現其像，菩薩定心猶如大海，應機顯異，如彼兵像故。」法藏的妄盡還源觀說：「言海印者，眞如本覺也。妄盡心澄，萬像直現，猶如大海由風起浪，若風止息，海水澄清，無像不現。」

佛得正覺，心絕對安定，在他心中，顯現一切萬法，所顯萬法，即是宇宙萬法。

「衆生形相各不同，行業音聲亦無量，
如是一切皆能現，海印三昧威神力。」（八十華嚴卷第十四，賢首品）

佛的正覺，顯現宇宙無窮的萬法，形形色色。但是這些形色沒有價值，這些差異分別，都是幻相。正覺的海印三昧，不僅顯現萬法，而且顯現萬法的本性，即是一心，也就是如來佛身，就是唯一實有。

「或現童男童女形，天龍以及阿修羅，
乃至摩睺羅伽等，隨其所樂悉令見。
衆生形相各不同，行業聲音亦無量。
如是一切皆能現，海印三味威神力。」（同上）

心定而能現這些形相，心仍安定不動。華嚴經「賢首品」述說各等人入正定，童子、壯年、老年、善女、善男、比丘尼、辟支佛、如來、一毛孔、一微塵，由正定出，又入正定。

「是名無量功德者，三昧自在難思議。
十方一切諸如來，於無量刧說不盡。」（同上）

海印三昧爲正定的觀法，華嚴經的最後一品爲「入法界品」，代表進入海印三昧觀的路程和結果。

「清淨正直心，先發如是願，普見一切佛，
供養無厭足，……
清淨妙海身，其心無障礙，己身滿十方，
具足如來力。甚深智慧中，逮得自在力。
專求一切智，究竟三昧海。……」（六十華嚴卷第五十六，入法界品第三十四之十一）

「清淨正直心，不惜身壽命，親近善知識，
專求佛菩薩。一切無所依，不着於世間，
離垢清淨心，無礙如虛空。行諸菩薩行，
具滿妙功德，放大智慧光，普照一切世。

不離於世間，亦不着世間，行世無障礙，
如風遊虛空。……」(同上)

海印三昧的心，爲清淨正正心，遠離一切汚垢，得有大智慧，放出智慧光。海印三昧的觀，乃是一種光照，「普照一切世」，三千世界的一切，都一齊顯現。這種觀，是一種直見，慧眼見到一切，華嚴描寫佛的形態，常是在光中，遍身發光，口鼻手足毛孔都發射光明；這就是象徵海印三昧觀，觀是光照。

華嚴經有「世間淨眼品」，講說種種妙光神、淨光神、善觀衆生神，……等等，象徵各等智慧眼，能觀一切。

「得見不動自在尊，能生無量悅樂心，
衆生大海癡敵心，爲現寂靜微妙法。
能然無上智慧燈，是則方便智慧眼，
如來清淨妙色身，悉能顯現遍十方。
此身非有無所依，如是見佛眞實觀。」(六十華嚴卷第一，世間淨眼品第一)

這段偈頌爲華嚴經的第一章第一偈，已經包含整部華嚴的心觀。研究了華嚴經的義理，可以懂得偈頌的意義。佛出定後首次向大眾說這種高深義理，怪不得大眾都不懂。

乙、三重觀

華嚴宗的祖師們都很注重觀法，各有各的主張。日本凝然大師在所著的法界義鏡根據華嚴祖師們的主張，曾將他們的觀法分爲十種：法界觀、華嚴三昧觀、妄盡還源觀、普賢觀、唯識觀、華嚴世界觀、三聖圓融觀、華嚴心要觀、五蘊觀、十二因緣觀。但是在這十種觀法中，以三聖圓融觀和唯識觀爲最重要[3]。三聖圓融觀爲杜順所講，唯識觀，爲法藏所講。

三聖圓融觀也稱爲三重觀：一、眞空觀。二、理事無礙觀。三、周徧含容觀。

在佛教經典中，尤其在唯識宗的經論裏，常講三性：徧計所執性、依他起性、圓成實性。這三性指出三種心理狀態，根據這三種心理狀態把人分成三乘。在華嚴宗的宇宙論裏有四界：事法界、理法界、理事無碍界、事事無碍界。這四種世界，雖表示四種世界，實際上也是四種心理狀態，依照這四種狀態把世界分成四種。以上的兩類心理狀態可以說是廣義的觀法，即是人對世界萬物的看法。

杜順的三重觀，把三性和四界都包括在裏面，或予以破除，或予以改正，成爲一種有系統的觀法。

A、眞空觀

觀一切萬法爲空，但不執著空爲空，空無自性，乃成眞空，有似於般若經的畢竟空。

眞空的觀法分爲四類，每類再分爲多少門。

(a)第一類爲會色歸空觀，把一切的色，即是一切物質物，歸於眞空。這一類再分爲四門：

第一門，色非斷空門，若以色爲幻色，色便不是實物。能觀色爲不實，沒有體性，不偏執事法界爲有，則是空門。空門而稱爲不斷空門，仍以空爲可執，若使心斷於實有，也斷於空，兩者不執，纔是斷空。

第二門，色非眞空門。色爲事法界，凡夫徧計這事法界而執爲實有，色便不是眞空。

第三門，色空非空門。凡夫聽了佛法，以形色之物爲空，心乃執着空，沒有達到斷空；這種空，雖是色空，仍不是眞空。華嚴主張眞空是色不異空，空不異色。

第四門，色即是空門。色乃是空，沒有體性。

上面三門都以色不是空，色不是斷空，色不是眞空，色空不是空，這第四門卻說「色卽是空門」。所重的在一『卽』字，卽字表示形色附在一實體上，和實體相卽（附合）不相離。能夠觀到這一點，乃是看到形色萬法沒有體性，而以所附合的實體爲體性，就是以眞心爲體性，這是眞正的空觀。眞空觀的第一類另有四門，都是會色歸空。

(b)第二類，明空卽色觀，這一類從空的方面去觀色，分爲四門：

第一門，空非幻色門。幻色以形色之物爲虛假，所以是空，因此，空是幻色，幻色由空而起。但是華嚴認爲空不是幻色，空是眞空，是眞心如來，因此，空不是幻色。

第二門，空非實色門。空旣不是幻色，也不是實色。普通邏輯常說，不是空，便是實。佛教則以爲可以是不空不實，也可以是空是實。因此，空不是實色，還是普通的邏輯觀法。

第三門，空非空色門。空不是色，空也不是否定色，因爲眞空乃是絕對的眞心如來。同時，空不僅否定色，也否定自己；空不是色，空也不是空；但卻又肯定空也是色，色也是空。在邏輯上不能講，佛教的觀法則講。

第四門，空卽是色門。這就是佛教的特色，破除矛盾律，本來卽是空，便不是有。色代表有，空和有相對，不能同時在同一主體上實現。佛教以『色』自己沒有本性本體，乃是空；但是一切色都是一心的顯現，以一心爲體性，色便不是空。然而『一心』就自己的體性說不是色，色便是空。空從本來的意思說，是不存在，是虛無；但進一步說，空是一心，是眞如。空旣是一心，色也是一心，那麼色卽是空，空卽是色。這第二類的觀法，在於破除依他起性，色是依他而起的，以色爲空，空爲色，色便不依他起。

(c)第三類，空色無礙觀。這一類觀法較前面兩類再進一步。因空卽是色，便能觀到空和色在體性上不相障礙。空沒有體性，色也沒有體性；空的根本體性乃是『一心』眞如，色的根本體性也是『一心』眞心，兩者便互不相對，不相衝突。從空可以見色，從色可以見空。

(d)第四類，泯絕無寄觀。不以色爲色，不以空爲空；卽是不以有爲有，不以無爲無。旣然把有無兩個觀念都斷絕了，心便寂滅，無所寄託，無所憑藉。也不用推理論文，脫離語言文字。這纔是眞空觀的本義。

B、理事無礙觀

華嚴四法界的第三法界，爲理事無礙法界。這種法界就是三重觀的第二種觀法，『理事無礙觀』。這種觀法敎人在觀看宇宙時，不能把事法界和理法界分開去看，不要看事法界爲單獨存在的世界，也不要看事法界有如人的夢境，爲不存在的幻覺世界。因此不能單獨觀

『有』，也不能單獨觀『無』。對於理法界也不能單獨去觀看，以爲祇有事法界的理是存在。佛教大乘不是單純地否認物世界的存在，就總結了人生的一切問題。因爲大家都認爲物世界是有，大家的心又貪戀這物世界。同時，佛教華嚴和天臺等大乘終教，也不僅講一心眞如，因爲講一心眞如，是爲解釋物世界，又爲度眾生解脫痛苦。因此理法界不能成爲唯一的單獨存在，而是要和物世界，卽事法界相關連，兩者同時研究。華嚴乃講理事無礙，在觀事法界時，同時觀理法界，在觀理法界時，同時觀事法界。而且這兩層觀，互不相抵觸。

對於理事無碍觀，有十門的觀法：

(a)理徧於事門。一切形色萬法，成爲事法界。每法每事都沒有自性，乃是空。但一切法之所以存在，因爲是一心的顯現；一心遍於一切法。沒有『一心』，卽沒有法。一心爲一切法存在之理；因此理徧於事，卽一心眞如，在一切事中。涅槃經以眾生有佛性，卻是理徧於事。道家講道在萬物，也是理徧於事。朱熹講天地萬物都有一理，也是理徧於事。

(b)事徧於理門。一切萬法既同因一理而起，理乃偏在一切事物裏，從另一方面看，存在的一切事物，雖然形形色色，各有差別，但都是存在於『一心』內，因爲萬物爲『一心』的顯現；因此事在理內，事徧於理。理外無事，乃是很明顯的；事外無理，也應該很明顯；因爲理不可思議，祇由事而顯，人所知道的理，便祇是事物所顯之理；事物所顯之理，當然就事外無理了。

(c)依理成事門。佛教講緣起論，因緣在外，一物因着因緣而起，是依他而起。華嚴講性起論，承認一切法不依着外在因緣，而是依着自性而起，所以稱爲性起論。性是一切法的理，也就是『一心』眞如。所說萬法唯心，不是因心之識而起，而是因心之性而起。若是因識而起，則是萬法唯識，爲唯識宗的主張。依性而起，卽是依一心眞如而起，一心爲一切法存在之理，所以講依理成事。一切法形形色色，各有差別異相，異相怎樣來呢？華嚴分心和性，性是心的相，心是一心，不變隨緣；性是一，隨緣不變。心是主體，常不變，但可以隨緣，隨緣則有異相；性隨緣而起的異相，但本性則不變。所以異相來自緣，異相是心的異相。

(d)事能顯理門。理爲一心眞如，一心無量無盡，脫離語言文字，不可思議，不可言說，然而理有形色的現象，現象是理的顯現。因此，事能顯理。不過，若事物乃是假相，又是幻相，怎樣可以顯現理呢？所顯的理，不是理的本相，而是一些假相；豈不是把理弄錯了嗎？事雖是理的假相，假相雖是形形色色，然而有存在的相同之理，這種理不是假相，故能顯理。

(e)以理奪事門。有了理，便攝有一切法。因爲一切法都是一心的現象，本體乃是理。有了本體，當然握有一切現象。因此，若觀一心，便觀一切法。一切法在理中，都是平等。

(f)事能隱理門。理是不可思議的，也不能見不能聽，祇由事而顯。但事雖顯理，事並不能使人直接看到理。如來佛性雖藏在眾生中，眾生卻不知。事由理而成，事並不直接顯現理。由事中觀理，須要成正覺，以淨眼透過形色而能見理，所以事能隱理。

(g)眞理卽事門。理因事而顯，事雖是理的假相，事在根本上是理的現象。好比波浪是水的現象，波浪究竟是水，水是也波浪。若是整個湖起了波浪，則波浪就是湖，湖就是波浪。同時，就湖方面說，湖是水，水是湖；那麼，湖是波浪，波浪是湖；便是水是波浪，波浪是水，水以外沒有波浪，波浪以外沒有水。同樣事是理的現象，理是現象，現象是理。現象所以能存在是因着理，理便是事。

(h)事法卽理門。理既然是事，如同水既是波浪，波浪便是水，事法界便是理法界，事便是理。

(i)眞理非事門。雖然說事是理，理是事。但是眞理的本體乃是一心眞如，決不是自己的現象。現象是事法界，眞理是理法界的本體，眞理不是事法界。如像照在鏡中，像是像，鏡是鏡。

(j)事法非理門。事法界和理法界的關係，就是現象和本體的關係，兩者雖不能相離，然而事是事，理是理。前面一門，以眞理非事門，相對待的結論，就是事法非理門。

C、周遍含容觀

華嚴四世界的第四世界爲事事無礙法界，唯識三性的第三性爲圓成實性，相當於三重觀的周遍含容觀。這種觀法，由一心去觀一切法，卽是由一切事物的本體去觀看事物。莊子曾主張「氣知」，不以感覺去認識，否則每種事物的物質量就成了阻礙，事物彼此不通。若祇用理性去推理，理性是有限的，有限的物彼此互相限制，也不相通。氣則通流在宇宙萬物內，以氣去直接體會，便能和宇宙萬物相通。華嚴的周遍含容觀，從一心去觀物，一切物都在一心內，便能周遍，沒有一物遺漏。而且一切事物都攝在一心以內，所以一切事物都爲一心所含容。同時，每種事物，既然無性體而是空，彼此也就相通。每種事物又是在一心以內，一心爲事物的本體，於是每種事物都含容另一種事物，且又含容一切的事物。因此，一卽一切，一切卽一。

周遍含容觀分十門。在第二觀，常從事法界的存在方面去觀，在第三觀，則從事物的性相方面去觀。

(a)理如事門。在存在方面，理卽是事，事卽如理；從性相方面去看，事物形形色色，性相各異，變化無窮。理既徧於事物中，在性相方面，理如事相。如字很重要。在性相上，事物沒有性相，祇有假相。理在事中，事的假相成了理的假相，似乎理有這種相，理也變化無窮。因此，把事物的變，看爲理的變。

(b)事如理門。這一門和前一門互相對待，理如事相，事也如理相。理常不變，常爲一，沒有差異；事物也就如同理一樣，也是恒常不變。事物的恒常，不是按自己的性相說，而是按事物的根本性相說，事物本沒有性相，所有者爲假相；然而都以一心爲根本。因此在根本上，事如理。

(c)事含理事門。華嚴經常說一毛孔中含有三千大千世界，一微塵中含有一切世界海，這就是事含理事。一毛孔或一微塵象徵一椿事物，這椿事物含有整個宇宙萬法，並且含容一心眞如。怎麼講呢？因爲理徧事，事徧理；理外無事，事外無理。事是現象，眞理爲實相實理，實理不可分。因此，每一事中，具有眞理，卽是一心眞如。旣具有一心眞如，便具有一切事之理，也具有一理的一切事，便就是事會理事門。

(d)通局無礙門。在存在上，一切事物都以一心眞如的存在而存在，本身沒有存在，故在存在上，諸事無礙。在性相上，一切事物以一心眞如爲性相，自己沒有性相。宇宙萬事，旣是以同一的一心眞如爲存在，又以同一的一心眞如爲性相，那麼明智的人就看到整個宇宙的萬法，是通局無礙。把一切的形色差異都抛棄，祇在本體上去看。

(e)廣狹無礙門。這是排除物質的量，也排除數學的數。廣狹若沒有量，便沒有廣狹，一切都平等。一、二等數字若沒有數目的數，則都是相等。一切事物祇就性相去看，乃是空無，沒有實量，便沒有廣狹，能互相融洽。

(f)徧容無礙門。排除數量，祇觀空，見一切萬法在一心眞如裏，互相融會。譬如一個房間，成八角形，每面牆裝一面鏡子，一個人站在房間中央，他的影像立時照在八面鏡子裏，同時，每面鏡字又反映其他七面鏡子裏的影像，反映又反映這個人的影像在每面鏡子裏，成了無數的影像。八面鏡子徧容無礙。

(g)攝入無礙門，上所擧的譬喻，八面鏡子不僅偏容無碍，而且是攝入無碍，每面鏡子攝取其他鏡子中所有影像。一在八中，八在一中，互相攝入。理入事，事入理，一切萬法以一心眞如爲存在，又爲性相，彼此便能互相攝入。

（h）交涉無礙門。一切萬法，互相貫通融會，理論和上面所說理論一樣，祇是觀法不同。這種觀法以四句話表達：

一攝一，一入一。

一攝一切，一入一切。

一切攝一，一切入一。

一切攝一切，一切入一切。

矛盾律、時間、空間，都失去了效力。在沒有地心吸力的空間，重量失去價值，輕重平等。在華嚴世界，萬法爲空，空則無礙，無礙則通，一入一，一入一切，一切入一。萬法都以一心爲眞性相，自己沒有性相，在同一性相中，一攝一，一切攝一，一切攝一切。

（i）相在無礙門。萬法都存在眞理中，即是存在一心眞如裏，以眞如的存在爲存在。在存在上，彼此無礙。萬法又都以一心眞如，即是眞理爲自己的根本性相，則在相入相攝上，都沒有障礙。

這門也有四句表達 話。

攝一入一。

攝一切入一。

攝一入一切。

攝一切入一切。

(j) 普融無礙門。物體是空，沒有阻力，可以互入互攝。物體的本性相爲眞心，清淨光明，可以互相照映。因此一切萬法，普融無礙。

這門觀法，聯合第八第九兩門的四句，成爲四重句。

一法攝一入一。　　一切攝一入一。

一法攝一切入一切。　　一切攝一切入一切。

一法攝一入一切。　　一切攝一入一切。

一法攝一切入一。　　一切攝一切入一。

看來似乎是一種語言的遊戲，又似乎易經的畫陰陽卦；但是在骨子裏有所講的原理，易經排卦有原理，漢代易學家講卦氣也有自己的原理，原理對不對，那是另一問題。華嚴的三重觀，和下面要講的十玄門，也有自己的原理。現在講佛學的人，把這些原理提出。(4)

我們看來，華嚴宗觀法所有的原理不外下面四項：

一切萬法爲一心眞如的現象。

一切萬法爲空，沒有質量。

一切萬法以一心眞如的存在爲存在。

一切萬法以一心眞如的性相爲性相。

根據這四項原理，便可以推翻一切的邏輯定律，而成另一種邏輯規律。這種另一種規律，就是華嚴的觀法。

丙、十玄門

法藏在探玄記講『十玄』，澄觀在華嚴疏抄講『新十玄』。但我們既講了三重觀和六相，則會覺得十玄門是重覆的；因爲十玄門也是十種觀法，名稱也和三重觀中的一些名詞相同。十玄門是下面的十玄：

A、同時具足相應門

一切萬法，排除時間和空間，排除物質量，同時並存。各各具有整體的性相，各各又具有每一個的性相。所以說是同時具足全部及個別的性相，互相通應。這是要從一心眞如方面去看，一切萬法的性相爲一心眞如，又都在一心以內有存在。六十華嚴「性起品」普賢偈說：

「三世一切刼，佛刼及諸法，

諸根心心所，一切虛妄法，
於一佛身中，此法皆悉現，
是故說菩提，無量無有邊。」

西洋士林哲學講人的靈魂，因爲是精神體，所以在全身體中，又在身體的部份中。全身體具一靈魂，每一肢體也具有同一的靈魂。這種講法，和華嚴的十玄門中的第一門，有些相似。

B、廣狹自在無礙門

在上面所講的觀法裏，有廣狹無礙門，和十玄的第二門一樣。萬法既都是空，當然沒有物質，所以沒有量。既沒有量，便沒有廣狹，也不互相排擠，便可以自在無礙。

C、一多相容不同門

沒有質量，也就沒有數量。一與多的問題，常是哲學上的大問題，問題的理由有兩根據，一是質量，一是性相有限。有質量的物體，當然有多；有性相限制的實體，也可以有多。華嚴主張一切法既沒有質量，又沒有性相；因此，便可以一多相容。六十華嚴的「盧舍那佛品」云：

「以一佛土滿十方，十方入一亦無餘，
世相本相亦不壞，無比功德故爾然。」

八十華嚴卷八，「華藏品」說：

「以一刹種入一切，一切入一亦無餘，
體相如本無差別，無等無量悉周遍。」

D、諸法相卽自在門

相卽是不相離，不僅是同時存在，而且同附在一實體上。一切萬法都在『一心』以內存在，都是『一心』的現象；因此，事與理相卽。在事和事之間，卽是法和法之間，也是相卽，因爲都是『一心』的現象。華嚴常以金作比喻，同一塊金有黃色，也可以有一些紅色白色，一切顏色和金相卽不離，金上的顏色彼此也相卽不離。

E、秘密隱顯俱成門

秘密隱顯爲表裏關係。從法的存在說，表是法，是現象，是假名相，裏是『一心』。法和『一心』是表裏俱成。就法方面說也有表裏；凡事有隱密的一面，有顯明的一面；又有一事爲隱，一事爲顯。在人身上，有隱藏的五臟，有外面的四肢。在家庭裏，男人爲顯，女人爲隱。這一切，也都是互相成全，相卽相入，無有障礙。這是從因緣關係去觀萬法。

F、微細相容安立門

萬法以『一心』爲存在，爲性相，萬法便沒有質量，相入不礙；又同有『一心』的性相，彼此同具一性；因此，便是微細相容而安立。八十華嚴經卷第三十一，「十廻向品」第二十五之九：

「昔曾受化及修行，皆使了知眞實義。
十方所有諸國土，悉入毛孔無有餘。
一切毛孔剎無邊，於彼普現神通力。」

G、因陀羅網境界門

因陀羅網是掛在帝釋天宮的極大珠網。每個網孔嵌有一顆明珠，網目極大，珠子也極多。每顆明珠，映顯所有明珠。一顆明珠映有無數的明珠，每珠一樣。這種境界，表顯神秘的氣象。在宇宙間，一切萬法，每法如一顆珠，彼此互映。又如六十華嚴經卷第四「盧舍那佛品」第二下，描說摩尼寶王有無數香水海，又有一羅網，網中盛滿香水，水中有衆花，花又噴香。水香花香互相融會，每一花具有一切花的香味。普賢以偈頌曰：

「於彼嚴淨大地處，香水寶海而莊嚴。
清淨寶地常安住，金剛堅固不可壞。
眞珠寶華妙瓔珞，離垢清淨普莊嚴。
清淨香水湛然滿，衆寶華光爲旋流。」

H、託事顯法生解門

每一事具有『一心』性相，每一事都可顯『一心如來』。『一心如來』爲理，每事便能顯一切法之理，也便能使人了解一切事之因緣。

I、十世隔法異成門

一切法既是空，既是以『一心』爲存在，便沒有時間性。宇宙萬法雖有時間，時間是假，並非眞實。佛教分時間爲過去現在未來三世，每一世又含容過去現去未來之際，因此，稱爲九世。時間的成立，在於人觀察物的變化，由變化而知時間。但是人的心，在思念時，可以超出時間。人的一念可以包括三世和九世，時間沒有隔離。因此三世和九世的事物，都互相融會。

六十華嚴經卷第三十七，「離世間品」第三十三之一說：

「佛子，菩薩摩訶羅有十種入衆生心行。何等爲十？所謂入過去一切衆生心行，入未來一切衆生心行，入現在一切衆生心行，入一切衆生諸善根行，入一切衆生不善根行，入一切衆生心心所行，入一切衆生諸根行，入一切衆生種性行，入一切衆生煩惱使習氣行，入一切衆生時非時調伏行。

佛子，是爲十種入衆生心行。」

六十華嚴經卷第三十八。「離世間品」第三十三之二說：

「佛子，菩薩有十種說三世，何等爲十？所謂過去世說過去世，過去世說未來世，過去世說現在世。未來世說過去世，未來世說現在世，未來世說無盡。現在世說過去世，現在世說未來世，現在世說平等。現在世說三世卽一念。」

最後一句，道破華嚴的時間觀，所以說『一念三千』，一念具有三千世界，一切萬法都在一念之中。

J、主體圓明俱德門

諸法的主體，乃是『一心』。主體因萬法而顯，『一心』爲主，萬法爲體，言心則有萬法。在萬法裏，一法具有一切法，任舉一法爲主，其餘的法都是體，同時並起。

上面所講十玄門，各各互相連繫，和三重觀所別門法一般，都根據一切法以『一心』爲性相的原理，加以演繹，成爲一種特性的邏輯。華嚴經祇有各種的譬喻，華嚴宗的祖師乃講六相，十玄門和三重觀。經中的譬喻，卽是祖師們的根據。

「佛身充滿於法界，普現一切衆生前。
隨緣赴感靡不周，而恆處此菩提座。
如來一一毛孔中，一切剎塵諸佛坐。
菩薩衆會共圍繞，演說普賢之勝行。
如來安處菩提座，一毛示現多剎海。
一一毛現悉亦然，如是普周於法界。
一一剎中悉安坐，一切剎土皆周徧。」（八十華嚴經卷第六，如來現相品第二）

八十華嚴經卷第四十九，「普賢行品」第三十六，說：

「佛子，菩薩摩訶薩住此十智已，則得入十種普入。何等爲十？所謂一切世界入一毛道，一毛道入一切世界。一切衆生身入一身，一身入一切衆生身。不可說刧入一念，一念入不可說刧。一切佛法入一法，一法入一切佛法。不可說處入一處，一處入不可說處。不可說根入一根，一根入不可說根。一切根入非根，非根入一切根。一切想入一想，一想入一切想。一切言音入一言音，一言音入一切言音。一切三世入一世，一世入一切三世。是爲十。

佛子，菩薩摩訶薩如是觀察已，則住十種勝妙心，何等爲十？所謂

住一切世界語言非語言勝妙心，
住一切衆生想念無所依止勝妙心，
住究竟虛無空界勝妙心，
住無邊法界勝妙心，
住一切深密佛法勝妙心，
住甚深無差別法勝妙心，
住除滅一切疑惑勝妙心，
住一切世界平等無差別勝妙心，
住三世諸佛平等勝妙心，
住一切諸佛力無量勝妙心。」

華嚴以『十』代表成全，常用十去分別。由上面所引的經文，可以明瞭華嚴的『觀』之理論和結果，由諸法相即相入，平等無差別，要達到『勝妙心』的境界，能够看到『一切世界平等無差別』，『究竟虛無空界』。

四、佛

1. 十身佛

華嚴經以『一心』爲教義和哲學中心點，在『觀』的方面，以『一念』具足一切，一切世界都包括在『一念』裏。在本體方面，一切萬法爲空，以『一心』爲根本體相；『一心』是體，萬法是現象。宇宙萬法之所以有存在，不由『依他起』的因緣，而是由『自性起』而引生。哲理的中心，便集中在『一心』，『一心』爲唯一的主體，爲唯一的實有。這個實有，稱爲如來佛，也稱爲眞理，稱爲眞心，稱爲眞如。

如來佛在八十華嚴經稱爲『毘盧遮那法身佛』，在六十華嚴稱爲『盧舍那』。毘盧遮那意譯爲「遍一切處」，盧舍那意譯爲「光明遍照」。

華嚴宗祖師註釋華嚴經，分全書爲信、解、行、證四部分。第一部份是各方諸菩薩對於盧舍那佛表示信仰，爲前面的四卷。第二部份，盧舍那佛講解佛法，從「如來行品」到「性起品」，共三十三卷。第三部份，講說修行，包括，七卷「離世間品」。第四部份，證已得道，爲最後十六卷的「入法界品」。

華嚴很重修行，由行而到證。所講的三重觀和十玄門，都是修行之道。因此華嚴宗講論佛身，常說十身佛，智儼分十身佛爲解境十身佛，行境十身佛。解境十身佛根據「十地品」，行境十身佛根據「離世間品」。解境十身佛：眾生身、國土身、業報身、聲聞身、緣覺身、菩薩身、如來身、知身、法身、虛空身。行境十身佛：菩提身、願身、化身、力持身、相好莊嚴身、威勢身、意生身、福德身、法身、智身。

解境十身佛根據「十地品」：

「以佛身度者，示佛身形色，所有不可說。諸佛國中隨眾生身，信樂差別，現爲受身，而實遠離身相差別，常住平等，是菩薩善知眾生身、知國土身、知業報身、知聲聞身、知辟支佛身、知菩薩身、知如來身、知智身、知法身、知虛空身。是菩薩如是知衆生深心所樂。若於衆生身作己身，若於衆生身作國土身……」（六十華嚴卷第二十七，十地品第二十二之五）

這十身佛，可以說是『衆生皆有佛性』，乃是『一心』在各種差別的人中所有的顯現，所以十身佛彼此互相通融，衆生身作國土身，作業報身，……國土身作業報身，作聲聞，緣覺，菩薩等身佛。所以十身佛乃是一佛。

行境十身佛根據「離世間品」：

「佛子，菩薩摩訶薩知分別，說十種佛。何等爲十？所謂：正覺佛、願佛、業報佛、住持佛、化佛、法界佛、心佛、三昧佛、性佛、如意佛。佛子，是爲菩薩摩訶薩知分別，說十種佛。」（六十華嚴經卷第三十八，離世間品第二十三之二）

華嚴經講十種佛，沒有什麼特別的意義，而是在講各種佛法中，提出十種佛，不加以講解。行境的十種佛，是佛的十種行種。解境爲佛度化衆生的十種顯現，有似於涅槃經或大乘起信論的化身；行境十種佛，則有似於報身。至於涅槃經和大乘起信論的法身，華嚴不特別講解。在華嚴經裏面有法身的名字，有如來的名字，然都不是涅槃經和大乘起信論的法身。

「善財童子作如是念，我當云何見善知識？善知識者，遠離世間，住無所住，不著諸入，超出障礙，趣無礙道，具淨法身，善業化身，以明淨智，觀諸世間，大願成滿，持佛法身，如意法身，非生滅身，非來去身，非虛實身，非聚散身，一切諸相卽一相身，離邊見身，無所著身，無窮盡身，滅衆虛妄如電光身，如幻夢身，如鏡像身，如淨日月身，充滿一切諸方化身。於三世中，無壞法身，非身之身。如是等身，一切世間所不能見，唯是普賢菩薩所見，彼善知識行無礙行。我當云何能見親近，知其相貌，聞法受持。」（六十華嚴經卷第五十七，入法界品第三十四之十二）

這一切的身，可以說是佛的身相，身相爲一種特性，佛在各方面有這些特性專長。

「佛身變現不思議，步步色相猶如海，
隨衆生心悉令見，此妙光明之所得。」
（六十華嚴經卷第四，世主妙嚴品第一之四）

佛身的變現，無窮無盡，不可思議。步步變相，身相有如海水所有的滴數，有如須彌山所有的微塵數。因此，佛身沒有特別的意義，祇是佛的變現。法藏在華嚴經明法品內立「三寶章」卷下有「法身章」，他解釋說「法是軌持義，身是依止義，則法爲身，亦明自性身。」

2. 眞如・佛

法藏在所著華嚴一乘教義分齊章的卷第二，提到眞如，簡單說明各教關於眞如的講法。

「若小乘中，但佛一人有佛性，餘一切人皆不說有。若三乘始教中，以漸異小乘故說多人有，猶未全異彼故，許一分無性，是故論中判爲權教，不了說也。問：若依終教，一切衆生皆當作佛，卽衆生雖多，亦有終盡；若如是者，最後成佛，卽無所化，所化無故。……答，若謂衆生由有性故，並令成佛，說有盡者，卽便於衆生界中起於減見。衆生界旣減，佛界必增。故於佛界便起增見，如是增減，非是正見。……問：夫論種性必是有爲，如何此教，約眞如爲種性耶？答：以眞如隨緣，與染和合，成本諸識時，卽彼眞中有本覺無漏內熏衆生，爲返流因，得爲有種性。染攝論說爲黎耶中解，性起論中說黎耶二義中，本覺是也。又彼論中如來藏具足無漏，常熏衆生，爲淨法因。又寶性論云及彼眞如性者，彼本云如六根。聚經說六根如是從無始來，究竟諸法爲體，故解云，以眞如通一切法，今揀去非情故。故約六處衆生數中，取彼畢竟眞如理，以爲性種性也。……是故佛性論云，自性清淨心，名爲道諦。又涅槃經云，佛性者，名第一義空，第一義空名爲智慧。此等並就本覺性智說爲性種，其習種亦從眞如所成。故攝論云，多聞熏習從最清淨法界所流等。又起信論中，以眞如體相二大爲內熏因，眞如用大爲外熏緣，以與無明染法合故。是故三大內外說，熏以熏力，故無明盡時，冥合不二，唯一眞如也。三，約頓教明者，唯一眞如，離言說相，名爲種性，而亦不分性習之異，以一切法，無由二相故。……上來約三乘說竟。第三，約一乘，有二說。一，攝前諸教所明種性，並皆具足，主體成宗，以同教故，攝方便故。二，據別教，種性甚深，因果無二，通依及正，盡三世間該收，一切理事解行等諸法門，本來滿足，已成就訖。故大經云，菩薩種性甚深廣大，與法界虛空等，此之謂也。」

法藏廣述各敎以佛性爲萬法的性種，彼此的講法不同，關於法身的體義，有十種講法。一、唯以所照眞如淸淨法界爲性；二，唯約智如無性；三，亦智亦境；四，境智雙泯；五，以上四種合而爲一，無礙法身；六，融形奪泯，通上面五說，然無所寄，以爲法身；七，通攝上面所說，加上悲願等法行功德；八，通化報化色相功德；九，通攝一切三世間，一大法身具十佛；十，總前九爲一總句，是謂如來無礙自在法身。

小乘不講眞如，因以宇宙萬法爲有。大乘講空，一切萬法爲空；然而空中須有一本體，否則全係虛無，故講萬法『性種』，性種爲『佛性』。『佛性』有兩個意義，第一是成佛的能力，第二是萬法的本體。大乘始敎和終敎講眞如，都以眞如在萬法以後，眞如和萬法相離，卽『理事相離』。眞如爲一絕對實體，因着心的識有染性而生萬法，故講如來藏。眞如雖藏在萬法中，然眞如所在地涅槃，涅槃不在人心，而是另一境界。

華嚴主張眞如是『一心』，『一心』因着遇緣，由自性而起萬法，萬法在『一心』內，『一心』在萬法內。『一心』爲體，萬法爲現象，『一心』卽是萬法，萬法卽是『一心』。

華嚴的『一心眞如』爲絕對實體，然不是和宇宙萬法脫離的自立體，而是和萬法相合的一體。因此，講一切圓融。華嚴不講一特立的涅槃境界，卻講華嚴世界，華嚴世界就是這個形色的世界；但已由佛法所光照的世界。『一心眞如』不但使萬法存在，而且也光照萬法，使有正覺，知道萬法是空，空而和眞如相卽相入。這種主張有似於西洋哲學的泛神論，神和宇宙相結合，神是宇宙，宇宙是神。祇是華嚴不講神，而講佛，講一心。

華嚴經中充滿了毘盧遮那佛，或盧舍那佛，八十華嚴稱爲『世主』。世主就是『一心眞如』，就是絕對實體。然不是一超越的法理，而是一活動的實體，和宇宙成一身。華嚴經描述世主的神妙莊嚴和神通，一身遍射光明，遍現無數世界，連一毛孔中也現三千大千世界。這種描述，很活潑地表現華嚴的絕對實體思想，『一心眞如』是生命，爲宇宙的內在因，和宇宙合成一身，宇宙形色常變，『一心眞如』常住不變。

人要修行，勉力入法界，能够以『一心眞如』爲心，能够觀看萬法和眞如一心的融會，也觀看一切法的融會，於是有諸相圓融的世界。這個世界就是華嚴世界，也就是眞如。

「盧舍那佛神力故，一切剎中轉法輪。
普賢菩薩願音聲，遍滿一切世界海。
法身充滿一切剎，普兩一切諸法兩，
法相不生亦不滅，悉照一切諸世間。
無量無數億剎中，一切佛剎微塵道。

盧舍那佛妙音聲，具足演說本所行。
一切佛剎微塵數，大光明網照十方。
一一光中有諸佛，以無上道化衆生。
法身堅固不可壞，充滿一切諸法界，
普能示現諸色身，隨應化導諸羣生。
三世無量諸佛剎，其中一切諸導師。
一切聲音及名字，普見諸佛力自在。
過去未來及現在，如是一切諸導師。
彼聖能令一切聞，不可思議正法輪。」

（六十華嚴經卷第三，盧舍那佛品第二）

註

㈠ 李世傑　華嚴宗綱要　現代佛教學術叢刊，華嚴學概論，頁二二二。
㈡ 朱世龍　華嚴概要　現代佛教學術叢刊，華嚴學概論，頁一〇八。
㈢ 慧潤　華嚴法界觀法的構造及其特質，現代佛教學術叢刊，華嚴思想論集，頁二一二。
㈣ 李世傑　同上，頁二二九。

第七章　妙法蓮華經—天台宗

妙法蓮華經，爲佛祖後期所說經典，妙法蓮華經說一輩得道的人：「諸漏已盡，無復煩惱，逮得已利，盡諸有結，心得自在。」（鳩摩羅什譯妙法蓮華經卷第一，序品第一）他們這些人，和另外許多的人都到佛祖跟前領敎，「各禮佛足，退坐一面。爾時世尊，四衆圍繞，供養恭敬，尊重讚嘆，爲諸菩薩，說大乘經，名無量義。敎菩薩法，佛所護念。佛說此經已，結加趺坐，入於無量。」（同上）所說「此經」即是妙法蓮華經。按佛敎的敎判說，這部經是佛祖最後所說的經，向已經得道的人所講的經。

妙法蓮華經有三種譯本，「西晉惠帝，永康年中，長安青門，燉煌菩薩，竺法護者，初翻此經，名法華。東晉安帝，隆安年中，後秦弘始，丘慈沙門，鳩摩羅什，次翻此經，名妙法蓮華。隋氏仁壽，大興善寺。此天竺沙門，闍那笈多，後所翻同，同名妙法，三經重沓，文旨互陳，時所宗向，皆弘秦本。」（道宣。鳩譯妙法蓮華經弘傳序）

最早的譯本，正法華經，十卷。鳩摩羅什譯。妙法蓮華經共七卷，也有稱爲八卷，闍那笈多所譯則爲八卷。

隋唐時，所產的妙法蓮華經註疏很多，最著名的有隋智顗的法華玄義二十卷，法華經文句二十卷。隋吉藏的法華經論疏三卷，法華經玄論十卷，法華經遊意二卷，法華經義疏十二卷。唐湛然的法華玄義釋籤二十卷，法華文句記三十卷。唐窺基的法華經玄贊十卷。後來宋朝明朝佛教僧人所作法華經註解，爲數亦頗多。

妙法蓮華經爲天台宗的基本經典，隋朝智顗註解法華經，建立了這宗佛教。天台爲山名，智顗在山上棲身修道，後來人以他所住的山名稱他所立的宗。「天台山名也。天者，巔也，元氣未分，混而爲一。兩儀旣判，淸而爲天，濁而爲地。此本俗名，且依俗釋。臺者，星名也，其地分野，應天三臺，故以名焉。如轉行。此山卽大師棲身入寂之所。益以西方風俗，稱名爲尊，此土避名爲敬，故以此處顯其人也。復以人命宗，則天台爲宗矣。」（元 蒙潤 天臺四教儀集註 卷第二）

智顗爲南岳慧思禪師的弟子，於陳朝宣德七年入天台山，終身修行，歸宗法華，註釋法華經，作摩訶止觀。他的弟子章安灌頂，編纂了智顗的著作，又作法華經論疏。中唐時，佛教大乘各宗都盛，天台轉衰，到了荆溪湛然，重振宗業。唐末武宗毀佛，天台宗一蹶不振。宋時，分山家山外兩派，流傳到明末。

天台宗的主要思想，有五時八教，實相論，三諦圓融，一心觀等主張。天台宗的經典，以妙法蓮華經爲基本經典，此外，有天台三部，即法華玄義，法華文句，摩訶止觀。這三部書都是智顗的著作。爲研究法華經的思想，必須參考智顗的三部書。

一、五時八教

法華經（妙法蓮華經）雖爲佛教最受人看重的經典，然而所講的教理，和小乘的教理互相衝突，有如華嚴經一樣。小乘佛教不相信這部經書是佛祖所說，認爲後代所僞造。天台宗的大師，爲證明這部經爲佛祖所說，乃主張法華經爲佛祖最後所講的經，只有得道的人才可以懂，因爲在法華經的經文裏，佛祖自己曾經這樣聲明。天台宗智顗遂倡五時八教。

1. 法華經文

法華經第二章，佛祖的弟子問佛祖爲什麼現在所聽的法，以前都沒有聽過，佛祖說了一個譬喻，譬喻一座老房子起了火，房主的兒女們都尚是小孩子，只知道玩，不知道什麼是火災。房主喊他們趕快出去，他們不走。房主乃對他們說外面有許多好玩的東西有羊車鹿車牛車，叫他們出去拿，孩子們乃一轟而出，要求父親給他們玩具，父親給他們一大高車。

「佛告舍利弗：善哉善哉！如汝所言。舍利弗，如來亦復如是，則爲一切世間之父。於諸怖畏，衰惱憂患，無明闇蔽，永盡無餘，……見諸衆生，爲生老病死，憂悲苦惱之所燒煮，亦以五欲財利故，受種種苦。又以貪着追求故、現受衆苦，後受地獄畜生餓鬼之苦，若生天上及在人間，貧窮困苦，受別離苦，寃憎會苦。如是等種種諸苦，衆生沒在其中，歡喜遊戲，不覺不知，不驚不怖，亦不生厭，不求解脫。於此三界火宅，東西馳走，雖遭火苦，不以爲患。舍利弗，佛見此已，便作是念，我爲衆生之父，應拔其苦難。與無量邊，佛智慧樂，令其遊戲。舍利弗，如來復作是念，若我但以神力，及智慧力，捨於方便，爲諸衆生，讚如來知見，力無所畏者，衆生不能以是得度。所以者何？是諸衆生未免生老病死，憂悲苦惱，而爲三界火宅所燒，何由得解！……但以智慧方便，於三界火宅，拔濟衆生，爲說三乘，聲聞，辟支佛，佛乘，而作是言。」（鳩譯 妙法蓮華經卷第二，譬喻品第三）

得羊車的衆生爲聲聞乘，得鹿車的衆生爲辟支佛，得牛車的衆生爲佛乘。這是三乘，不是虛誑，如來爲救衆生出火宅，許給衆生三乘快樂。但是三乘並不是如來的上乘救法，就像譬喻中所說的火宅主人，給孩子們一大高車，「得未曾有，非本所望。」這輛高車較比羊車、鹿車、牛車，都好得多。這輛高車就是一乘佛教。

「舍利弗，如彼長者，初以三車，誘引諸子，然後但與大車，寶物莊嚴，安隱第一，然彼長者無虛妄之咎。如來亦復如是。無有虛妄，初說三乘，引導衆生，然後但以大乘，而度脫之。」（同上）

法華經明明解說佛祖宣道，按照聽衆的程度，由淺入深，一乘佛法乃最高深的義理，佛祖在最後才宣講。這樣，法華經便是佛祖最後所講，雖和小乘的教理不同，不能說不是佛祖的佛法。法華經文裏，佛祖又特別說明法華義理的高深，不是一輩凡人所可領悟。

「爾時世尊，因藥王菩薩，告八萬大士。藥王，汝見是大衆中，無量諸天，……如是等類，咸於佛前，聞妙法華經，一偈一句，乃至一念隨喜者，我皆與授記，當得阿耨多羅三藐三菩提。佛告藥王，又如來滅度之後，若有人聞妙法華經，乃至一偈一句，一念隨喜者，我亦與授阿耨多羅三藐三菩提記。……

爾時佛，復告藥王菩薩摩訶薩，我所說經典，無量千萬億，已說，今說，當說，而於其中，此法華經，最爲難信難解。藥王，此經是諸佛祕要之藏，不可分布，妄授與人。」（鳩譯 妙法蓮華經卷第四，師品第十）

佛祖不僅說法華經爲佛教的秘要，而且明明說：

「藥王今告汝，我所說諸經，而於此經中，法華最第一。」（同上）

既然在法華經中有了這樣明顯的肯定，天台宗便在教判上，以法華經爲最上乘。

2. 五時

華嚴宗的教判，分佛教各宗爲五教，不以時間爲標準。華嚴五教爲小乘、大乘始教、大乘終教、大乘頓教、大乘圓教。依據這種分法，法華經的天台宗屬於大乘終教，禪宗爲頓，華嚴宗爲圓。但是華嚴宗也承認華嚴經爲佛祖得道後最初所講，因聽眾不能領悟，乃捨華嚴而講阿含經的小乘教法。

天台宗的教判，先分五時，五時爲佛祖宣講教法在時間上的次第。佛祖宣講教法，由淺入深，時間的次第，也代表教法淺深的次第。

第一時爲『華嚴時』，佛祖得道後，把自己所悟的眞理，和自己悟道的體驗，講給弟子們聽。弟子們對他所講的法，茫然不懂。佛祖講說華嚴，擬以自證法，試試弟子們可否適用。這時也稱爲『擬直時』。

第二時爲『鹿苑時』，佛祖開始以最淺的法，給弟子們宣講。這時所講的爲阿含經，誘引鈍根眾生，接受佛法。這一時也稱爲『誘引時』。

第三時爲『方等時』，佛祖宣講維摩、楞伽、楞嚴、三昧、金光明、勝鬘等經，對小乘得道的眾生，彈斥小乘，獎譽大乘，誘引他們由小乘入大乘，這一時也稱爲『彈呵時』。

第四時爲『般若時』，佛祖對入大乘的徒弟，宣講般若波羅密，以一切爲空，空又是空，以到究竟空，否定一切差別。這一時也稱爲『淘汰時』，淘汰一切差別相。

第五時爲『法華涅槃時』，佛祖最後八年，對於已入大乘具有般若智慧的人，宣講法華經，說明救援一切眾生的本意，指示三乘同歸一乘圓教。此一時也稱爲『開會時』，會合一切教乘爲一，以法華經爲最終教法。佛臨滅前一晝夜，說涅槃經，終結一切教義的大綱，以人人具有佛性，都可成佛。

這種五時的區分法，對於區分佛教各宗，很有幫助。然而佛祖說法時，隨人而說，並不是嚴守時間次序，他在一時中也說五時的教法。

3. 八教

八教爲『化儀四教』和『化法四教』。化儀四教爲傳教方法；化法四教爲佛法本身的性質。五時八教爲天台智顗所創設：

「以五時八教判釋東流一代聖教，罄無不盡。

(註)五時八教本是如來所說之法，大師依義立名，用此判釋一代聖教，故云以也。然上天臺智者乃能判能釋之人，東流聖教，乃所判所釋之法，五時八教乃判釋之儀式也。蓋天臺準法華意，判釋諸經，如籤文云：判釋準乎部教，部教之義唯在法華。判謂剖判，釋謂解釋。妙樂云：頓等是此宗判教之大綱，藏等是一家釋義之綱目。」（天臺四教儀集註　卷第二）

智顗說：

「言五時者：一華嚴時；二鹿苑時，說四阿含；三方等時，說維摩，思益，楞伽，楞嚴三昧，金光明，勝鬘等經；四般若時；五法華涅槃時，是爲五時，亦名五味。言八教者，頓漸秘密不定藏通別圓，是名八教。頓等四教是化儀，如世藥方；藏者四教名化法，如辨藥味，如是等義，散在廣文，今依大本，略錄綱要。」（天臺四教儀）

集註解釋八教說：

「初總標，不從漸來，直說於大時部居初，故名爲頓。中間三昧、次第調停，破邪立正（鹿苑），引小向大（方等），會一切皆法，皆摩訶衍（般若），故名爲漸。不思議力，同聽異聞，互不相知，名秘密教。聞小證大，聞大證小，得益不同，名不定教。經論律三，各含文理，條然不同，名三藏教。三乘同行，鈍同三藏利根菩薩，通後別圓，故名通教。獨菩薩法別前所藏通，次第修證，別後圓教，故名別教。教理智斷行位因果，滿足頓妙，一切圓融，故名圓教。」（天臺四教儀集註卷二）

甲、化儀四教

頓教，卽華嚴經。佛祖得道後，向弟子等講說悟道的體驗，直說佛法的本旨，不用權宜方便。

「所謂如來初成正覺，在寂滅道場，四十一位法身大士及宿世根熟天龍八部，一時圍繞，如雲籠月。爾時如來現盧舍那身，說圓滿修多羅，故言頓教。」（天臺四教儀）

華嚴經的開端卽顯盧舍那佛，光明普照。佛顯現了自身，不假別的解釋，卽是直顯佛法。「故言頓教」。

漸教，佛祖向弟子講道，由淺入深，「中間三昧，次第調停。」包涵鹿苑、方等、般若三時。第一，先講四阿含經，「破邪立正」，以十二因緣講明萬法的緣起。然後由小乘引入大乘，「引小向大」，再講一切皆空，空又爲空，以到究竟空，「會一切法，皆摩訶衍」。以淺入深，次第上進，故名漸教。

秘密教，佛有不可思議的力量，能救援衆生，所向衆生的教法雖相同，但每人所聽的卻不一樣，每人所信的也不一樣，修行所得也就互異。「不思議力，同聽異聞，互不相知，名秘密教。」佛教的宗派裏有一派爲密宗，或眞言宗。這裏所說的秘密教，不是指眞言宗，而是指天台宗所傳的密教。

不定教，秘密教本是不定教，然因各人所聽的教法不同，每人有自己的秘密，故雖不定，但以秘密爲主，故名秘密教。不定教是大家所聽的雖相同，然不拘定於一教內，每人所應證則不相同，聽小乘法而應證大乘，聞大乘法而應證小乘，「聞小證大，聞大證小，得益不同，名不定教。」

這四種教，爲佛祖宣教的方法，和五時中的四時相配。在這四教裏，不包括天台宗，因爲沒有說到第五時。天台宗自稱非頓、非漸、非秘密、非不定，但又自稱包括頓漸秘密和不定。

「問將五味對五時教，其意如何？答有二：一者但取相生次第，所謂牛，譬於佛，五味譬教，乳從牛出，酪從乳生，二酥醍醐，次第不亂，故譬五時相生次第。

二者，取其濃淡。此則取一番下劣根性，所謂二乘根性，在華嚴座，不信不解，不變凡情，故譬其乳。次至鹿苑，聞三藏教，三乘根性依修行，轉凡成聖，故譬轉乳成酪。次至方等，聞彈斥聲，聞慕大恥小，得通教益，如轉酪成生酥。次至般若，奉敕轉教，心漸通泰，得別教益，如轉生酥成熟酥。次至法華，聞三週說法，得記作佛，如轉熟酥成醍醐。此約最鈍根具經五味。其次者，或經一二三四。其上達根性，味味得入法界實相，何必須待法華開會。」（天臺四敎儀）

五時教的意義，以譬喻說明，由淺入深，次第相生。但若有上根性的人，立時可以入法界實相，得法華的玄義。「大經云：雪山有草名忍辱，牛若食者，卽得醍醐，文卽上達根性

也。」（天臺四教儀集註卷第三）

乙、化法四教

化法四教爲三藏教、通教、別教、圓教。這種區分，由教義的內容方面作分別。

A、三藏教

指小乘三藏。爲四阿含經、俱舍、婆娑、等論及五部律。

「第一，三藏教者：一，修多羅藏，二，阿毘曇藏，三，毘尼藏。四教義一初云，此教明因緣生滅四諦理，正教小乘，傍教菩薩。」（天臺四教儀集註卷三）

三藏，普通指佛教的經典。佛教稱爲藏經，藏的意義爲結集，佛經曾經過幾次的結集，故稱藏經。藏經有三大部份，即經、論、律，因此稱三藏。但這裏所稱三藏教，不是指着藏經，而是指着三種經典所成的教派即小乘有部，俱舍的因緣論和律部。律宗本屬大乘，然小乘也有律部。又佛家常講戒、定、慧。這三部也稱三藏。

「四教儀云，然此三法，通名藏者，以皆各含一切文理也。……九二引出曜經云：佛在波羅奈，最初爲五人說契經修多羅藏，佛在羅閱祇最初爲須那提說毘尼藏，佛在毘舍離彌猴池，最初爲跋耆子說阿毘曇藏。」（天臺四教儀集註卷二）

三藏教的內容，爲十二因緣，四諦，和修行法。佛祖向鈍根的人，講人生的痛苦析解因緣，一切爲假有，指引這些人脫離苦海，然既有因緣相續，則人死後有六趣，還不能入涅槃；這種佛法爲粗淺的佛法，爲方便論。

B、通 教

通教通大小乘，通藏教又通圓教，所習爲大般若波羅密經。在修行上通有通無，通空通實。

「四教儀一，二云，此教明因緣，卽空無生四眞諦理，是摩訶衍之初門也，正爲菩薩，傍通二乘。故諸大乘方等及諸般若有二乘得道者，爲同禀此教也。問：何故不名共教？答：共名但得二乘近邊，不得遠邊。若立通名，近遠俱便。言遠便者，通別通圓也。」（天臺四教儀集註 卷第八）

四教儀說：「次明通教者，通前藏教通後別圓故名通教。又從當教得名，謂三人同以無

言說道體色入空，故名通教。」（同上）

般若講空，三乘的人由有而觀空，由空而達到八不的中道，具有一切智慧；然事法仍相脫離，沒有能夠融會一切。故稱通教。通教的特色很難捉摸，然因此便能前通藏教通後通別圓。

「此教三乘，因同果異，證果雖異，同斷見思，同出分段，同證偏眞。然於菩薩中有二種，謂利鈍。鈍則但見偏空，不見不空，止成當教果頭佛。行因雖異，果與藏教齊，故言通前。若利根菩薩，非但見空，兼見不空，卽中道，分二種，謂但不但；若見但中，別教來接；若見不但中，圓教來接，故言通後。」（天臺四教儀）

「利根被接，被字去聲，如來被下之義。此約應說如云說圓中道被而覆之也。若上聲呼，此就機論，如云通教利根被別圓接。接卽點示接入也。然被接義，散出諸經六品八地聞中大經，不空一切法，趣非漏非無漏。楞伽三種意生身，大經三十六文末。」（天臺四教儀集註　卷第八）

通教講空，修行的果可以和小乘相同，可以和大乘相同。這看每人的根性怎樣，在『同斷見思』時，有的人只見到一切法由因緣合成，法是假是空，斷對於物我的執着，有的人能進而觀看因緣也是空，能斷絕一切差別識，諸法平等，入於大乘。

菩薩乘的人，習般若智，見到一切法爲空。鈍根的人只見得空，停在『空』的觀念上，「但見偏空，不見不空。」只成灰色佛。利鈍的人，見到空，又見到不空，乃通入別教。又進一步，不但見到不空，而且見到非空非不空，亦空亦不空，這就進入了圓教。

C、別 教

爲有特性的教派，專爲菩薩乘而設，講習中道，亦空亦不空，非空非不空。華嚴宗常自稱別教一乘，但華嚴宗所自稱別教，爲一乘圓教。天臺宗所講別教，則不是圓教。

「次明別教者，此教明界外獨菩菩薩位，教理智斷，行位因果，別前二教，別後圓教，故名別也。涅槃云四諦因緣，有無量相，非聲聞，緣覺所知。諸大乘經廣明菩薩歷劫修行，行位次第，互不相攝，此並別教之相也。」（天臺四教儀）

「四教義一，三云別者，不共之名也。若名不共，但異藏通，未異圓教，故但名別。此教明因緣假名無量四聖諦，的化菩薩，不涉二乘。別義略明有八，謂教理智斷等也。教則獨被菩薩，理則隔離三諦，智則三智次第，斷則三惑前後，行則五行差別，位則位不相收，因則一因迥出，果則一果不融。」（天臺四教儀集註 卷八）

天台四教儀集註，舉出別教的八點特性。一、從教的方面說，別教祇是菩薩的教，不是爲聲聞緣覺兩乘。二、從理方面說，則「隔離三諦」，諦有四諦有三諦，四諦爲苦集滅道四聖諦，三諦爲有、空、不有不空，天台宗創四種四諦說：㈠、生滅四諦；㈡、無生四諦；㈢、無量四諦；㈣、無作四諦，以無量四諦爲別教四諦，無作四諦爲圓教四諦，生滅四諦爲藏教四諦，無生四諦爲通教四諦。法華玄義卷第三說：「四種四諦者，一生滅，二無生滅，三無量，四無作，其義出涅槃聖行品。」三、對於智「則三智次第」，三智爲般若三智，即是一切智、道種智、一切種智。四、從斷方面說。則「三惑前後」，即斷三惑，天台宗收集一切煩惱爲三類，㈠、見思惑，㈡、塵沙惑，㈢、無明惑。聲聞緣覺二乘人可斷見思惑，見爲邪見，思爲妄貪。後面兩惑乃別教的惑。塵沙惑爲菩薩欲救人時將遇恒河沙數之多的障礙，菩薩必通無量數的法門。無明惑，爲障蔽中道實理的惑。菩薩需要斷這種或以明中道。五、關於行，「則五行差別」，五行爲六波羅密的六度行，即布施、持戒、忍辱、精進、止觀。止觀包括六度的定慧。說差別，則是菩薩在五行中，應特別注意止觀。涅槃經另講五行：聖行、梵行、天行、嬰兒行、病行。這五種行完全爲菩薩行，故應別教的五行。六、對於位，「則位不相收」。四教儀列舉五十二位，卽十信、十住、十行、十迴向、十地、等覺、妙覺。各位不相收，也不相攝。七、由因方面去看，「則一因迥出」，集註的小註說：「釋籤一、十五，在因說理，不在二邊，故云迥出」。二邊是有是空，不在二邊，則不在有也不在空，而是中道。小註所說釋籤爲法華玄義釋籤，卷第十五，講本門十妙，文中說：「若是本因，不應多種，祇應修一圓因，感一圓果。旣有四義，深淺不同，當知是本實成後，隨順物機，機緣不同，從本垂迹，示四因相。」集註說「一因迥出」，又在小註引釋籤第十五卷，則所說一因，乃是「修一圓因」。八、果，則「一果不融」，上面所引釋籤的第十五章說：「修一圓因，感一圓果」，這裏所謂「一果不融」，則指「一圓果」。但第十五卷講「從本垂迹，示四因相」，便也有隨順機緣的果。集註的小註說各果的理，「諸位差別，故云不融」，因旣不同，所成佛果也不同，釋籤第十五卷舉出各種不同的佛。

D、圓　教

所說別教，究竟是那些教派？通教爲中論的教派，別教爲般若的究竟空，又爲華嚴的圓融實體。

華嚴宗的圓教，爲圓融一切的宗派，一卽一切，一切卽一。天台宗的圓教，以法華經的圓義而定。

「次明圓教者，圓名圓妙，圓滿，圓足，圓頓，故名圓教。所謂圓伏，圓信，圓斷，圓行，圓位，圓自在莊嚴，圓建立衆生。諸大乘經論說佛境界，不共三乘位次，總屬此教也。」（天臺四敎儀）

集註說：

「三諦圓融，不可思議，名圓妙。三相卽無有缺減，名圓滿。圓見事理，一念具足，名圓足。體非漸成，故名圓頓。圓伏五住，圓常正信，圓斷五住，圓行一行一切行，圓位位位相攝妙用。華嚴故云：自在四悉普益，故云建立如此觀一。一代教中，除鹿苑顯露無圓，諸大乘經，凡說圓法，皆佛境界也。不共三乘位次者，揀異別教，不共二乘，今圓是佛乘，故不共三乘也。」（蒙潤。天臺四敎儀集註 卷第九）

「華嚴云：初發心時，便成正覺，所有慧身，不由他悟，清淨妙法身，湛然應一切，此明圓四十二位。維摩經云：薝蔔林中，不嗅餘香，入此室者，唯聞諸佛功德之香。又云：入不二法門。般若明最上乘，涅槃明一心五行。又經云：有人入大海浴，已用一切諸河之水。又娑伽羅龍澍車軸雨，唯大海能受，餘地不堪。又擣萬種香爲丸若燒一塵，具足衆氣。如是等類，並屬圓教。」（諦觀。天臺四教儀）

天台的圓教，不指着天台宗本身，而是指大乘一切具有圓教意義的宗派。天台四教儀明明說到華嚴、般若、涅槃、法華等經，都講佛的境界，都屬圓教。但是也不是單單地承認上面各經都屬圓教，而是須具有圓教的條件。這些條件，卽是所談的圓之各種意義，天台的圓，雖也講圓融，然而所最注重的在於圓滿具足。圓滿具足的意思，如同四教儀所引經文上的譬喩，海水具有一切河水的性質，萬種香丸具有一切香，天台宗認爲圓數應有一切佛法的本質。再另一種意義，天台主張有本有迹，有權有實，因此圓敎應具有本迹和權實，法華經從「序品第一」到「安樂行品第十四」，爲迹門開權顯實，從「誦出品第十五」到「勸發行品」第二十八，爲本門開權顯實，法華經所以具有圓教的特質。

妙法蓮華經玄義卷第九上，講圓門入實觀，列舉了別教和圓教有十種分別。

「別圓兩種，俱通中論。其同異略爲十。一、融不融。二、卽法不卽法。三、明佛智非佛智。四、明次行不次行。五、明斷斷惑不斷斷惑。六、明實位不實位。七、果縱果不縱。八、圓詮不圓詮。九、約難問。十、約譬喻。」

圓教主張圓融，不拘於一邊，說有說無，不有不無，有無不二。更需破一切外道邪見，又要能「會諸凡夫著法之眾，汝等皆當作佛，我不敢輕于汝等。」

卽法不卽法，圓教主張「出法界外，無法可論」。反對在法界外設究竟空。別教有四門相，有門兩相；非生死有，出生死妙有。空門兩相，二乘外論究竟空，非有非無門，圓教破這四門，以生死卽涅槃，涅槃卽生死，「實位一切法，圓通無礙」。

明佛智非佛智，別教講「分別一切智了達空法，分別道種智照恒沙佛法，差別不同者是菩薩智。」圓教則應有「五眼具足，圓照法界，正遍知者卽諸佛之智。」

次行不次行，別教以修行依著次第，「漸次階差，從微至著」，一行中沒有無量行。圓教以修行，一行中有無量行，頓入佛境。

明斷斷惑不斷斷惑。斷惑爲斷絕煩惱。別教把煩惱加以分析，用思議智去斷，而斷又是漸次進行。圓教則以明智慧斷煩惱，而又頓時斷絕。「大經云：闇時無明，明時無闇，有智慧時，則無煩惱」。雖斷煩惱，然不斷五欲淨根。

實位不實位。圓教講「究竟眞實之位」，以一心斷惑，覆無明，所講四十位心，都趣一心，別教所講都是方便修行，不是究竟實位，卽不是根本的佛法，而是從權的方便。

果縱不果縱。別教所修行，爲局部因，果祇限於一地，不通其他各地，「從門證果，三德縱橫，言法身本有，般若脩成，解脫始滿，不但果德縱成，因亦局限。如地人云：初地具足檀波羅蜜，於餘非爲不脩，隨力隨分，檀滿初地，不通上地，餘法分有，而不具足。」圓教則所修行，因爲無限，果不縱橫，「一法門具足一切法門，通至佛地。華嚴云：從初一地，具足諸地功德。」

圓詮不圓詮。別教不融不卽，不能全詮。圓教講融講卽，一融一切，一卽一切。

從上面所講的分別點，可以歸納圓教的特點，在於不能分別智，不用漸次修行，而以一法融會一切法，一法門具足一切法門，一心三觀，歸結於實相。

「今經十義者，觀一切法空，如實相決了聲聞法，是諸經之王，開方便門，此是融凡小大之人法也。一切世間治生產業者，皆與實相不相違背。

即客作者，是長者子，此是即法之義也。開示悟入佛之知，見今所應作唯佛智，慧即佛慧也。著如來衣座室等，即不次第行也。不斷五欲而淨諸根，又過五百由旬，即不斷斷義也。五品六根，乘寶乘遊四方，即實位也。佛自住大乘定慧力莊嚴，以此度衆生，即果不縱也。合掌以敬心欲，聞具足道，即今佛文前圓詮也。諸法實相義，已爲汝等說，即古文後圓詮也。智積龍女問答，顯圓也。輪王頂珠，其車高廣，皆圓喻也。十意既足，圓門明矣。」（妙法蓮華經玄義卷第九上）

這一段引證法華經，說明圓教的十義，證明法華爲圓教，具有圓教的特徵。

「華嚴時並不是純粹圓教，因爲它包含別教。鹿苑時只是一偏之見，因爲此時所授只是小乘見解。方等時包含四教，因此是相對的。般若時主要是傳授圓教，但挾帶通，別二教，因此它並不十分圓滿，完全。法華時純粹是圓教，是至高妙的。佛陀降世的目的充分地在此時表現出來。涅槃經是佛陀一生所說教法的概述，亦即謂三乘與四教都將棄置不理：三乘轉入一乘，四教將合爲一終極的圓教。如此，佛陀一切遺教最後都被吸入法華教

內，天臺宗認爲法華義理是所有佛教的最高級教義。」(1)

二、實相十如

1. 實相論

法華經的內容，雖不傳授形上的哲學，不講論特殊的教義問題，只講述權實的傳授法；但是在經內有許多形上的思想流露在各種的體驗中，天台智顗根據這些思想，建立了天台宗的形上學特點，即是『諸法實相，三諦圓融』。

對於實相論，天台宗繼續三論宗的消極空論和中論的積極空論，以空、假、中，解釋萬法的實相。在藏教、通教和別教裏，空假中常是分離的，事法不相卽，說空就以空爲唯一眞理，說假就以假爲唯一眞理，說中就以中爲唯一眞理，因此有執、有偏。圓教則不執不偏。萬法爲空，唯有假名，然而萬法既存在，必有存在的理，這理不是空，不是假，然又是空，又是假，也是中。萬法的實相爲一，表現在空，在假，空和假不離乎實相的中，中裏有空有假，空裏有假有中，假裏有空有中，若講空，則一切空；講假，則一切假；講中，則一切中。這是所謂卽空，卽假，卽中。空、假、中，三諦互相卽相融，而成爲一諦。所謂一，不是數目之一，而是絕對。這『絕對』，就是『諸法實相』。實相也稱爲『無相』，『無諦』。

諸法實相不是一個離開萬法的絕對實體，諸法被看爲絕對實體的外在表現；而是實體卽是萬法，萬法卽是實體。萬法是常變的現象，『諸法無常』。然而這種無常，乃是外面所見的動相，動相中有靜的實相，有如海浪爲海水的動相，海水爲海浪的靜相，海水和海浪卻同是水，不能在海浪之外求海水，也不能在海水之外求海浪，海水卽是海浪，海浪卽是海水。萬法的變相，也就是萬法實相，這種實相論爲動態實相論。

中國易經哲學，爲動態的生命哲學。整個宇宙萬物，乃一個生命的表現，生命由陰陽結合而成，陰陽繼續變化，形成各種生命的表現而成萬物。萬物卽是生命，生命卽是萬物。不過萬物不僅是形態不同，物性也各不同；因爲生命的表現，能有性體上的差異。

講論佛教哲學的學人，也有人以天台宗的實相，爲生命。「生命是實相界的一個流動現象，這是由生命所看的實相論。還有一個問題，所謂生命，並不是我相信的東西，換句話說：不是主觀性的東西，也不是固定性，不是有自性，不是不變性的東西。實相的生命是活動性，最圓融性，而且是最客觀普遍性的東西。……還有一個問題，實相界的作用是自發自展的，換句話說：實相的作用是無窮無盡的統一作用。這個作用的根底有不可達到的深淵，那是非理性的對象界，只是一種作用的如如狀態。這個如如的狀態本身，有一種它本身的靈覺性，這個自覺作用本身，不斷地把自己作為無窮無盡的矛盾對立，分化發展出來，以充實自己的內容，由此，才有心內心外之分別，主客兩觀，從此而生。這樣地對立，是自覺的要求而分裂的東西，所以最後還是要統一到本來的立場來，做着這個統一的東西，是我們的行為。」(2)

這種解釋，看來是套上黑格爾學說的方式；當然也不能說完全不合天台宗的思想；但總嫌有些勉強。生死兩字在佛教裏，被看為最大的煩惱；雖然涅槃的存在為常樂我淨的存在，但不視為生命，所以用生命來解釋實相，不容易在天台的經論中尋得根據。

法華的實相，即是宇宙萬法。實相是無相，即是沒有言論可以說明，不能用論證去確立，乃是不可思維，不可言說的。因為實相是玄妙，不可測，不可知。所可知的，乃是外面的假相，假相雖是空，但具有實相之實。

2. 如如

實相不可思議，不可認識，所可思議的是宇宙的萬象；因此法華稱實相為『如如』。『如如』的意思為『如是！如是！』我們對於一種微妙深奧的理論，聽高明的人給我們講了，還是不懂，祇能羨慕地說：「是這樣！是這樣。」但『如如』不是「如此，如此」，『如如』爲普遍的說法，『如此』則是限定的說法，是說『同這個一樣』。

「爾時世尊，從三昧安祥而起，告舍利弗，諸佛智慧，甚深無量，其智慧門，難解難入，一切聲聞，辟支佛所不能知……舍利佛，吾從成佛已來，種種因緣，種種譬喻，廣演言教，無數方便，知見波羅密，皆已具足。舍利弗，如來知見廣大深遠，……如來能種種分別，巧說諸法。……佛所成就第一希有，難解之法，唯佛與佛，乃能究盡諸法實相。所謂諸法：如是相，如是性，如是體，如是力，如是作，如是因，如是緣，如是果，如是報，如是本末究竟等。」（鳩譯，妙法蓮華經卷第一，方便品第一）

法華經把諸法列在十種範疇內，這十種範疇應是每一法的成素：相、性、體、力、作、因、緣、果、教，本末究竟，每一法都含有這十種因素，有自己的形相，自己的本性，自己的本體，自己的能力，自己的作爲，自己的因，自己的緣，自己的果，自己的教，自己的本末究竟。諸法的實相也具有這十種因素，實相的十種因素，都是以『如如』去解釋；因爲實相既不可思議，他的因素當然也不可思議，所以祇能說『如是相』。

智顗解釋十如，創三轉讀的解釋法，轉讀卽是句讀法，法華所說十如，能夠有三種句讀法。

第一讀法——
- 是相如
- 是性如
- 是體如
- 是力如
- 是作如
- 是因如
- 是緣如
- 是果如
- 是報如
- 是究竟本末如

——如＝＝空諦

第一種讀法，重點在於『如如』，相和住和體等都是如如，不可思議，不可言說。不可言說思議，對人來說便是無，便是空。實相的無或空，不是虛無，而是沒有觀念和名詞可以代表。勉強來說，便是萬法所表現的相和性和體等等。這是法華的空諦。然而這種空諦不是以萬法爲虛無，爲不實有，爲不存在；而是以萬法的實相不可思議。

『如如』的意義不是願意解釋『諸法實相』，而是在不能解釋中勉強予以解釋，當然這種解釋還是等之於不解釋。但已很明瞭地指示諸法實相和宇宙萬法的關係，實相和萬法不相脫離，實相不是超然獨立的實體，不是獨立的眞如眞心，也不是獨立的佛性，而是實相卽萬法，萬法卽實相，這一點，法華和華嚴有相同點。

第二種讀法，注重在十範疇：

第二讀法—
- 如是相
- 如是性
- 如是體
- 如是力
- 如是作
- 如是因
- 如是緣
- 如是果
- 如是報
- 如是本末究竟

—十種範疇——假諦

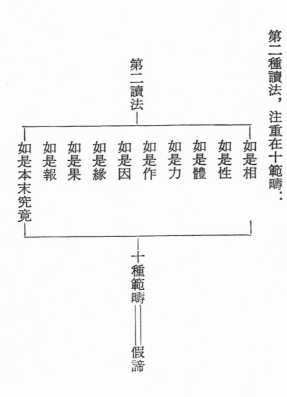

這十種範疇，把關於『法』的東西加以區分。十種範疇的陳列，很合哲學的方法。一個物體，具有性和相，具有體和力，然後有行。有了行便有因和果，有了果，乃有報，最後要有究竟。在研究宇宙間的萬法時，這十種範疇乃是普通的智識。人的理智力常去研究，常加分析。但是從佛教教義去看，這十種範疇也不過是一些假名。然所謂假名，並不以十種範疇爲虛無，所有名字都是假的，而是這些名字，都屬於人類理智所創，以解釋宇宙萬法，勉強可以用於『諸法實相』。在諸法實相裏，不能用分析的分法去分析何者爲性，何者爲相？實則祇是唯一的『一』，而不能分析。因此，這十種範疇勉強用之於『實相』，故稱假諦，在假諦中，含有空諦，也會有中諦，三諦相卽相融。

第三種讀法，重點在於『是』，

第三讀法——
- 相如是
- 性如是
- 體如是
- 力如是
- 作如是
- 因如是

——是——中諦

緣如是
果如是
報如是
究竟本末如是

『如』是『空』，『名』(範疇)是『假』，空和假相連便是『中』。『中』，不是在兩者之中，而是等於『空』，等於『假』。例如「如是相」或「相如是」，這個『是』字，說『如』是，又說『相』是，『是』字等於「如」，等於『相』。也就是說中諦等於空諦，中諦等於假諦，三諦圓融。

「今經用十法攝一切法，所謂諸法：如是相，如是性，如是體，如是力，如是作，如是因，如是緣，如是果，如是報，如是本末究竟等。南岳師讀此文，皆云如，故呼爲十如也。天臺師云：依義讀文凡有三轉：一云是相如，是性如，乃至是報如。二云：如是相，是性如，乃至如是報。三云：相如是，性如是，乃至報如是。若皆稱如者，如名不異，卽空義也。若作如是相，如是性者，點空相性名字，施設邐迤不同，卽假義也。若作相如是者，如於中道實相之是，卽中義也。分別令易解，故明空假中，得意爲言，空卽假中。約如明空，一空一切。空點如明相，一假一切假。就是論中，一中一切中。非一二三而一二三，不縱不橫，名爲實相。唯佛與佛究竟，此法是十法攝一切法。若依義，便作三意分別。若依讀，便當依偈文云，如是大果報，種種性相義。

次判權實者，光宅以前五如，是爲權，屬凡夫。次四如，是爲實，屬聖人。後一如，總結權實。」（妙法蓮華經玄義卷二上）

妙法蓮華經「方便品」的第一篇偈言：

「世雄不可量，諸天及世人，一切衆生類，
無能知佛者。佛力無所畏，解脫諸三昧，
及佛諸餘法，無能測量者。本從無數佛。
具足行諸道，甚深微妙法，難見難可了。
於無量億劫，行此諸道已，道場得成果。
我已悉知見，如果大果報，種種性相義。
……」（鳩摩羅什譯，妙法蓮華經卷第一）

「方便品」講說佛爲救度眾生，因眾生具有鈍根，故設種種方便，示以三乘教。但佛的心願，是要講一乘教，說諸法實相。

「故佛於十方，而獨無所畏，我以相嚴身，
光明照世間，無量衆所尊，爲說實相印。
舍利弗當知，我本立誓願，欲令一切衆，
如我等無異。如我昔所願，今者己滿足，
化一切衆生，皆令入佛道。……」（同上）

佛講法華經，乃爲滿足『如我昔所願』。無論是以往諸佛，現世諸佛，未來諸佛，「亦以無量無數方便，種種因緣，譬喩言辭，而爲眾生演說諸法。是法皆爲一佛乘。故是諸眾生，從佛聞法，究竟皆得一切種智。」（同上）這種一乘法，在於「知法常無性，佛種從緣起。」

法華爲第一義，爲一乘佛法，使人得一切種智，法華所講說，爲實相印。實相的意義，則爲諸法常無自性。實相是和諸法相即相融，諸法常住，又常變，以無爲性。無者，不可言說，不可分析，祇可說爲『如如』。

一切種智，爲般若經的三智之一，三智爲一切智，道種智，一切智爲觀空的智，道種智爲觀假的智，一切種智爲觀中的智。法華使人得一切種智。三智互相融會。

法華以三智互融，卽是三諦圓融，三諦圓融便成一實諦。

3. 實相

妙法蓮華經玄義卷第八下，講一實諦：

「大經云一實諦者，則無有二。無有二，故名一實諦。又一實諦，名無虛僞，又一實諦，無有顚倒；又一實諦，非魔所說；又一實諦，常樂我淨。常樂我淨，無空假中之異，異則爲二，二故非一實諦。一實諦，卽空卽假卽中，無異無名，故名一實諦。若有三異，則爲虛僞，虛僞之法，不名一實諦。無三異，故卽一實諦。若異，卽是顚倒未破，非一實諦。無三異，故無顚倒；無顚倒，故名一實諦。異者，不名一乘。三法不異，具足圓滿，名爲一乘。……不顚倒，故無煩惱；無煩惱，故名爲淨。無煩惱，則無業；無業，故名爲我。無業，故無報，故名樂。無報，則無生死；無生死，則名常。常樂我淨，名一實諦。一實諦者，卽是實相。實相者，卽經之正體也。如是實相，卽空假中。卽空，故破一切凡夫愛論，破一切外道見論。卽假，故破三藏四門小實，破之人共見小實。卽中，故破次第偏實，」

實諦卽實相，實諦融會空中假三諦爲一。空假中，不能分，不能異，不能顚倒。佛敎其他各宗，常講俗眞二諦，有生滅二諦，無生二諦，無量二諦，無作二諦。這四種二諦，歸於藏通別圓四敎。

有生二諦，屬於藏敎，承認眞有生滅，乃是結諦，破除生滅，乃爲眞諦。

無生二諦，屬於通敎，承認萬法都是因緣和合，乃是俗諦，由因緣和合而觀到空，乃是眞諦。

無量二諦，屬於別敎，承認萬法爲空，乃是俗諦，以空爲不空亦空，非有非不有，爲離有和空的無差別實體，乃是眞諦。

無作二諦，屬於圓敎，立空假中三諦，以三諦互相脫離而對立，乃是俗諦，以三諦相卽相融，乃爲眞諦。

法華主張一乘，三諦圓融而有一實諦。實諦以空卽假卽中，假卽空卽中，中卽空卽假。

宇宙萬法是空是假是中。萬法卽是實相，實相卽是萬法，法華玄義有一譬喩：

「一譬三獸渡河，同入於水。三獸有強弱，河水有底岸。兎馬力弱，雖濟彼岸，浮淺不深，又不到底。大象力強，俱得底岸。三獸喩三人，水喩卽空，底喩不空。二乘智少，不能深求，喩如兎馬菩薩。智深喩如大象，水輭喩空，同見於空。不見不空底，喩實相菩薩。獨到智者，見空與不空到。又二種小象，但到底泥，大象深到實土。別智雖見不空，離別雖實圓見不空，窮顯眞實。」（妙法蓮華經玄義卷第八下）

宇宙萬法譬如河水，河水有實土爲底，上面有泥，有水，泥水爲實土的外層，然相融合爲一河，萬法有實相爲理，有變化的相爲事，事理相合，不分不離。

「三，一法異名者，更爲四：一出異名，二解釋，三譬顯，四約四隨。

一、出異名者，實相之體祇是一法，佛說種種名，亦名妙有，眞善妙色，實際，畢竟空，如如，涅槃，虛空佛性，如來藏，中實理心，非有非無，中道第一義諦，微妙寂滅等，無量異名，悉是實相之別號，實相亦是諸名之異號耳。……

二，解釋者，小乘名體，由來易簡，置而不論，今所分別，但約別圓八門，更爲四句：一名義體同，二名義體異，三名義同而體異，四名義異而體同。

初句者，妙有爲名，眞善妙色爲義，實際爲體，次以畢竟空爲名，如如爲義，湼槃爲體。次以虛空佛性爲名，如來藏爲義，中實理心爲體。次以非有非無中道爲名，第一義諦爲義，微妙寂滅爲體。如是等名字，所以理趣雖殊，而同用一門，意無有別，故言名義體同也。

第二句名義體異者，如妙有是名，畢竟空是義，如來藏爲體。又空是名，如來藏是義，中道是體。又如來藏爲名，中道爲義，妙有爲體。又中道是名，妙有爲義，空爲體。如是等四門，更互不同，三種皆別，故言名義體異也。

第三句名義同而體異者，妙有爲名，好色爲義，畢竟空爲體，是則二同一別，故言名義同而體異。又空爲名，如如爲義，妙有爲體。此亦二同一別，餘兩門亦如是，故言名義同而體異。第四句名義異而體同。如妙有等名，名不同眞善色等義，義有異而同歸一體，更無二趣。故言名義異而體同。三門亦如是。……。四門隨緣，種種異稱，以體融故圓應衆名，法體旣同異名異義而不諍也。其云何，今當略說。無量義云，無量義者，從一法生其一法者，所謂實相。實相之相，無相不相，不相無相，名爲實相。此從不可破壞眞實得名。又此實相，諸佛得法，故稱妙有，妙有雖不可見，諸佛能見，故稱眞善妙色。實相非二邊之有，故名畢竟空。空理湛然，非一非異，故名如如。實相寂滅，故名涅槃。覺了不改，故名虛空。佛性多所含受，故名如來藏。寂照靈知，故名中實理心，不依於有，亦不附無，故名中道。最上無過，故名第一義諦。如是種種異名，俱名實相。種種所以，俱是實相功能。其體旣體，名義無隔，蓋是經之正體也。」（妙法蓮華經玄義卷八下）

實相唯一，一攝一切。但不是離開事相的絕對體，而是每一個事物。每一事物是空是假，但又是不空不假，是妙有，是如如，華嚴宗以眞心爲宇宙全體的眞心，宇宙全體爲眞如的相，整個宇宙爲一整體。天台宗特別注意在每一事物，另外是注意每一個人，以每個人自悟本性，頓時成佛。但天台宗並不是主張事事分離，而也是主張萬法圓融。

法華玄義不僅說在法華經中實相有許多不同的名詞，而且說其他大乘經典的名字雖不同，其實也是講『實相』，實相爲經的正體，爲眾義之所歸。

「第五，實相爲諸經作體，更爲五：一、今經之體種種異名；二、諸經體，種種異名；三、傍正料簡；四、此彼料簡；五、麤妙開麤顯妙。一，此經體名，前後同異者，序品云，今佛放光明，助發實相義，又云諸法實相義，已爲汝等說。方便品廣說中云，諸佛一大事因緣，開佛知見無上道實相印等。譬喻中以大車譬一大乘，信解中名付家業，藥草中名一切智地最實事。化城中名寶，所授記中名繫珠。法師中名秘密藏。寶塔中名平等大慧。安樂行中名實相。壽量中名非如非異。神力品中秘要之藏。妙音中名普現色身三昧。觀音中名普門。勸發中，名殖衆德木。如是等異名不同，其義亦異，理極眞實，以實爲相，故名實相。靈知寂照，名佛知見，三世諸佛唯用此自行化他。……

二，諸經之體種種異名者，問：釋論云，無實相印，是魔所說。今談實相可用爲體，餘經不爾，應是魔說。答：不然，諸經異名，或眞善妙色，或畢竟空，或如來藏，或中道等，種種名，不可具載，皆是實相別稱，悉是正印，各稱第一，由實印故也。……」（妙法蓮華經玄義卷第九上）

玄義以『實相』爲法華經各章的主要論題，祇是名稱不同，又其他各經也以『實相』爲主題，從所擧各種異名，可見實相卽是畢竟空，卽是如來藏。因此又知天台宗以實相爲宇宙萬法的本體，實實存在，但不可思議，祇稱爲『如如』。

4. 法界

法華玄義卷二，講十如後，講十法界。以一法界攝十法界，又以十如約十法界。法界乃是實相。

「今明權實者，以十如是約十法界，謂六道四聖也。皆稱法界者，其意有三，十數皆依法界，法界外更無復法。能所合稱，故言十法界也。……此一法界具十如是，十法界具如是。又一法界具九法界，則有百法界千如是。」（妙法蓮華經玄義卷第二上）

『法界』，在法字下加一界字，不是指單獨的法（事物），而是指一個範疇內的事物。華嚴經探玄記卷十八，講法界無差別論，起信論以眞如卽是一切法界。華嚴宗講四法界，天台宗講十法界：地獄、餓鬼、畜生、修羅、人、天、六凡界；聲聞、緣覺、菩薩、佛、四聖界；共爲十法界。

「此十種法，分齊不果，因果隔別，凡聖有異，故加之以界也。」（同上）

按照佛學大辭典的解釋，十法界的意義是這樣的：「一、佛法界，自覺覺他覺行共滿之境界也。二、菩薩法界，爲無上菩提修六度萬行之境界也。三、緣覺法界，爲入涅槃修十二因緣觀之境界。四、聲聞界，爲入涅槃，依佛之聲敎，修四諦觀法之境界也。五、天法界，修上品十善，兼修禪定，生於天界，受靜妙之樂之境界也。六、人法界，修五戒及中品十善，受人中苦樂之境界也。七、阿羅修法界，行下品十善得通力自在之非人境界也。八、鬼法界，犯下品五逆十惡，受飢渴苦之惡鬼神境界也。九、畜生法界，犯中品五逆十惡，受呑噉殺戮苦之畜類境界也。十、地獄法界，犯上品五逆十惡，受寒熱叫喚苦之最下境界也。要之感報之界分有十種不同，故謂之十法界。十法界之事，經論無明說，此天台大師依經略而立，該收一切有情界之一種法門也。」(3)

所謂十法界，包括一切有情，不如華嚴的四法界，包括一切法。天台宗講十法界，就權實方面去講。一切有情都可見自性，都可得道，然性有遲鈍敏慧的分別，天台故講從權的方法和實的方法。十法界的九法界都是權，祇有佛法界是實。

十法界在法華經中雖未明說，但有很明顯的暗示，例如「方便品」中說：

「舍利弗當知，我本立誓願，欲令一切衆，
如我等無異，如我昔所願，今者已滿足。
化一切衆生，皆令入佛道。若我遇衆生，
盡教以佛道，無智者錯亂，迷惑不受教。
我知此衆生，未曾修善本，堅著於五欲，
癡愛故生惱，以諸欲因緣，墜墮三惡道，

輪廻六趣中，備受諸苦毒，……………
是故舍利弗，我爲設方便，說盡諸苦道，
示之以涅槃。我雖說涅槃，是亦非眞滅，
諸法從本來，常自寂滅相。佛子行道已，
來世得作佛。我有方便力，開示三乘法。
一切諸世尊，皆說一乘道。……………
諸佛本誓願，我所行佛道，普欲令衆生，
亦同得此道。未來諸世佛，雖說百千億，
無數諸法門，其實爲一乘。諸佛兩足尊，
知法常無性，佛種從緣起，是故說一乘。」(鳩譯。妙法蓮華經卷第一，方便品第二)

佛所說方便法，卽是『權』。方便法用於解救「墜於三惡道，輪廻六趣中」的人。這些人乃是前面地獄、餓鬼、畜生、修羅、人、天、六法界，涅槃道仍盡是『權』，因爲三乘法也是『權』，因爲「我雖說涅槃，是亦非眞滅」，聲聞、緣覺、菩薩，都還不是『實』，唯有一乘佛法，纔是『實』。

一乘佛法，則是「知法常無性，佛種從因緣」。

「若持法華者，其身甚清淨，如彼淨玻璃，衆生皆喜見。又如淨明鏡，悉見諸色像。菩薩於淨身，皆見世所有，唯獨自明了，餘人所不見。三千世界中，一切諸羣萌，天人阿脩羅，地獄鬼畜生。如是諸色像，皆於身中現。諸天等宮殿，乃至於有頂，鐵圍及彌樓，摩訶彌樓山，諸大海水等，皆於身中現。諸佛及聲明，佛子菩薩等，若獨若在衆，說法悉皆現。雖未得無漏，法性之妙身，以清淨常體，一切於中現。」

（妙法蓮華經卷第六，法師功德品第十九）

在這一段偈裡，佛祖提到十法界的有情者，但是最重要的一點，在於說出不僅十法界的有情者都是實相，就連無情者的山石海水也都是實相。每一法（事件）雖是空是假，然每法都是實相。每法實相互相攝，互相融。因此，佛說信法華經的人，他的身性清淨，「又如淨明鏡，悉見諸色像」，「皆於身中現」，「說法悉皆現」。在一身中，顯現宇宙萬法和有情十法界。這表示信法華經的人已得道，在自己的身中，看見宇宙萬法，他的身攝有一切。卽是一卽一切，一切卽一。

還有一點值得注意的，是『身』字。法華經不說『心』字或『性』字：雖是也講心觀講心，這裡用『身』字，有特別意義。因爲表示法華經認爲每一法的形相雖是假，雖是空，然也是實相，因此人的『身』，是實相，而能在本來清明時，看見一切色像。每一法，是一實相，攝一切法。法華經說：「法性之妙身，以清淨本體，一切於中現。」信法華經而得道的人，他的身就是「法性之妙身」，恢復到「清淨本體」，乃能「如彼淨玻璃」，「又如淨明鏡」，所以「一切於中現」。

華嚴經也講一卽一切，一切卽一。然而實現出來是在佛的智慧中。法華經以每人具有「法性妙身」，又似於起信論的佛性。

5. 無住本

『無住』，是無所依的意思。維摩詰經「觀眾生品第七」說一切因緣以無住爲本，身依貪欲，貪欲依虛妄，虛妄依顚倒，顚倒依無住，「無住則無本，文殊師利！從無住本立一切法」。維摩詰經集註記鳩摩羅什的解釋，以「法無自性，緣感而起。當其未起，莫知所寄。莫欲所寄，故無所住。無所住故，則非有無。非有無而爲有無之本，」又說：

「無住卽實相異名，實相卽性空異名。故從無住有一切法。」

維摩詰經爲禪宗依據的經典，禪宗六祖七祖常講『無住』。禪宗的無住，乃是心無所止住，心不止於一念一物，所以無念、無相、無住。

法華經「方便品」說：

「知法常無性，佛種從緣起」。

法華從『法無性』講『無住』。維摩詰經集註以無住爲實相的異名，實相卽是性空，從無住而有一切法，是否如老子所說「有生於無」呢？

妙法蓮華經玄義解釋『本』字說：

「第二，約本明十妙者爲二，先釋本迹，二明十妙。釋本迹爲六：一、理本卽是實相一究竟道。迹者，除諸法實相，其餘種種皆名爲迹。又理之與事，皆名爲本，說理說事，皆名教迹也。又理事之敎，皆名爲本，稟教修行爲迹。如人依處則有行跡，尋跡得處也。又行能證體，體爲本，依體起用，用爲迹。又實得體用名爲本，權施體用名爲迹。又今日所顯者爲本，先來已說者爲迹。約此六義，以明本迹也。

一，約理事明本迹者，從無住本立一切法，無住之理卽是本時實相眞諦也，一切法卽是本時森羅俗諦也。由實相眞本垂於俗迹，尋於俗迹卽顯眞本，本迹雖殊，不思議一也。故文云，觀一切法空如實相，但以因緣有從顚倒生。」（妙法蓮華經玄義卷七上）

『本』，爲所依，所謂因緣顚倒，卽一切法依於無明，無明爲法之本，無明卽是法性。法性本來不是無明，而無明卻以法性爲本，而使法性卽是無明，這豈不是顚倒。玄義的思想，來自維摩詰經。

從無明立一切法，本是佛教的通論；然而以無明爲無住，從無住立一切法，則是大乘圓教的說法。因爲無明爲法性，法性爲空，無所依止，乃是無住，法性便是無住。這種無住爲「無住之理，卽是本時實相眞諦」。無住之理，爲『無性』，實相無自性。然所謂無自性，不是消極沒有自性，而是不可思議。不僅實相眞諦不可思議，俗迹俗諦也不可思議。「本迹雖殊，不可思議一也」。

實相無住，從十地方面說，或從十法界方面說，實相不住於一地或一法界。大乘講脩行，常講某種程度的脩行住某一地，某一地的有情者爲某法界。實相無住，則是說無論那一地那一法界的有情者，都是實相。

法華經「藥草喩品第五」說：

「其所說法皆悉到于一切智地。如來觀知一切諸法之所歸趣，亦知一切衆生深心所行，通達無礙；又於諸法究竟明了，示諸衆生一切智慧。」

法華經文句卷第七上，解釋上段經文說：

「從『其所說法』下，約教述其顯實也。『地』者實相也。究竟非二，故名『一』；其性廣博，故名爲『切』；寂而常照，故名爲『智』；無住之本立一切法，故名為『地』。此圓教實說也。……實相卽一切智地。」

法華經的主要課題，在於開權顯實。如來知道眾生的性相，有遲鈍，有聰敏，悟道的程度不等，故為解救眾生，乃多用方便，開從權之門；唯對聰敏的人，乃顯實講一乘佛法。然佛法實祇一乘，一乘就是實相。天台智者說：「衍卽大乘，乘卽實相，實相卽一切地。」（同上）又說：「實相是體，智卽是用。若智家之地卽指實相。一切皆大，由智顯地，由乘至極，亦是從始至終，依地至極。」（法華經文句卷七下）

實相為地，地為所依；實相為無住，無住便是本。一切智地，包括權實的佛法。佛法為智，智為用，或是權法，或是實法，皆依於實相。智者說：

「寂而常照者，智所依地能生諸智，故名智地。此從境說。若智卽地，能所不二，故智亦得名『無住本』，是故亦得智智為地。正顯能立，立亦生也。故此『智地』能生諸法，故雙名智地為無住本。」

從無住本立一切法，常從因緣方面說，以一切法（包括一切煩惱）都從無明而起，無明為法性，法性為無住，故說從無住本立一切法。然而反過來說，從無住立一切法，乃是緣起性空，便無所謂緣起，因為無住為空，法性也空，無明便也是空，豈不是緣起是空嗎？然而所謂空，並不是空虛無物，祇是說這一些所謂緣起，都不足以為緣起，都非緣起的本體，緣起的眞眞本體，乃是無住，無住為如如實相，不可思議。這一點和老子所謂有生於無，意義不同。老子講『生』，講因果律。天台的從無住立一切法，祇是講『依』，而無所謂因果。

「無住之理，卽是本時實相眞諦」，卻不能把理和事相分離。玄義雖講本和迹，並不是祇以理為實相，而以事為迹：也不祇以理為法性，事迹在法性之外。法華玄義不講『眞如心』而講『實相』，是以理事相卽為一。

天台智者造摩訶止觀，從『觀』方面講『從無住本立一切法』，一念心具十法界，一念心不可思議：

「若隨便宜者，應言無明法性生一切法。如眠法法心，則有一切夢事。心與緣合，則三種世界，三千性相，皆從心起。一性雖少而不無，無明雖多而不有。何者？指一為多，多非多，指多為一，一非少，故名此心為不可思議境也。」（摩訶止觀第七章，觀心是不可思議境）

心不可思議，一切法由心而起，心為一切法之本；心為不可思議，也就是『無住』，心便是無住本，從心之無住本立一切法。

三、摩訶止觀

天台智者闡發妙法蓮華經，著有妙法蓮華經玄義、妙法蓮華經文句和摩訶止觀。玄義講眾生法，文句講佛法，止觀講心法。心法卽是佛法的實踐，也是佛法的脩行。

摩訶止觀卷第一上，開端說：

「止觀明靜，前代未聞。智者大隋開皇十四年四月二十六日於荊州玉泉寺，一夏敷揚。」

然而接着就說『止觀』在印度由佛祖到龍樹的流傳，在中國則由南岳到天台。

「天台傳南岳三種止觀：一，漸次，二，不定，三，圓頓，皆是大乘，俱緣實相，同名止觀。漸則初淺後深，如彼梯蹬。不定，前後更互，如金剛寶置之日中。圓頓，初後不二，如通者騰空。爲三根性說三法門。」

摩訶止觀爲智顗所說，灌頂所記，共十卷，每卷分上下卷，實爲二十卷。十卷的內容：

第一章 爲大意，大意略說全書九章大意，稱爲五略：發大心，修大行，感大果，裂大網，歸大處。

第二章 釋名，釋止觀名，略有四：相待，絕待，會異，通三德。

第三章 顯體，釋止觀體相：教相，眼智，境界，得失。

第四章 攝法，說明止觀徧收諸法，攝一切理，一切惑，一切智，一切行，一切位，一切教。

第五章 偏圓，舉出四時三教的止觀，皆名爲偏，唯圓教止觀，獨能稱爲圓。

第六章 方便，述說爲正觀前有五方便行：具五緣，訶五欲，棄五蓋，調五事，行五法。

第七章 正觀，講明正修止觀，爲全書的中心，敍說十種觀境，每境各有十乘觀法。但最後三境已闕失。

第八章第九章第十章三章 闕，祇有名目，爲果報，起教，旨歸。

摩訶止觀乃法華三部中的最重要論著，在書中闡揚三諦圓融，一念三千的主要思想。

1. 止觀

摩訶止觀卷三上，解釋止觀的意義。

「第二，釋止觀名者，大途梗概已如上說。復以何義立止觀名，略有四：一相待，二絕待，三會異，四通三德。」（摩訶止觀卷第三，上）

『相待』有三種意義：息義、停義、對不止止義。息義，是息止一切惡覺妄念，心沒有攀緣。停義，是按心諦的理，祇想現前的事，心停住不動。對不止止義，是無明爲法性，法性爲無明，無明爲不止，法性爲非止非不止。由無明而觀法性，由法性而破無明，乃是對於『不止』而顯明『止』。由上面的意義而有三種功用，功用又成爲止觀的意義。三種功用：一是貫穿義，智慧貫穿煩惱，看到煩惱的眞正境地。二是觀達義，心淨則智通眞如。三是對不觀觀義，以無明爲不觀，法性非觀非不觀而明爲觀，以法性對無明。這三種意義表示三種相對待的觀，故稱相待。

『絕待』，則是破除上面的三種相待，以照境爲正觀，除惑爲傍觀，成爲無生無生止觀。

「故今言絕待止觀者，絕橫豎諸待，絕諸思議，絕諸煩惱諸業諸果，絕諸教觀證等，悉皆不生，故名爲止。止亦不可得觀冥如境，境旣息滅清淨，尚無清淨，何得有觀。」（同上）

這種絕待止觀，也稱爲不可思議，也稱爲大。這種觀使一切皆止。

『會異』，會通各種異名，或名知見、明識、眼覺、智慧、照了、鑒達、一切都是『觀』。

「止觀今相會者，止亦名觀，亦名不止觀，亦名止，亦名不觀，卽前釋名意同也。」（同上）

『通三德』，爲佛所講菩薩及眾生所發的心，都互相通，因都歸於涅槃。

「涅槃卽是三德，三德卽是止觀。……夫般若者具足般若，具有三種：道慧般若通貫穿觀，道種慧般若通觀達觀，一切種慧通非觀。觀具足法身亦

有三種：色身通一止一觀，法門身通一止一觀，實相身通一止一觀。」（同上）

止觀是心觀，心觀以明宇宙一切，不是禪定，也是禪定，因爲要破除邪見，心安而淨，但心安而淨還不是止觀，止觀要能圓融一切，一心三千世界。

摩訶止觀解釋止觀的體相，以止觀通於凡聖，止屬於心，觀屬於行，所止要證於行，例是說：「四禪四無量心是止相，六行是觀相。」這種尚不是圓教的止觀，因還未免除生死的觀念，圓教但明一諦，使二諦圓融。

「次，圓教但明一實諦，大經云，實是一諦，方便說三。」（摩訶止觀卷第三下）

一心攝一切，一切悉用止觀。這有兩種意思：一，衆生心具有一切法門，能夠由各種法門去觀；二，佛祖曾以各種法門敎各種心性不同的人。

「心攝諸教，略有兩意。一者，一切衆生心中具足一切法門，如來明審照其心法，按彼心說無量教法，從心而出。二者，如來往昔曾作漸頓觀心，偏圓具足，依此心觀爲衆生說教。」（同上）

然而圓教止觀的中心點，在於以一法攝一切法，眞俗中三諦固自相融會，其他一切也互相攝，互相融會。

「今直以一法攝一切法者，一理攝一切理，一切惑，一切智，一切行，一切位，一切教也。又一惑攝一切理智行位教也，又一智攝一切理惑行位教也，又一行攝一切理惑智位教也，又一位攝一切理惑智行教也，又一教攝一切理惑智行位也。」（同上）

這種止觀爲圓敎實觀，法華雖開權實，然實際以圓敎止觀爲眞正的法門。摩訶止觀在第三卷下，說明權實時，說得很淸楚。對於權實有三種意義：一，爲實施權，二，開權顯實，三，廢權顯實。

「法華中蓮華三譬，諸佛卽一大事出世，元爲圓頓一實止觀，而施三權止觀也，權非本意，意亦不在權外祇開三權止觀，而顯圓頓一實止觀也。」（同上）

因此，摩訶止觀卷第四上下，講二十五種方便，實行止觀，然俱不是圓敎的止觀。例如居在深山遠谷，或在頭陀抖擻，或在蘭若伽藍，以求閑居靜處。但是止觀觀心，以諦理爲主，能觀一諦眞道，則不必遁隱。

「觀心處者，諦理是也。……安三諦理，是止觀處，實不遁隱山林，房隱密室。」（摩訶止觀卷第四下）

然所舉二十五種方便，爲各種衆生都能有益。二十五種方便也稱爲『定外方便』。『遠方便』：然若能用方便而見理，則已入止觀的門了。

「今用此二十五法，爲定外方便，亦名遠方便，因是調心，豁然見理，見理之時，誰論世外，豈有遠近。」（同上）

由見理而得定，然不可執着『定』，執便生是非，已就不定，方便法也無效。止觀在於實現一項原理，卽諸法圓融，一法具足一切法。這種原理，爲本體界的原理，每法（事物）都具有實相，實相唯一，每法便具足一切法。這種原理怎樣能夠實現出來，卽是人怎麼可以直接見證到，那是在止觀裏可以直接見到；因爲一切萬法都是心所現，心能夠直接觀到一卽一切，一法界卽十法界，十法界卽三千世界；因此便是一念三千。

摩訶止觀以心爲所觀境，心卽一念心，止觀便以一念心爲所觀境；因爲觀心，可以通於觀佛觀衆生。

「觀心是不可思議者，此境難說。先明思議境，令不思議境易顯。思議法者，小乘亦說心生一切法，謂六道因果，三世輪環。若棄凡欣聖，則棄下上出，灰身滅智，乃是有作四諦，蓋思議法也。大乘亦明心生一切法，謂十法界也。若觀心是有，有善有惡，惡則三品，三途因果也。善則三品：修羅，人，天，因果。觀此六品無常生滅，能觀之心亦念念不住；又能觀所觀悉是緣生，緣生卽空；並是二乘因果法也。若觀此空有，墮落二邊，沈空滯有，而起大慈悲，入假化物，實無身，假作身，實無空，假說空，而化導之，卽菩薩因果法也。觀此法能度所度皆是中道實相之法，畢竟清淨，誰善誰惡，誰有誰無，誰度誰不度，一切法悉如是，是佛因果法也。此之十法逦邐淺深，雖是大乘無量四諦所攝，猶是思議之境，非今止觀所說也。」(摩訶止觀卷第五上)

摩訶止觀是不可思議境，故不能有思議。小乘大乘所講心生一切法，都是由思議而生，就是大乘十法界也是有思議，故心的十法界，還不是圓敎止觀，仍是權敎止觀。

「問心起必託緣，爲三具三千法，爲緣具？爲共具？爲離具？若心具者，心起不用緣；若緣具者，緣具不關心；若共具者，未共各無共時，安有！若離具者，旣離心離緣，那忍心具四句尚不可得，云何具三千法耶？答他人云：一切解惑，眞妄依持法性，法性持眞妄，眞妄依法性也。攝大乘云法性不爲惑所染，不爲眞所淨，故法性非依持。言依持者，阿黎耶是也。……此兩師各據一邊，若法性生一切法者，法性非心非緣。………」（同上）

智顗批評這兩派的主張，法性不是依持，阿梨（賴）耶更不能是依持，因爲「經言云：『非內非外亦非中間，亦不常自有』。又違龍樹，龍樹云：『諸法不自生，亦不從他生，不共不無因。』」（同上）

止觀以一念心便有三千世界，沒有依持，沒有因緣；因爲一卽一切，一心卽一切心，一切心卽一心；所以一念心爲不可思議。

2. 一念三千

甲、一念之心

『一念三千』，爲天台宗的一句標語，既標出止觀的不可思議境，又標出天台宗的宇宙觀，從止觀去講，智顗說：

「夫一心具十法界，一法界又具十法界，百法界。一界具三十種世間，百法界卽具三千種世間。此三千在一念；若無心而已，介爾有心，卽具三千。亦不言一心在前，一切法在後；亦不言一切法在前，一心在後。……若從心生一切法者，此則是縱，若心一時含一切法，此卽是橫。縱亦不可，橫亦不可，祇心是一切法，一切法是心。故非縱非橫，非一非異，玄妙深絕，非識所識，非言所言，所以稱爲不可思議境，異在於此。」（摩訶止觀卷第五上）

『心是一切法，一切法是心』，這兩句話道出『止觀』的眞正意義。止觀並不是講緣起，因爲不是講一切法由心所生；也不是講觀法，因爲不是講在心中講一切法；而是講『心是一切法，一切法是心』。這豈不是絕對的唯心論嗎？然而天台宗所謂的心，不是普通哲學上所講的心；天台宗的心，不是智識，不是靈性的理智本能，也不是絕對精神體；它是實相，是一切法的實相。實相的表現，則在普通所說的理智一念中。所謂一念，表示沒有時間，沒有空間，一念卽是一切，不可思議。

「若解一心一切心，一切心一心。非一非一切。一陰一切陰，一切陰一陰；非一非一切。一入一切入，一切入一入；非一非一切。一界一切界，一切界一界；非一非一切。一衆生一切衆生，一切衆生一衆生；非一非一切。一國土一切國土，一切國土一國土；非一非一切，一相一切相，一切相一相；非一非一切。乃至一究竟一切究竟，一切究竟一究竟；非一非一切。徧歷一切，皆是不可思議。

若法性無明含有一切法，陰界入等，卽是俗諦。一切界入是一法界，卽是眞諦。非一非一切，卽是中道第一義諦。如是徧歷一切法，無非不思議三

諦。」（同上）

不僅是一心是一切心，而且一國土是一切國土，這是因爲『實相唯一』，一是實相，一切也是一實相，所以一卽一切『乃至一究竟是一切究竟，一切究竟是一究竟』；究竟卽是實相。這種實相在一念之中實現，因此乃是不可思議。這種一念三千，不是唯識論的阿賴耶識生一切法，唯識論乃是俗諦；又不是一入一切，如華嚴宗所講，華嚴宗爲眞諦；一念三千爲『非一非一切』，乃是中道第一義諦。這種實相爲法性，『法性淸淨，不合不散，言語道斷，心行處滅，非破非不破』。（摩訶止觀卷第五下）

乙、三千世界

「一心具十法界，一法界又具十法界，……一界具三十種世間，百法界卽具三千種世界。」（摩訶止觀卷第五上）

十法界在上面已經說過，是十種有情者的世界。但是這十法界不僅是世界，也是有情者在生活上的表現，卽是生活的行動，因有這些行動，人在輪廻時乃往生十種世界。因此在每一個人中就具有這十法界，在一個人的行爲上，可以有地獄性的行爲，可以有畜生性的行為，也可以有菩薩性的行為或佛性的行為。在一個人的心上，可以有各種感情，地獄性的感情，畜生性的感情，餓鬼性的感情，菩薩性的感情，佛性的感情等。因此，一法界具十法界，每一物中有十個世界。十法界便是百法界。

天台宗講『十如如』，十如如便要配合到十法界。每一法界都有相、性、體、力、作、因、緣、果、報、本末。十如如為實的因素，每一物（法）都有十因素；於是百法界因着十如如而成為千法界。摩訶止觀，並且述說十如如在十法界所能有的具體表現。三界，為五陰世間，眾生世間，國土世間。每一法界包括這三世間。因隔別不同，稱為世，因有差別，稱為間。十法界具十法界因此『一界具十種世界，百法界即具三千種世界』。

> 「不可思議境者，如華嚴云：心如工畫師，造種種五陰。一切世間中莫不從心造。種種五陰者，如前十法界五陰也。法界者，三義。十數，是能依，法界是所依，能所合稱、故言十法界。……以十種陰界不同故，故名五陰世間也。攬五陰通稱眾生，眾生不同……況十界眾生，寧得不異，故名眾生世間也。十種所居，通稱國土世間者，地獄依赤鐵住，畜生依地水空住，脩羅依海畔海底住，天依宮殿住，六度菩薩同人依地住，通教菩薩

惑未盡同人天依住，斷惑盡者依方便土住，別圓菩薩惑未盡者同人天方便等住，斷惑盡者依實報土住，如來依常寂土住。……土土不同，故名國土世間也。此三十種世間悉從心造。又十種五陰，一一各具十法，謂如是相性體力作因緣果報本末究竟等。」（摩訶止觀卷第五上）

三千世界，代表天台宗的宇宙觀。三千世界的具體世界乃是五陰的世界，五陰爲色，受、想、行、識。摩訶止觀在上面所引的一段文據中有一句話：「十法界通稱陰入界。」五陰爲感官，感官的世界爲具體世界。至於眾生世間和國土世間也都屬於五陰。因此三十世間，即是三世的十法界，也就是有情者的具體生活。三十世間應該說是天台宗的宇宙。

這種具體世界怎樣成立呢？由於心與緣合。緣是人的行業。

「十法界通稱陰入界，其實不同。三途是有漏惡陰界入，三善是有漏善陰界入，二乘是無漏陰界入，菩薩是亦有亦無漏陰界入，佛是非有漏非無漏陰界入。」（同上）

陰入界有三十世間，是因爲有情者的行業是有漏。或是無漏，或是亦有亦無漏，或是非有非無漏。這種行業，由心而造，因此說：「一切世間中莫不從心造。」至於三十世間以百法相乘，而有三千世間，更是從心所造。

「若隨便宜者，應言無明法法性生一切法，如眠法法心則有一切夢事。心與緣合，則三種世間三千相性，皆從心起。一性雖少而不無，無明雖多而不有。何者？指一心爲多，多非多，指多爲一，一非少，故名此心爲不可思議境也。」(同上)

一念三千，一念不爲少，三千不爲多。三千世界雖是實有，則亦非有，因是一念之心所造。然又不可謂無，因每法都是實相。實相唯一，在心的一念中，顯整個宇宙；整個宇宙爲三千世界。

四、佛

1. 佛性

『佛』，在天台宗代表一種很高的境界。佛的境界，具有第一義諦的智見，以一即一切，三諦圓融，永脫一切業果的繫縛。

一切眾生都可成佛。法華開權顯實，並不主張每個人一定在實際上成佛，但各人就各人的資質，可以達到一種較高的境界，有六度菩薩境界，有通教菩薩境界，有別教菩薩境界，有別圓教菩薩境界，最後有佛境界。

「若欲住佛道，成就自然智，常當勤供養。受持法華者，其有欲疾得，一切種智慧(4)當受持是經，並供養持者，……」（妙法蓮華經卷第四，五百弟子受記第八）

受持法華經，常常供養，能得『一切種智』，往住佛道，修無量功德。

因此，法華經主張眾生都有佛性，即是具有成佛的可能。法華文句卷二下說：

「大經云：阿闍名不生世者名怨，以不生佛性故，則煩惱怨生，煩惱怨生故，不見佛性。不生煩惱，即見佛性。」

眾生都有佛性，然若因業果而有無明煩惱，則不見佛性。若能不生煩惱，即見佛性。

「凡夫佛性如牛新生，血乳未別。聲聞佛性，如清淨乳。支佛，如酪。菩薩，如生熟酥。佛，如醍醐。此譬別教五位：乳譬無明，血譬四住，凡夫住此，故言雜血。十住已斷，四住之血與二乘齊，故言聲聞如乳。……二十五云，雪山有草名爲忍辱，牛若食者，卽是醍醐。牛喻凡夫，草喻八正，能修八正，卽見佛性。此譬圓教，行大直道，觀一切衆生卽涅槃相，不復可滅，圓信圓行，不由歷別，於一生中，卽入初住，得見佛性。……」

（妙法蓮華經玄義第五下）

智顗解釋法華經的譬喻，說明眾生都有佛性，眾生佛性的境界雖不同；然都可以八正道而頓顯佛性。「不由歷別」的階級修行，而「於一生中，卽入初住，得見佛性」。玄義同卷說：

「經言佛性亦一者，一切衆生悉一乘故。此是不動不出之一乘。故具三法，不縱不橫。夫有心者，皆備此理，而其家大小，都無知者」。

需要佛去覺悟他們，使他們知道自具的寶藏，『耘除草穢，開顯藏金，一切無礙。』

「譬如蓮子，爲皮殼所籠，爲泥所沒，而卷荷在心，而有生長之氣，一切衆生心亦如是。雖爲苦果所縛，集惑所沉，而能於中發菩提心，甚大雄猛，如獅子乳，如獅子筋弦，是名佛界。」（同上）

佛性隱在衆生心中，雖爲無明煩惱所沉沒，然祇要猛發菩提心，即顯佛性。

「衆生亦如是，本有四德，隱名如來藏。脩成四德，顯名爲法身性德。」（同上）

佛性，稱爲如來藏，顯出時，即是清淨法身。『玄義』常講法身，法身爲清淨的自性，也就是實相。法名可軌，諸佛奉爲軌範而成佛。法身有色身，色身爲佛祖的人身，可見而稱爲色身。又有報身應身，修因果感，是名報身。佛的如來報身，光明遍照，內則遍照眞法界，外則遍照應大機。成道的釋迦如來，是名應身。三身或四身都是佛性的表現，實則爲一身。

2. 佛

法華經讚頌釋迦牟尼佛爲無量壽佛，也是唯一的永久智慧。在「壽量品」中釋迦佛自己聲明他不僅是一生修行的牟尼，而是無量劫數的壽佛。

「自我得佛來，所經諸刼數，無量百千萬。
億載阿僧祇，常說法教化，無數億萬衆。
今入於佛道，爾來無量刼，爲度衆生故，
方便現涅槃，而實不滅度，常住此說法。」

（妙法蓮華經卷第五。壽量品第十六）

釋迦佛乃一永久佛，現生爲牟尼得入佛道，乃爲方便度衆生，有這色身，「而實不滅度。」無量壽佛也是無量智慧，這種智慧的表現，就是法華經。

「若我滅度後，能奉持此經，斯人福無量，……具足諸供養，若能持此經，則如佛現在。」（同上）

釋迦牟尼佛自稱爲世間之父，在法華經卷二「譬喩品」有火宅的譬喩，火宅者有年長的老父，盡力援救自己的兒子。佛自稱爲世間之父，欲救世間一切衆生。

「舍利弗，如來亦復如是，則爲一切世間之父，於諸怖畏，衰惱，憂患，無明闇蔽，永盡無餘而悉成就。無量知見，力無所畏，有大神力，及智慧力，具足方便，智慧波羅蜜，大慈大悲，常無懈倦，恆求善事，利益一切，而生三界，朽故火宅，爲度衆生。」（妙法蓮華經卷第二，解喻品第三）

接着在同卷的「信解品」有敗家子的譬喻，父親求子，終見窮兒歸來。佛又以老父自喻；這不僅表示佛愛眾生，欲度一切人；也表示佛自視一切眾生都歸屬於他，他爲眾生之主。

這種思想，和佛教其他宗派的理想不相同，佛家各宗以沒有位稱的法，眞如，涅槃，佛性爲最高實體，超越一切。法華經以佛有位稱，是一位自稱爲一切世間之父的佛。這雖不表示法華經以佛爲最高神明，但釋迦牟尼佛很明顯地顯示爲一位永久而最尊之佛，他稱爲如來，如來是如是來如是去，爲不可思議的尊神。在妙法蓮華經最後卷第七「普賢菩薩勸發品第二十八」以釋迦牟尼佛的祝福而收結。

「爾時，釋迦牟尼佛讚言；善哉善哉！普賢，汝能護助是經（妙法蓮華經），令多所衆生，安樂利益，汝已成就不可思議功德。……普賢，若有受持讀誦，正憶念修習書寫是法華經者，當知是人，則見釋迦牟尼佛，如從佛口，聞此經典。當知是人，供養釋迦牟尼佛，當知是人，佛讚善哉。當知是人，爲釋迦牟尼佛手覆其頭，當知是人，爲釋迦牟尼佛衣之所覆。如是之人，不復貪看世樂，不好外道……」

釋迦牟尼佛成爲永生的尊佛，無量神力恒久存在，自己保持信服法華經的人。法華經講涅槃爲常樂我淨，但不是一種寂滅的境界，釋迦佛永久常存。

釋迦佛度眾生到涅槃而成佛，而有無量數的佛，這些佛並不寂滅在釋迦佛中，而仍各自存在。

這種思想和實相的觀念，怎樣相合？實相唯一，然每一法都是實相，一法卽一切法，一切法卽一法。實相爲法性，爲法身，爲釋迦牟尼佛。然同時一切佛也是實相，和釋迦佛相融會，雖相融會，然沒有生滅。

註

(一) 高楠順次郎著，藍吉富譯 佛教哲學要義 頁一三四。

(二) 李世傑 中國大乘佛教哲學的精要 頁一〇——一二。見於現代國民基本知識叢書第四輯。中國佛教史論集(一)

(三) 佛學大辭典（中），頁一三九二。臺北市華嚴蓮社影印。

(四) 天台宗常用幾句術語：

三種智——道種智，一切種智，一切智。

道種智用佛法，發起一切善種。

一切種智，知一切道，知一切種。

一切智，依正法通達畢竟空寂之理。

三種德——法身德，般若德，解脫德。

法身德，衆生都具有佛德，具足常樂我淨。

般若德，爲佛始覺的智慧，了覺諸法，常樂我淨。

解脫德，佛永離一切業果的縛繫，得大自在，常樂我淨。

第八章　禪宗

一、禪宗簡史

1. 菩提達摩

禪，由廣義去看，是安定，屬於釋迦佛，所教授的三法之一；三法，即是戒、定、慧。釋迦佛在修行時，曾隨阿羅邏迦蘭（Arada kalama），修習無色禪，又曾隨鬱陀迦羅摩子(Udraka Ramaputra)學非想非非想定。佛陀得道後，教授弟子，常指點修習禪定。後代佛教的各宗派，也都講習坐禪以求定慧。但是禪在佛教裏成了一宗，禪的意義就成爲一種特別的意義，禪的歷史，也成爲一個宗派的歷史。

在印度古代哲學裏，有瑜伽派，專門修習禪觀。印度佛教裏也有瑜伽宗，這一宗和古代瑜伽派有共通之點，實行禪觀。瑜伽宗後來變爲法相宗，再變爲唯識宗。禪觀的目的，在於以外在的靜坐，以求心意的集中。這種禪稱爲「如來禪」。

中國禪宗的禪，稱爲「祖師禪」；祖師禪不立文字，以心傳心，因此，便專靠師傅的指點。爲證明徒弟眞學到師傅的道功，師傅以衣鉢傳授作證，這種傳授，稱爲「祖師禪」。

「祖師禪」的歷史怎樣？

當神會和尚在滑臺辯法時，崇遠法師問說：

「唐國菩提達摩既稱其始，菩提達摩西國復承誰後？又經幾代？」（神會語錄第三卷）

神會答說：

「菩提達摩爲第八代。……自如來付西國與唐國，總經有十三代。」（同上）

八代，是如來傳給迦葉（Mahakasyapa），爲第一代，第二代爲阿難（Ananda），第三代爲末田地（Madhyāntika），第四代爲舍那婆斯，第五代爲優婆崛，第六代爲須婆蜜（婆須蜜），第七代爲僧伽羅叉，第八代爲菩提達摩。

然而實際上禪經所說的八代，第八代爲達摩多羅（Dharmatrata），而不是菩提達摩。而從如來到菩提達摩，中間隔了一千多年，怎麼可能只有八代呢！否則這八代不是直傳，而是間接相隔而傳。於是有二十三世說，有二十四世說，有三十五世說，有二十八或九世說，甚至有五十一世說。南宗禪師都守二十八世的傳說，北宗禪師則以菩提達摩爲始祖，不追溯達摩以前的傳承。(1)

中國禪宗的傳承，見於佛教的史乘；但這些史乘中大都紀錄前人的傳說，不免滲加許多的渲染，和實在的事實有些不符。

中國禪宗以菩提達摩爲始祖。達摩的傳記，有楊衒之的洛陽伽藍記和道宣的續高僧傳的記載。達摩爲西域人，籍貫和生卒年月，都不明白。他在劉宋年間（公元四二〇——四七八）由海道來到中國，在南越登陸；又有說在梁武帝普通七年（公元五二六）九月二十一日抵達廣州番禺，遊居江南一帶。後北上，遊化嵩洛，曾居少林寺，講楞伽經，有道育和慧可爲弟子。曾有傳說謂他曾面壁九年。因他曾見梁武帝，武帝問造寺寫經度僧是否功德，達摩答說沒有。兩人意見不合，達摩乃北上往少林寺。續高僧傳說他「游化爲務，不測于路。」（續高僧傳卷第十六）有傳說謂他在梁中大通六年（公元五三四年）十月五日示寂。(2)曇林（約公元五八五年卒）著有略辨大乘入道四行及序，述說達摩的思想。續高僧傳說達摩以『二入四行』教授門人，「磨以此法，開化魏土，識眞之士，從奉歸悟。」所謂『二入』，卽是理入，行入，續高僧傳說：

「然則入道多途，要唯二種。謂理行也，藉教悟宗，深信含生同一眞性，客塵障故。令捨僞歸眞，凝住壁觀，無自無他。凡聖等一，堅住不移，不隨他教，與道冥符，寂然無爲，名理入也。行入四行，萬行同攝。初、報怨行，……二、隨緣行，……三、名無所求行，……四、名稱法行，」

（續高僧傳卷第十六）

曇林記述了「二入四行」，理入是趣入菩提道，行入是修行。爲能入道，「藉教悟宗」，宗爲楞伽經的「自宗通」，教爲如來藏的佛性。達摩的行入，以「凝住壁觀」爲方法，「壁觀」的解釋很多，傳燈錄卷三附注說：「爲二祖說法，祇教曰：外息諸緣，內心無喘，心如牆壁，可以入道。」壁觀可以解釋爲凝心、安心、住心。(3)

達摩的傳承人有：道育、慧可。道育的傳記不明，慧可則被認爲禪宗的第二祖。

2. 慧可

續高僧傳在「菩提達摩傳」後，有「慧可傳」，傳文說：

「釋僧可，一名慧可，俗姓姬氏，虎牢人。外覽墳素，內通藏典，末懷其道京輦，默觀時尚，獨蘊大照，能悟絕羣。雖成道非新，而物貴師受。一時令望，咸共非之。但權道無謀，顯會非遠，自結斯要，誰能擊之。年登四十，遇天竺沙門菩提達摩，遊化嵩洛，可懷寶知道，一見悅之，奉以爲師，畢命承旨。從學六載，精究一乘，事理兼融，苦樂無滯。」（續高僧傳卷第十六）

慧可少年時期，博通儒道經籍，又通佛典，傾尚默觀，自貴心照。但是佛敎當時看重師承，好似漢朝儒者也以師門爲重。慧可沒有師承，當時有名望的僧侶都批評他。他在四十歲時，遇到了達摩，奉他爲師。

達摩去世後，慧可繼續弘法。梁都遷到鄴城，他也往鄴城，遇着一個名叫道恆的禪師。道恆因他講「情事無寄」，指爲魔說，設法陷害。慧可幾乎被殺。於是他佯狂順俗，不再宣傳禪法，續高僧傳嘆惜道：「遂流離鄴衞，亟展寒溫，道竟幽而且玄，故末緒卒無榮嗣。」

但是慧可有弟子，名叫那禪師，並且佛書還載有其他的弟子。寶林傳卷八說：

「可大師下，除第三祖自有一支，而有七人：第一者峴山神定，第二者寶月禪師，第三者花閑居士，第四者大士化公，第五者向居士，第六者弟子和公，第七者廖居士。」

七人中沒有「慧可傳」中所記的那禪師，這七人都祇和慧可通過書信，或往羅浮山，並沒有直接的師弟關係。道宣作續高僧傳，在卷二十五（附編）的「法沖傳」，述說慧可的弟子：

「達摩禪師後，有慧可、慧育二人。育師受道心行，口未曾說。可禪師後，粲禪師、慧禪師、盛禪師、那禪師、端禪師、長藏師、眞法師、玉法師，已上述并口說玄理，不出文記。」

慧可的弟子究竟有那些人，現在已難考據。不過，當時慧可既是一個有名的禪師，必定有弟子從他學法。書上所說「末緒卒無榮嗣」，是說他的弟子中沒有傑出的人才，能夠繼承他的法統，也是說他晚年佯狂順俗，不能敎導門人。

慧可傳承達摩的思想，以楞伽經爲根基，「專附玄理」。玄理指佛教的奧義，如法性、佛性、涅槃等事理。專附玄理，乃能「事理兼融，苦樂無滯」。事理兼融爲佛教的圓教思想，苦樂無滯則是涅槃的教義。慧可又承達摩的頭陀行，隨緣而住。

3. 僧璨·道信

禪宗的第三祖，僧璨，在佛教史乘中，沒有留下多少事蹟。在宗門統要續集，記有二三事。

「三祖璨大師問二祖云：弟子身纏風恙，請和尚懺罪。祖云：將罪來與汝懺！璨云：覓罪了不可得。祖云：與汝懺罪竟，宜依佛法僧住。璨云：今見和尚，已知是僧，未審何名佛法？祖云：是心是佛，是心是法，法佛無二，僧寶亦然。璨云：今日始知罪性不在內外中間，如其心然，佛法無二也。大師深器之。

四祖信大師，見三祖乃云：願和尚慈悲，乞與解脫法門。師云（三祖）：誰縛於汝。信云：無人縛。師云（三祖）：何更求解脫乎？信於言下有省。師問三祖云：如何是古佛心？祖云：汝今是什麼心？師云：我今無心。祖云：汝旣無心，諸佛豈有耶？師於是頓息其疑。」（宗門統要續集卷二）

這兩樁事在景德傳燈錄中記載過，表示慧可有達摩捨棄教條的精神，僧璨也承繼了這種禪法。

據房琯（公元六九七——七六三）的碑文，僧璨在出家以前，磊落不羈，年約四十，見慧可於舒州皖公山，曾侍慧可數年。在慧可回鄴都時，璨留居皖公山和司空山。約在公元五九二年，道信來見僧璨。僧璨南遊羅浮山，後北返，旋卽去世。「道信奔自雙峯，領徒數百，葬大師於所居之處，時人始知道信得法於大師。」（房琯碑文）

道信俗姓司馬，先世河內人，後遷居湖北蘄州廣濟縣，生於陳宣武帝太建十二年（公元五八〇年），卒於唐高宗永徽二年（公元六五一年），壽七十二歲。七歲出家爲僧，僧師戒行不淨，道信自己私受齋戒，六年後到了舒州皖公山，師事僧璨，學禪法十年（或說九年或十二年）。僧璨往羅浮山時，道信往住吉安，後往衡岳，路過江州（九江），爲道俗人所留，乃往住廬山大林寺十年。在煬帝大業年間，收七歲童子弘忍爲弟子，時道信二十七歲，續僧傳說：

「蘄州道俗請度江此黃楊縣，衆造寺依然山行，遂見雙峯有好泉石，卽住終志。……自入山來三十餘載，諸州學者，無遠不至。」

道信在當時成了禪學大師，來學者五百人，「擇地開居，營宇立衆，」道信的弟子，除弘忍外，據續僧傳所載的，有荆州法顯、荆州玄爽、衡岳善伏。還有禪宗史家所指爲四祖旁出的金陵法融。法融後來住在牛頭山，和當時弘忍的東山法門並峙。

道信承繼以往禪師的禪法，以楞伽經爲基本經典，又採用摩訶般若波羅密經，楞伽師資記說：

「信禪師再敞禪門，宇內流布，有菩薩戒法一本，及制入道安心要方便門，爲有緣根熟者說，我此法要依楞伽經諸佛心第一，又依文殊說般若經一行三昧，即念佛心是佛，妄念是凡夫。」

道信所住的地方，在天台宗的思想範圍內，受此宗的止觀的影響。天台講非空非不空，和般若的一切皆空互相聯結。道信結合楞伽經和般若經，即是從即空而非空，以見妙有的佛性。

道信在廬山大林寺住了十年，大林寺爲天台宗智鍇法師（公元五三三——六一〇）的道場。然而廬山留有慧遠的遺風。慧遠實行念佛，道信也就以「念佛心是佛」，採納了慧遠的念佛的修行法門。

一行三昧，三昧爲梵音 (Samādhi)，意義爲定，定是心定於一處而不動。一行三昧出於文殊師利所說摩訶般若波羅密經卷下。經上說：

「善男子善女人，欲入一行三昧，應處空閑，捨諸亂意，不取相貌，繫心一佛，專稱名字。隨佛方向，端身正向，能於一佛念念相續，即是念念中能見過去現在未來諸佛。何以故？念一佛功德無量無邊，亦與無量諸佛功德無二。不思量佛法等無分別，皆乘一如成最正覺，悉且無量功德，無量辯才。如是入一行三昧者，盡知恆沙諸佛法界無差別相。」

法界一相，沒有差別；法界一相，乃是佛。恆沙般眾多的佛都沒有差別相。在念佛時，心中現有一切佛，心即是佛。道信的入道安心要方便一書中，引用文殊說般若經的一行三昧，然後制立方便。

「夫身心方寸，舉足下足，常在道場。施爲舉動，皆是菩提。……常憶念佛，攀緣不起，則泯然無相，平等不二。入此位中，憶佛心謝，即不須徵，卽看。此等心卽是如來眞實法性之身；亦名正法，亦名佛性，亦名諸法實性，實際，亦名淨土，亦名菩提，金剛三昧，本覺等，亦名涅槃界、般若等。名雖無量，皆同一體。」

道信的思想，包括般若、涅槃、天台、華嚴各宗的主要宗旨；但不講解理論，祇去實際念佛，念到心已澄寂，便是無所念了，「則泯然無相，平等不二。」

道信在禪宗史乘裏，爲弘揚禪法的第一人。達摩、慧可、僧璨，都自行修習，敎授少數門徒。道信居在廬山和黃梅，傳習禪法。禪法成爲一門宗法，創立了禪宗。

4. 弘忍

弘忍俗姓周，黃梅人，原籍江西潯陽，生於隋文帝元亨元年，或二年（公元六〇一年或六〇二年），死於唐高宗咸亨五年或上元二年（公元六七四年或六七五年），壽七十四歲。

當道信在吉州時，弘忍時年七歲，往拜爲師，後隨往廬山大林寺，又隨往黃梅，侍立左右。道信去世後，弘忍在雙峯山東十里的憑墓山建立寺院，如傳法寶記所說：

「旣受付囑，令望所歸，裾屨湊門，日增其信。二十餘年間，道倍受學者，天下十八九，自東夏禪匠傳化，乃莫之過。」

弘忍身高八尺，性沉默，愛勞動，白天擔任寺院雜務工作，夜間坐禪，從不懈怠。楞伽師資記說他行住坐臥皆是道場，身口意業皆成佛事。

弘忍的弟子多到千餘人，在臨死時向弟子玄賾說：

「吾一生教人無數，好者並亡，後傳吾道者只可十年。吾與神秀論楞伽經，玄理通快，必多筍之。資州智詵，白松山劉主簿，兼有文性。莘（華）州惠藏，隨州玄約，憶不見之。嵩山老安，深有道行。潞州法如，韶州惠能，揚州高麗僧智德，此並堪爲人師，但一方人物。越州義方，仍便講說。」（楞伽人法志）

歷代法寶記舉出弘忍門生十一人，卽上述十人和玄賾，但是對他們評語則不相同。楞伽師資記以神秀居首，惠能只是一方人物；歷代法寶記則以惠能爲首，其餘都祇是一方人物：

「我一生教人無數，除惠能餘有十爾。……」

惠能以外的十人，則：

「並是當官領袖，蓋國名僧，各各自言爲大龍象，爲言得底，乃知非底。」

兩種說法，反映出後來神秀門下和惠能門下爭法統的思想。

弘忍爲東山法門的大師，他承繼道信的禪法，創立了禪宗的口頭禪。在敦煌古本中，有一乘顯自心論，題爲弘忍著作。這本書的中心思想，爲『自心本來清淨』，禪法在於『守心爲第一』。

弘忍的禪法，充分表現『不立文字』、『頓悟』、『傳心』的特色。東山法門遂成了當時佛教的禪宗代表。雖然那時法融在牛頭山，創牛頭宗，以不立心爲主要思想，「問曰：云何爲心？云何安心？答曰：汝不須立心，亦不須強安，可謂安矣。」（法融絕觀論第一問答）然而禪宗以牛頭禪爲道信後的別支，道信的正統則爲弘忍。

弘忍著有修心要論，有敦煌本。修心的主題，是：

「夫修道之體，自證當身本來清淨，不生不滅，無有分別，自性圓滿清淨之心。此是本師，勝念十方諸佛。」

修心的要法，在於守心，卽是守本眞心。

「此守心者，乃是涅槃之根本，入道之要門，十二部經之宗，三世諸佛之祖。」

守本眞心，則妄念不生。妄念不生，我所心滅，自然和佛平等不二了。宗鏡錄卷九十

七，錄有禪宗六祖師對心的見解：

「第二祖可大師云：凡夫謂古異今，謂今異古，復離四大，更有法身。解時，卽今五陰心，是圓淨涅槃。此心具足萬行，正稱大宗。傳法偈云：本來緣有地，因地種華生，本來無有種，華亦不能生。

第三祖璨大師傳法偈云：華種雖因地，從地種華生。若無人下種，華種盡無生。

第四祖道信大師云：夫欲識心定者，正坐時知坐是心，知有妄起是心，知無內外是心，理盡歸心，心卽清淨，淨卽本性。內外唯一心，是智慧門，明了無動心，名自性定。又示融大師云，百千妙門，同歸方寸，恒沙功德，總在心原，一切定門，一切慧門，一切行門，悉皆具足，神通妙

用，並在汝心。傳法偈云：華種有生性，因地華生生，大緣與性合，當生生不生。

第五祖弘忍大師云：欲知法要，心是十二部經之根本，唯有一乘法。一乘者，一心是。但守一心，卽心眞如門。一切法行，不出自心，唯心自知，心無形色，諸祖只是以心傳心，達者卽可，更無別法。又云：一切由心，邪正在己，不思一物，卽是本心。唯智能知，更無別行。傳法偈云：有情來下種，因地果還生，無情旣無種，無性亦無生。

第六祖慧能大師云：汝等諸人，自心是佛，更莫狐疑。心外更無一法而能建立，皆是自心生萬種法。經云：心生種種法生。其法無二，其心亦然。其道清淨，無有諸相，汝莫觀淨，及空其心，此心無二，無可取捨。行住坐臥，皆一直心，卽是淨土。依吾語者，決定菩提。傳法偈云：心地含諸種，普雨悉皆生。頓悟華情已，菩提果自成。

讓大師云：一切萬法，皆從心生，若達心地，所作無礙。汝今此心，卽是佛故。達摩西來，唯傳一心之法。三界唯心，森羅及萬象，一法之所印，凡所見色，皆是自心。心不自心，因色故心。……從心所生，卽名爲色，

知色空故，生卽不生。」（宗鏡錄卷九十七）

禪宗到了第五祖，禪宗已經成立，五祖以後第六祖時，禪分南北。讓大師爲懷讓，係南宗大師，他述說『達摩西來，唯傳一心之法。』指出了禪宗的禪法。五祖弘忍承繼道信『理盡歸心』的思想，肯定『唯守一心，卽心眞如門。』六祖慧能乃說『自心是佛。』

我們研究自慧可到慧能的傳法偈，可以看出禪宗各代法師的見識，由淺入深。慧可的傳法偈，注意在『地』，地卽是心，有心纔能生萬法。僧璨的偈則注意在下種的人，心生萬法，是因人的愚昧無明。道信的偈注意『緣』，緣與性合纔有生。弘忍的偈指出有情無情，有情則有生，無情則無生。慧能的偈卻以心含諸法種子，祇要頓悟諸法虛空，立成菩提。弘忍和慧能，已經由心本體着想。

弘忍的弟子，在佛典裏普通都稱爲十人，或十三人，但名字不全相同。「總上諸書有傳記的或僅列名的弘忍門下弟子得二十五人。就二十五人依區來說：惠能、印宗在廣東；神秀在荊州、長安、洛陽；玄約、道俊、禪慥、通、法、顯等在湖北；智銑、宣什在四川；惠藏在陝西，老安在河南；法如在山西；法持、智德、曇光、覺等在江蘇；義方、僧達在浙江；法照在安徽；慧明在江西；就是這樣多的著名弟子，把東山法門廣播到全國。至於不知名的

千人弟子，散佈的面積當更廣更密，對羣眾的影響也更大。」(4)

5. 慧能

弘忍的弟子雖然多，傳他的禪法的弟子，有兩個堪稱繼承衣鉢的，是神秀和慧能。在弘忍生時，神秀在諸弟子中被看爲最特出的，也最得老師的寵任，最得同輩的敬重，又被認爲是繼承衣鉢的人。例如張說作大通禪師碑說：

「禪師尊稱大通，諱神秀。……服勤六年，不捨晝夜。大師嘆曰：東山之法，盡在秀矣！命之洗足，引之並座。於是涕辭而去，退藏於密。」

神秀服侍弘忍六年，弘忍嘆曰：「東山之法，盡在秀矣。」東山是他自己，弘忍認爲自己的禪法，神秀都學得了，便引他並座；並座表示繼任他禪師的位。但是禪宗都以慧能爲第六祖，繼承弘忍；而且六祖慧能爲南宗的祖師。爲禪宗史裏最重要的人物。

神秀大約於唐高宗永徽六年（公元六五五年）往黃梅向弘忍請教，當時年五十歲。在弘忍門下，服勤六年。慧能當時也在弘忍門下。一天，弘忍集合門人，要大家各寫一偈，偈最好的，可得承衣鉢。門生們知道有神秀，大家都不敢作偈，神秀便只好在夜中寫了一首：「身是菩提樹，心如明鏡台，時時勤拂拭，勿使惹塵埃。」這首偈是寫在走廊壁上，沒有書名。大家都不知道這是秀所作。慧能不識字，在碓房碓米，聽說廊上有人寫了一首偈，便央請一個童子領他去看，又請人把偈唸給他聽。慧能聽後，自己也想作一首偈，請人代他書寫。他的偈是：「菩提本無樹，明鏡亦非臺，本來無一物，何處惹塵埃。」弘忍認為慧能可以承繼他的禪法，把衣鉢傳給了他。

慧能俗姓盧，父諱行瑫，本籍直隸范陽，左降流官南海新州，遂以為籍。三歲喪父，承寡母鞠養。家貧，採樵賣錢供給家用。一天，在街上賣薪時，聽見有人讀金剛經，心裏有些感觸，就問讀經的人所讀是什麼經？從何人聽講。那人告訴他是金剛經，講經的師傅是黃梅弘忍。他便告訴母親，願往黃梅找和尚受教。

慧能生於唐太宗貞觀十二年（公元六三八年），卒於唐玄宗開元二年（公元七一三年），壽七十二歲。他往黃梅向弘忍請教的年代則不定，有的說二十二歲，有的說二十四歲，又有說三十四歲。在黃梅弘忍處住的時間不久，在碓房住了八個月。因為他在廊上寫了那首偈，被弘忍看破他的見地。就在夜間，弘忍喚他到房間，為他說金剛經，說了三日三夜，弘忍把衣鉢傳給他，並囑咐他不要告訴任何人，而且立刻離開黃梅。隱居在社會裏，和常人一樣。傳說他隱居了十六年。以後遇到了律師印宗，由印宗爲他落髮出家。有的考據佛教史，以慧能隱居了五年，於三十歲時，在廣州由印宗落髮爲僧。從廣州到韶州住曹溪山，行化四十多年。開元二年七月八日慧能向大衆告別。上座法海啟問衣法當付何人。慧能答說，死後二十餘年，邪說紛擾，將有一人，豎立宗旨，便是繼承他的法統。那是指的神會和尚。(6)

6. 神會

慧能(惠能)在世時，禪分南北。南方禪宗以曹溪爲中心。北方禪宗以神秀爲祖。神秀於弘忍去世後，在荊南玉泉寺弘法，移居江陵當陽山，後往住東京洛陽，稱爲兩京法主，三帝門師，最受則天皇后的尊敬。他死時有說壽一百餘歲。他的弟子很多，弟子中以普寂、義福爲最著，兩人後來和南宗的神會爭辯，被神會所推倒。中國禪宗史乘少有提起神秀傳法的事。

胡適編有神會和尚遺集，在集中寫有荷澤大師神會傳。神會，襄陽人，俗姓高。生年卒年都不定，因古書有說他壽七十五歲，有說他壽九十三歲。胡適以他死於唐肅宗末年(公元七六二年)。他若是壽七十五歲，便生於唐睿宗垂拱四年(公元六八八年)；若是壽九十三歲，則生於唐中宗總章二年(公元六六九年)。

王維作六祖能禪師碑銘說：「弟子曰神會，遇師於晚景，聞道於中年。」王維作這篇碑銘，是因神會的請求而作的，銘中的話應該可信。但是別的古籍，如宗密的圓覺經大疏鈔說神會在十四歲時，來謁慧能；曹溪別傳說神會來參慧能時，祇是十三歲的小沙彌。不過古籍記錄第一次相見時的對話，則不是十四歲或十三歲孩童的口語。燉煌本壇經記錄說：

「神會，南陽人也。至曹溪山，禮拜問言：和尚坐禪，見亦不見？大師起把杖打神會三下，却問神會：吾打汝痛不痛？神會答曰：亦痛亦不痛。大師曰：神會，向前見不見是兩邊，痛不痛是生滅。汝自性且不見，敢爾弄人！神會禮拜悔謝。師又曰：汝若心迷不見，問善知識覺路；汝若心悟，即見自性，依法修行。汝自迷不見自心，却來問吾見與不見，吾見自知，豈代汝迷？汝若自見，亦不代吾迷，何不自知自見，乃問吾見與不見？神會再禮百餘拜，求謝過愆。服勤給侍，不離左右。」（六祖壇經，頓漸品第八）

曹溪大師別傳也記錄有神會第一次參見慧能的對話，慧能打神會幾下，到了夜間，問神會：

「吾打汝時，佛性受否？答云：『佛性無受。……豈同木石？雖痛而心性不受』。慧能說：『汝今被打，心性不受。汝受諸觸如智證，得眞正受三昧。』於是密授付囑。」

或者這些記錄的對話，不是第一次見面所說，則可以認承神會在童年時來參六祖。或者這些對話是第一次見面語，則應是「聞道於中年」。神會在慧能門下，算是年青的弟子，他有六祖年青時勞苦工作的精神。圓覺經大疏鈔說他「苦行供養，密添眾瓶，斫冰濟眾，負薪擔水，神轉巨石。」慧能晚年也很喜歡他，密付衣法。

慧能去世後，神會遊歷數年，開元八年（公元七二〇年）奉勑配位南陽隆興寺，發揚南宗頓敎。開元二十年（公元七三二年）在滑臺（今河南滑縣）大雲寺，開無遮大會，建立南宗宗旨。南宗在慧能死後，祇在南方傳行。江北爲神秀和弟子們的法力區域，神秀和弟子普寂、義福，都爲朝野人士所敬重。圓覺經大疏鈔卷之之一說：

「能大師滅後二十年中，曹溪頓旨沉廢於荆吳，嵩嶽漸門熾盛於秦洛。普寂禪師，秀弟子也，謬稱七祖，二京法主，三帝門師，朝臣歸崇，勅使監衛。雄雄若是，誰敢當衝？嶺南宗途甘從毀滅。」

神秀死後，唐中宗替他在嵩山嶽寺造塔，嵩嶽便成爲北宗漸教的中心，普寂和尙繼承神秀的法統，「雄雄若是」，神會乃在滑臺開會，攻擊普寂，指責神秀爲禪宗別支，不是正統，正統爲慧能南宗。這次集會的結果，是『南宗定是非論』，肯定了慧能爲禪宗第六祖。

神會住在南陽，往來滑臺一帶，也到過刑州（今河北鉅鹿縣）開元寺。天寶四年（公元七四五年）應兵部侍郎宋鼎的禮請，到洛陽，住荷澤寺，因此，後來他稱爲荷澤神會。「於是曹溪了義，大播於洛陽，荷澤頓門，派流於天下。」（圓覺經大疏鈔，卷三）

北宗的人乃用勢力壓制他，天寶十二年（公元七五三年），御史盧奕，誣奏他聚徒，疑萌不利。於是他被黜弋陽郡，又移武當郡，天寶十三年（公元七五四年），移襄州，七月移荊州開元寺。這時侯安祿山造反，盧奕爲賊所殺，肅宗即位靈武，郭子儀籌備軍餉。五嶽名山建立寺廟，度牒僧尼，受度的人，納錢充作軍餉。神會雖已年老，又從荊州，受召到洛陽，負責勸導度僧。肅宗便很感激。「詔入內供養，勅將作大匠併功齊力爲造禪宇於荷澤寺中。」（宋僧傳）

上元六年（公元七六〇年）五月十三日，死于寺中。朝廷替他在洛陽寶應寺建塔，諡爲眞宗大師，塔號般若。

7. 曹溪禪宗的發展

神會以傳宗而稱爲第七祖；然而慧能的弟子們並不都宗神會，在神會的同時已經有別的派別，後來發展爲五宗：即臨濟宗、溈仰宗、雲門宗、法眼宗、曹洞宗。

慧能的弟子，以懷讓、行思、神會、慧忠、玄覺爲「五大宗匠」。但是宗派的傳承最長的，要推懷讓和行思。

懷讓，金州安康人（今陝西安康縣），二十三歲時，來參曹溪慧能，留住門下十二年（或云十五年），於唐睿宗先天二年（公元七一三年）往南嶽，住般若寺。於唐玄宗天寶二年（公元七四四年）去世，壽六十八。生年，應在唐高宗儀鳳二年（公元六七七年）。

行思，吉州人（今江西吉安縣），於唐玄宗開元二十八年去世（公元七四〇年）。他在慧能門下，稱爲上座，是年齡較長的弟子。

行思和懷讓，一生隱居，敎傳少數弟子，沒有公開傳法，和神會不同。他們的弟子，則公開的開法傳禪，禪風大盛。唐朝的佛教，乃是禪宗的黃金時代。當時禪宗流傳的地區，以江西、湖南爲中心。懷讓一系大行江西，行思一系傳佈湖南。

- 慧能
  - 南嶽懷讓
    - 百丈懷海
      - 黃檗希運—臨濟義玄（臨濟宗）
      - 興化存奬—南院慧顒—風穴延沼
      - 潙山靈祐—仰山慧寂（潙仰宗）
    - 南泉普願—趙州從諗
    - 天皇道悟—龍潭崇信—德山宣鑑—雪峰義存
    - 玄沙師備—地藏桂琛—法眼文益（法眼宗）—天臺德韶
    - 雲門文偃（雲門宗）
  - 青原行思—石頭希遷—藥山惟儼—雲巖曇成—洞山良价
    - 曹山本寂（曹洞宗）
    - 雲居道膺（日本曹洞宗）
  - 荷澤神會
    - 磁州法如—荊南惟忠—遂州道圓—圭峯宗密。
    - 五臺山無名—華嚴澄觀
  - 南陽慧忠
  - 永嘉玄覺

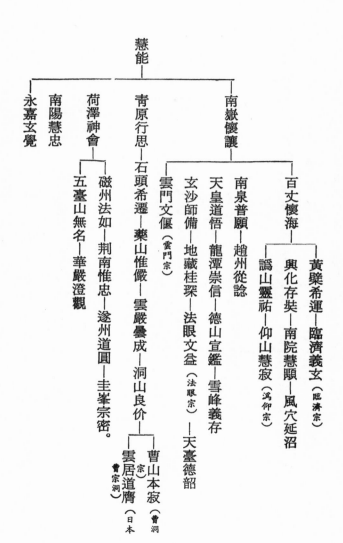

二、禪宗哲學

禪宗哲學實在是佛教哲學裏最難的一部份。禪宗法師們主張以心傳心，不立文字，雖然留有語錄偈經，都是暗示的文句，晦澀難懂。因此可以供研究的明白資料很少。禪宗又主張頓悟佛性，直接覺悟，以這種境界爲不可言的境界。因此講禪宗哲學便有越講越糊塗的危險，但是禪宗在中國佛教裏乃是最盛行的一宗，對於宋明理學影響很深，便不能够沒有哲學的思想，而且他的思想必定是和佛教的基本教義互相連貫的。禪宗法師們所注重的佛教經典爲楞伽經、摩訶般若波羅蜜經、金剛經。他們的基本思想應該是這幾部經的基本思想。

1. 禪的意義

禪，梵語 Dhyāna，譯爲禪那，簡稱爲禪。意義雖可譯爲棄惡，功德叢林，思惟靜慮，實際爲一種修行方法，以取得心的安定。但是禪宗的禪，則成爲一種實踐的哲學，即是一種明心見性的經驗哲學。心爲涅槃妙心，性爲佛性，經驗則是悟。

甲、禪觀

就禪爲修行方法論，則大小乘的佛教都講禪。這種方法在印度佛教裏已經有，而且在印度古哲學的瑜伽派裏已開始實行。

瑜伽派的修行法有八種：禁制、勸制、坐法、調息、制感、執持、靜慮、等持。這八種方法卽是靜坐的方法，第七種靜慮，就是禪，靜慮的禪乃是禪觀。

在漢朝末年，安世高譯安般守意經和陰持入經介紹禪定，漢末魏晉的佛教僧徒，奉爲修習禪定的方法。三國時康僧會，東晉的支遁都爲安般守意經作注，實行修禪。道安也曾從竺法濟和支曇受持入禪，並註解般若、道行、密迹、安般諸經。佛陀密譯五門禪法要略，羅什譯禪法要略，覺賢譯達摩多羅禪經，禪法便盛行於北方。五門禪法序說：「三業之興，禪智爲重，禪無智無以深其寂，智無禪無以寂其照。」

五門禪所重的爲念佛禪，羅什所重的爲實相禪。念佛禪爲廬山慧遠所提倡，後來和淨土宗相混合，以阿彌陀經、無量壽經爲基本經典。實相禪雖由羅什所譯的經典開始，然而實行修禪者爲北齊慧文禪師，以中論的經典爲依歸，倡一心三觀說。三觀是空觀、假觀、非空非假卽空卽假的中道觀。由空觀得徧了法性的一切智，由假觀得自行化他的道種智，由中道觀得了法無二的一切種智。由實相禪後來向兩方面發展：一方面發展爲天台和華嚴的止觀，另一方面發展爲禪宗的禪。

禪觀是爲求定，禪觀的修行有形式和內容。禪觀的形式是爲安靜身體，收斂心神；坐禪卽是禪觀的形式。禪觀的內容，在於收斂心神而對一事物，專一思慮。

小乘禪有「四禪八定」。四禪的意義；初禪，放棄食色等欲，心乃得定；二禪，心定而生喜悅；三禪，鎭定情感的喜悅，心靜而有精神妙樂；四禪，忘卻精神妙樂而泯然寂靜。

小乘禪觀的內容，叫做十念：念佛、念法、念僧、念戒、念施、念天、念休息、念安般、念身非常、念死。思惟略要法列舉十種禪觀：四無量觀、不淨觀法、白骨觀法、觀佛三昧，生身觀、法身觀、十方諸佛觀、無量壽佛觀、諸法實相觀、法華三昧觀。又有四念處：空無邊、識無邊、無所有、非想非非想。

楞伽經分禪爲四類：愚夫所行禪、觀察義禪、攀緣眞如禪、如來禪。宗密的禪源諸詮集序，分禪爲五類：外道禪、凡夫禪、小乘禪、大乘禪、如來最上乘禪。

上面所列禪的分類，可以互相調協。外道禪和凡夫禪就是愚夫所行禪。小乘禪就是四禪八定和十念，以及十禪觀的前八種禪觀，還有念佛禪。大乘禪就是實相禪，十禪觀的最後兩種：諸法實相觀和法華三昧觀。如來禪則是禪宗的禪。

佛教信修禪的人，可以達到神通，神通普稱五種：天耳通、天眼通、如意通、他心通、宿命通。

乙、以心傳心

禪宗的禪分爲如來禪和祖師禪。如來禪是釋迦牟尼佛所傳的禪，祖師禪則是中國禪宗祖師所傳的禪。

在中國提倡如來禪的，爲慧能的同學神秀；提倡祖師禪爲慧能。神秀和慧能對峙，兩人創禪宗的南北兩宗，北宗神秀主張漸悟，南宗慧能主張頓悟。

在佛教的史乘裡，有釋尊與迦葉拈花微笑的故事，作爲如來禪的開端：一位梵王到靈山訪問釋迦牟尼尊者，進獻一支金波羅花，請尊者說法。釋迦登了法座，一反昔日侃侃說法的態度，祇拈花示眾，一言不發。大家瞪着眼，不懂是什麼意思。在座有摩訶迦葉（Mahaksyapa），卻破顏微笑。釋迦便說：「吾有正法眼藏，涅槃妙心，實相無相，微妙法門，咐囑摩訶迦葉。」這就是禪宗所謂『以心傳心』的根據。後來有一次阿難（Ananda）問迦葉傳什麼法門？迦葉說拿杖來；這就是『法印』流傳的傳說。

迦葉微笑，祇是『心領神會』；他究竟心領了什麼，誰也不知道。釋迦所說的話，則指出了內容，卽是『涅槃妙心，實相無相，』的微妙法門。但是這種法門，天台宗和華嚴宗也都講習，而到了中國，禪宗纔有自己的特點。

神秀和慧能都是五祖弘忍的弟子。神秀爲開封尉氏人，約在五十歲時，到黃梅參禮弘忍。他的主要作品，爲五方便。禪宗修行的方法分爲漸悟和頓悟，頓悟有兩式：一是以無念、無相、無住、破看心、看淨，而得成佛；一是以直接頓悟本心，去超脫看心、看淨，而見性成佛。漸悟則注重在『看』，用『看』去淨心。看就是觀，用淨心眼，觀看上下，前後，左右，盡是虛空，一物不見。

神秀的五方便門：「第一總彰佛體，亦名離心門；第二開智慧門，亦名不動門；第三顯不思議門；第四明諸法正性門；第五了無異門。」離念是看心看淨，解除一切思念。開智慧門是對於六識，知道根本不動，則沒有生滅。有聲音，聽見有聲音，心則不動，如同沒有聽見。不動則六根不起。六根不起則智慧開，對一切法不取捨。因此，入第三門，口不議，心不思，一切法如如平等，然後入第四門，現一切法正性，無心無意無識，無心故無動念，無意故無思惟，無識故無分別。最後入第五門，無動念是大定，無思惟是大智，無分別是大慧。大定是法身佛，大智是報身佛，大慧是化身佛。這種境界，清淨無礙，覺覺相應，畢竟不間斷，永無染着，是無礙解脫道。

這種禪法有五方便門，以『看』爲入門第一步，到了終極，正顯佛性，心不思不念，一切平等。

慧能提倡頓悟。他在弘忍門下而得賞識，據說是因爲他所提的偈：「菩提本無樹，明鏡亦非臺，本來無一物，何處惹塵埃。」偈中的重點，在於『本來無一物』，和神秀的偈中重點相對，神秀偈中的重點爲『時時勤拂拭』。『勤拂拭』指出修行的功夫，而且『時時勤拂拭』更指出漸進繼續的工夫。慧能說『本來無一物』，主張『自心是佛』，無可取捨，不要觀心觀淨，祇是頓悟佛性，卽成菩提。六祖壇經說：

「善知識，心是廣大，徧周法界，用卽了了分明，應用便知一切，一切卽一，一卽一切，去來自由，心體無滯，卽是般若。」

「善知識，一切般若智，皆從自性而生，不從外入，莫錯用意，名爲眞性自用。一眞一切眞，心量大事，不行小道。口莫終日說空，心中不修此行，恰似凡人，自稱國王，終不可得，非吾弟子。……」

「善知識，我此法門，從一般若生八萬四千智慧。何以故？爲世人有八萬四千塵勞。若無塵勞，智慧常現，不離自性。悟此法者，卽是無念，無憶無着，不起誑妄，用自眞如性，以智慧觀照，於一切法，不取不捨，卽是

見性成佛道。」（壇經，般若品第二）

「無念、無憶、無著，」斷絕一切思慮。「於一切法，不取不捨」，心空一切，智慧便照映自性，見性卽成佛。

關於如來禪和祖師禪的分別，仰山慧寂曾有一段話。仰山和香巖智閑同在潙山靈祐門下。一天，香巖對慧寂說：「去年貧，未是貧；今年貧，始是貧；去年貧無卓錐之地，今年貧，錐也無。」慧寂答說：「如來禪許師弟會，祖師禪未夢見在。」香巖再說：「我有一機，瞬目視伊；若人不會，別喚沙彌。」慧寂乃告訴法師潙山說：「且喜閑師弟會祖師禪。」第一次香巖講貧，分有層次，去年貧無卓錐之地，今年貧，錐也無。慧寂說師弟祇有如來禪。第二次香巖說話簡單了截，慧寂說師弟會祖師禪。可見祖師禪了無分別，一卽一切。

祖師禪由慧能流傳成爲中國禪宗的正宗，不立文字，以心傳心。這種禪究竟有什麼意思？

鈴木大拙說禪不是神秘主義，而是「實際哲學」，是「內在體驗的自我成熟」，不用思慮，而用直觀，卽是所謂『悟』。

『禪』，是以直觀去悟自性，直觀爲涅槃妙心的用，自性爲妙心佛性。直觀自心的佛性，便是成佛。

通常人們的理性生活，用理性去分析，佛教稱爲識。識不能了解事物的本體，祇能用直覺去了解。

2. 悟

甲、悟的意義

禪宗的特質，不論南禪北禪，都在於『悟』。南禪既提倡頓悟，故對於『悟』，更認爲是禪宗的特性。

悟是什麼呢？

悟是對於心的本性之直接灼見。人心是假心，具有結集和顯映的作用。假心不明時，結集因緣而生萬物；假心明淨時，顯映心的根本；根本爲眞心眞如。眞如的顯映，本來常是光明；但如大乘起信論所說：眞如有光明的一面，有染汙的一面。染汙的一面，稱爲生滅門，使萬法生滅。除去染汙，則眞如自然顯映，人心遂見本性。這種見，就是悟，爲直接的覺，不用理智去觀察或推論；而是人直接面對自見的根本，所以稱爲悟。

一切事物（萬法）都由心而生，萬法的最後根本也是眞如。因此，人對自心的本性有直接的灼見時，同時對於一切事物，也直接灼見事物的本體眞如。雖然，得『悟』的人，並不能實際上就看見世界是虛空，也不能看見一切事物都是虛空。因爲他的身體和五官都仍然存在，五官便也感到事物的存在。但是得『悟』的人，心中已知道世物爲空，對於日常事物有一種新觀點，就是直接體驗事物的本性。「學禪的人都稱這種新觀點的獲得是悟的境界。這是覺（三昧三菩提）的另一名稱，而覺則是佛陀在尼連禪那河邊菩提樹下悟道以來和其印度信從者所用的一個名字。在中國，還有其他名詞表示這種精神經驗，每一名詞具有一種特殊意旨，表示如何解釋這種現象。總之，沒有悟就沒有禪，悟確是禪的根本。」(7)

悟，稱爲直覺，和理智的知識相對。理智的認識，須經過觀察，經過研究，經過分析，經過推論，而後得到。理智的知識，便是局部的知識，是有層次的知識。這種知識常常不能知道事物的整體；雖然有時，把一事件的內外各方面都分析研究後，能有這件事物的全部知識；然而這種全部的知識是由各方面知識所合成，理智在認識時仍需須要由一部一部地去看，不能一下就認識了全部。悟，則是人心直接和事物的本體相接觸，直接體驗出事物的整體意義。這種體驗不能用言語文字去表達。

禪宗的悟，最基本的一點在於一項假設，即是信仰自心的本性爲眞如、爲佛。人爲悟道所求悟的，就是悟自性的眞如。禪師們常說自性是佛，爲求成佛須從自己心內去求。六祖壇經說：

「善知識，不悟卽佛是衆生；一念悟時，衆生是佛。故知萬法盡在自心，何不從自心中，頓見眞如本性。菩薩戒經云：『我本元自性淸淨』。若識自心見性，皆成佛道。」（壇經，般若品第二）

神會和尚遺集說：

「知識，一一身有佛性，善知識不將佛菩提法與人，亦不爲人安心，何以故？湼槃經云：『早已授仁者記。』一切衆生本來湼槃，無漏智性本自具足。何爲不見？今流浪衆生，不得解脫，爲被煩惱覆故，不能得見。要知善知識指使，方乃得見，故卽離流浪生死，使得解脫。」（胡適校敦煌本神會和尚遺集，頁二三二）

禪宗乃是大乘佛敎，以湼槃經和般若經爲基本思想。見性的方法則是禪宗的特色。

乙、直覺

『直覺』和『理智思維』爲西洋哲學的名詞；佛教則有『悟』和『識』。『識』爲『理智思維』，『悟』爲『直覺』，『悟』卽是『般若』，『理智思維』卽是『分別識』。

「般若超過分別識；在感官與智力世界，我們應用分別識；這個世界的特色是二元性，因爲有見者與被見者之分，這兩者是對立的。在般若中，這個分別卻不存在；見者與被見者是同一的；見者就是被見者，而被見者就是見者。……般若是統合原理，分別識卻總是分析性的。分別識沒有般若做爲支持，就不能發生作用。部份永遠是整體的部份，部份永不能靠它們自己存在，否則它們就不再是部份——它們甚至會不存在；但只是部份的集合並沒有意義。這乃是何以在佛敎哲學中，諸法若僅從個體存在而觀之，被認做無『我』。『我』是統一原理，當一切法同統一它們的東西無涉，則它們只是不相關連的部份，這就是說它們是『非存在』。要使它們相關相連有意義，則需要般若。佛敎的無常觀與苦觀，不可以僅從道德的和現象學的觀點來解釋，它具有認識論的背景。」(8)

直覺在於體驗事物的整個本體，不用分析和推論，分析的知識合起來，仍舊是整個的各部份，不能是事物的本體。例如，把一個屍體解剖，可以知道各部份的結構和功能；然而屍體是死的，不是活的；人則是一個活的整體，不能解剖，解剖了則成爲死人。解剖的屍體不能表現一個活人生命。理智的知識，常是解剖的知識，不能認識事物的本來面目。

在西洋哲學講直覺時，問題在直覺的官能；人若不用理智和感官，人用什麼官能去直覺呢？普通說是用另一種特別的官能。中國哲學中講直覺的有道家的莊子，他們爲直覺是用『氣知』，是人的本體和物的本體直接相通。易經講聖人時，也承認聖人的心直接和天地之心相接。佛教講直覺是用『心』去直覺。心本來淸淨光明，但常有染汚，除去染汚，心的自性眞如立刻顯映出來，這就是悟，是直覺。

直覺所以是一種直覺的經驗，也就是體驗。這種體驗不是感覺的經驗。儒家孔孟曾說人對於善惡，應該有「如好好色，如惡惡臭」的直接體驗。對於好色惡臭的體驗爲感覺的自然經驗，對於善惡的體驗，則不是感覺經驗，而是良知的自然表現。王陽明講良知的致知，便是模擬禪宗的『明心見性』。

『悟』，對於自心的本體眞如，直覺地體驗而明明見到。見者和被見而同是一個；心所見的，是自己的自性本體。但是『悟』使人對着世界的萬物，也直接體驗到物的自性本體，而使見者和被見者合而爲一，可以有兩種解釋：人心看見萬物，心的本體爲眞如，物的本體也是眞如，心和物便是同一的；再者，萬物由心所生，不離心而存在；因此見者和被見者是同一的。這兩點當然都是唯心論的解釋。見者和被見者既是同一，則禪師們常以「我不是我，因此我是我。」也就是說所看見的物不是物，而看見物的本體眞如。柱杖不是柱杖，竹篦不是竹篦。但同時，直覺又不離日常的事物，柱杖是柱杖，竹篦是竹篦，

菩提達摩的同時代人傅大士曾寫了下面的一首詩：

「空手把鋤頭，
步行騎水牛，
人在橋上過，
橋流水不流。」

一切的矛盾都廢棄了，一切平等。但是五燈會元的「雲門之部」述說一段話：

「雲門文偃有一次舉起柱杖道：看到柱杖說是柱杖，看到柱子說是柱子，這有什麼錯？」

要緊的，是心中不加肯定，也不加否定，說是也好，說不是也好，心中無牽連。心中沒有牽連，直覺便沒有一定的對象。在自己心中所見的，當然是佛性。當你見到佛性時，你已經不

以爲是佛性；佛性是理智知識的名字。

「唐代的京兆興善寺惟寬禪師，有一次被一個和尚問道：『狗有沒有佛性？』他答道：『有？』和尚又問：『你有沒有佛性？』曰：『我沒有。』問：『爲什麼一切衆生都有佛性，你卻沒有佛性呢？』曰：『因爲我不是你所說的衆生。』問：『如果你不是衆生，你是佛嗎？』曰：『也不是。』問：『那麼你究竟是什麼？』曰：『我不是一個什麼。』和尚最後說：『那是我們能夠看到或想到的嗎？』禪師回答：『那是不可思不可議的。因此稱之爲不可思議。』

另有一次有人問他：『什麼是道？』禪師回答：『就在你前面。』又問：『爲什麼我看不到？』禪師說：『因爲你有一個『我』。所以看不到。只要仍舊有『你』和『我』，就有着相互的限制，就不可能有眞『見』。又問：『設若如此，如果既沒有『你』也沒有『我』，還能有『見』嗎？』禪師答道：『如果既沒有『你』也沒有『我』，還有誰要見呢？』」(9)

天台宗和華嚴宗都主張事理無礙，一切圓融；但那是理智的知識。禪宗卻要撇開理智的思考，直接體驗出來這項原理，眞眞生活在一切圓融中。般若是活的，是動態的體驗，不是靜態的知識。打破時間和空間的觀念，消除一切差別相的分別，一個生動的一刹那的經驗，而這個經驗將永常存在。

禪師們有幾句通行話：「白馬入蘆花」，「銀椀裏盛雪。」「鞍上無人，鞍下無馬。」這些話表示一切平等，一切空。

丙、頓　悟

祖師禪講悟，所講的是頓悟，反對北宗所主張的坐禪和禪觀。坐禪原來是佛教各宗求靜的方法，禪觀在北禪爲看淨心。南禪的悟則是頓悟。

神會和尚說：

「頓漸不同，所以不許。我六代大師一一皆言單刀直入，直了見性，不言階漸，夫學道者須頓悟漸脩，不離是，而得解脫。譬如母頓生子，與乳，漸漸養育，其子智慧自然增長。頓悟成佛性者，亦復如是，智慧自然漸漸增長。所以不許。

遠師問：嵩岳普寂禪師，東岳降魔禪師，此二大德皆教人『凝心入定，住心看淨，起心外照，攝心内證』，指此以爲教門。禪師今日何故說禪不教人『凝心入定，住心看淨，起心外照，攝心内證』？何名坐禪？

和尚答曰：若教人『凝心入定，住心看淨，起心外照，攝心内證』，此是卽菩提。今言坐者，今不起爲坐，今言禪者，見本性爲禪。所以不教人坐身住心入定。」（胡適校敦煌本。神會語錄第三殘卷，頁一七五）

「和上言：發心有頓漸，迷悟有遲疾。迷卽累劫，悟卽須臾，此義難知，與汝先以事喻，後明其義，或可因此而得悟解。譬如一綟之絲，其數無量，若合爲繩，置於木上，利劍一斬，一時俱斷。絲數雖多，不勝一劍。發菩提心人，亦復如是。若遇眞正善知識以巧方便直示眞如，用金剛慧斷諸位地煩惱，豁然曉悟，自見法性本來空寂，慧利明了，通達無礙。證此之時，萬緣俱絕。恆沙妄念，一時頓盡。」（同上。神會語錄第一殘卷頁一二〇～一二一）

在理論上，頓悟可以解釋，可是在實際上究竟是怎樣呢？禪師們說這是不可思議的，也不是用言語文字所可以解釋清楚的。慧能曾說他自己的教法：「是無念無相無住，心不染境，眞性常住。」禪師們所用的指導禪徒的方法，非常出乎人的常情，而不可以理喻。

3. 禪的實踐方法

禪的實踐方法，在於使人超越相互的對立，進入一種整體的統一境界。語言文字是我們普通的傳遞媒介；但是語言和文字所傳遞的，是我們感覺的經驗和理智的思維，這一些祇是局部的和分析的知識。禪的最好傳遞方式，乃是無言。禪宗乃說：「不立文字，以心傳心。」然而心是看不見的，便得用其他方法。人爲傳遞自己的思想、經驗、情感，或是用言語和文字，或是用眼睛、用手、用脚、用身體。禪師們既不用言語和文字，便得用行動，或是眼動，或是手脚身體動。眼睛可以傳神，大家都能領會；手脚身體的動作也能傳達一個人的心，但是不容易懂。若是兩種人有同樣經驗，則祇要用手一指，便會喚起同樣的感受。但是禪師們所要傳達的，乃是超越一切感覺和理性的眞如體驗，就難乎其難了。

『禪體驗』在禪師本人的心中，已經難於捉摸；向他請教發問的人，又沒有過這種經驗，心智又未成熟，因此，就不可能實現傳遞的工作。祇有極少數的問道人，經過多年的訓練，在一種驟然的情況下，忽然明瞭了師傳的暗示，成了有『禪體驗』的人。所以禪宗的方法，是以心傳心，心如明鏡，明鏡若是對照，兩鏡自然直接地有照應。自心對眞如的體驗，引起另一心對眞如的體驗，兩心的體驗相同，自然可以會通。

然而問題還是在怎樣以自心的體驗引起別人心中的體驗。因爲這種禪體驗是超乎感覺和理智的，傳達的媒介也就不能是普通一般的傳達媒介，必定要是超乎理智的，而所傳遞的也不能用理智去領悟。胡適曾說：「平心而論，禪宗的方法，就是看人『自得之』，教人知道佛性本自具足，莫向外馳求，故不須用嘴來宣說什麼大道理。」⑽難處仍是怎樣可以使人『自得之』，禪師們便用一些不合常情的奇異方法，所謂『公案』，所謂『看話禪』、『默照禪』。

公案是禪師們對着機會所用的語言和動作，引起對話者的禪體驗，因而使得道大悟。

禪師們對於弟子們沒有定型的教法，祇隨時隨地予以暗示。臨濟錄記述一段事，後來成了禪宗公案的模型。孟祥森譯鈴木大拙的禪學隨筆，把故事譯成現在的白話，我把這段譯文抄在下面：

「臨濟在黃檗希運（歿於公元八五六年）門下做和尚，行業純一，當時的首座和尚認出了他的天才。有一天，首座問他來了多久，臨濟說三年，首座說：『你有沒有向師父參問過？』臨濟說：『沒有，因爲我不知道該問什麼。』首座說：『你可以問什麼是佛法大意。』臨濟就去見黃檗，把這問題照說一遍，可是話還未說完，黃檗舉棒便打。

臨濟退回來，首座問情況如何。臨濟說：『我話還沒說完就挨了一頓打，我不知道這是什麼意思。』首座說：『更去問』。結果得到的回答同上次一樣。首座又促他第三次去問，結果一點也沒有好轉。

他終於對首座說：『我聽你仁慈的勸告，三次發問，却三度被打。自恨愚蠢，不能領會此中的含義。我打算離開這裡到別處去了。』首座說：『如果你想離開，須得向和尚辭行。』

然後首座立卽暗地去見黃檗，說：『問話的那個後生，很是個成器的料子。他來辭行的時候，方便接他。日後穿鑿，會成一顆大樹，給天下人做蔭涼。』

當臨濟去向黃檗辭行時，黃檗告訴他只要向萬安灘頭大愚那裏去就行，因爲大愚會給他教訓。

臨濟就去見大愚。大愚問他從何處來？他說從黃檗處來。大愚問他黃檗告訴他些什麼，他說：『我三次問他是佛法大意，三次挨打。不知我有過無過。』大愚說：『黃檗眞慈悲得像個老婆子了，你却還頑愚得問你有過無過。』

這一提醒，臨濟突然大悟，叫道：『原來黃檗的佛法也不過如此！』大愚抓住他道：『你這個尿床小鬼！剛剛還說有過無過，現在却安膽說黃檗的佛法也不過如此了。究竟是怎麼回事？快說，快說！』臨濟不答。却在大愚肋下輕打了三拳。大愚推開他說：『你的師父是黃檗，與我什麼相干。』

臨濟告別大愚，又回到黃檗處，黃檗說：『這漢子來來去去，沒個了期！』

臨濟說：『只是因爲你老婆心切。』

行禮之後，臨濟站在黃檗一旁，黃檗問道這次他從何來。臨濟回答說：『昨天奉師父的慈命，去見大愚，從他那裏來。』詢問之下，他把同大愚的事講了一遍。

黃檗說：『這漢子來了非得痛打一頓不可。』

臨濟說：『不必等他來，現在就打。』說着就打了黃檗一掌。

黃檗說：『你這瘋巔漢好大膽子，敢來捋虎鬚！』

臨濟便喝，黃檗說：『侍者，把這瘋顚漢帶回參堂去。』

像這類的故事很快就傳遍了全國，因爲和尚們經常往來於各寺院，而這類故事就變成了和尚們討論的題材。後來，和尚們把這些故事稱爲『公案』，意思是『公開的文案』，或『法案』，是要禪僧們去做審查判斷的。」⑾

從這件故事公案裏，我們看得出禪師們用爲傳遞媒介的三件工具：棒、喝、話頭。棒是禪杖打，喝，是大聲罵，話頭，則是些不相關的話。

鈴木大拙說：「如我們在這些公案中所看到的，禪師們要達到的目標，不是同一個至高的實體之秘密的溝通，也不是催眠似的被吸入某個絕對體之中，也不是夢見某種神聖的景象，也不是把自己的自我遺忘於巨大的空虛之中，而所有各殊的事物消失殆盡，只留下無意識的空白。禪師們所致力的是使我們同生命實際接觸，親自感受它的脈動。如同眼睛接觸到光明時，即刻認知它是光明。當一個人具有了這如實的內在感受——西方的哲學家們，會稱之爲直觀知識或直接知識——禪師們就給他一個名字，稱之爲佛、菩薩、或大善知識。」⑿

我卻不完全同意鈴木大拙的意見；禪宗講悟道時，都講見性，性是自性，是眞如。六祖壇經說：「用自眞如性，以智慧觀照，於一切法，不取不捨，即是見性成佛道。」（般若品第二）這明明講眞如的體驗，是「同一個至高的實體之秘密的溝通。」然後同實際的日常生活接觸時，也是以眞如的體驗去看萬法，「於一切法，不取不捨，」即是說非有非空，沒有取捨。「若遇眞正善知識以巧方便直示眞如，用金剛慧斷諸位地煩惱，豁然曉悟」（神會語錄第一殘卷）這又明明說「直示眞如」，以眞如的體驗去斷煩惱；而不是僅僅直接和萬法接觸，體驗生命的脈動。在禪宗看來萬法的眞正存在和生存，就是眞如。要有在自己以內又在自己以外有了『眞如的體驗』，纔可以稱之爲佛。所以禪宗說：「當我們親證眞如時，全宇宙與我

自己合而爲一，這時主客不分，能所俱泯，情與無情共一體。」⒀

公案的運用，常是一些話頭，本來和所問或所講的沒有關係；但能暗示一種禪理，聽者突然在心內有反響而悟得這理。禪宗碧巖錄爲北宋奉化雪竇寺重顯禪師所著，紀有公案百則。有一則公案說：

「僧問趙州，承聞和尚親見南泉，是否？州云：鎭州出大蘿蔔頭。」

雪竇禪師對於這則公案作一頌：

「鎭州出大蘿蔔，天下衲孫取得，只知自古至今，爭辨鵠白烏黑。賊賊！衲僧鼻孔曾招得。」

不要爭辨黑白，不要斤斤去問見了誰沒有；然而在答「鎭州出大蘿蔔頭」，已經暗示他見到南泉，因爲他說出見到鎭州的一件實際的東西。然而這種解釋不是禪意識。

當初學禪的人向禪師問話時，禪師一定用一些不相關的話頭，或者不說話便揮杖打。對於話頭或杖打，不能用理智去解釋，祇能實際體驗禪理。若體驗不到，則是禪機尚未成熟。若是想用邏輯去解釋，則失去了禪的意識。

又有一則公案：

「僧問洞山：『如何是佛？』

洞山云：『麻三斤。』

圜悟著語云：『指槐罵柳。』

雪竇頌云：『金烏忽，玉兔速，善應何曾有輕觸。展事投機見洞山。……』」

圜悟又加註釋說，許多人尋找洞山說話的意思，那麼就使他們參到彌勒下凡，也永遠莫想了解洞山的眞意。洞山說話本來沒有意思，從什麼地方抓住他的意思呢？禪師的話頭，用意在指示問道的人不要用理智去想，要把他們平日生活中的理智生活，使他們超越自己的日常生活。日常生活的理智，好比一道牆，卽所謂染汚，擋住了心中的眞如，沒有辦法可以相通，打倒了理智的牆，纔可以有禪的體驗，但是說打倒理智的牆，並非毀了理智，鈴木大拙說：「根除無始以來卽在活動的整個心。」⑭此論有些過激，因爲眞如的體驗仍舊是用心去體驗，心卽是理智，祇不過不用分析和推論，而用直覺。直覺雖是一種心理作用，歸根還是『懂』，『懂』是心的作用。

「師（趙州）問南泉如何是道？泉云：『平常心是。』師云：『還可趣向不？』泉云：『擬卽乖。』師云：『不擬，爭知是道？』泉云：『道不屬知不知，知是妄覺，不知是無記。若眞達不疑之道，猶如太虛，廓然蕩豁，豈可強是非也。』師於言下頓悟玄旨，心如朗月。」（趙州和尚語錄卷上）

這裏說不可強說是非，道不屬於知不知，但是悟道以後，「心如朗月」，還是『心』明朗。禪宗的南禪，後來分出許多門，其中臨濟宗和曹洞宗在宋代時各有各的禪觀法門：一是看話禪，一是默照禪。看話禪是臨濟宗大慧宗杲所倡導，默照禪是曹洞宗的宏智正覺所提倡。看話禪專就古代禪師的話頭，久久參究，以致於悟道。宗杲（公元一〇八九——一一六三）教弟子們參趙州和尙的「狗子還有佛性也無」一則話頭的『無』。他自己說：「看話頭時，須是行也提撕，坐也提撕，喜樂哀樂時，應用酬酢時，總是提撕時節。提撕來，提撕去，沒滋味，心頭王刹，坐微塵裏轉大法輪。」（大慧普覺禪師語錄卷十八）參話頭便是公案，在黃檗希運時，已經開端，黃檗自己曾把趙州和尙的「狗子還有佛性也無」的話頭，作爲公案參究。恰如一團熱鐵相似，那時便是好處不得放舍，忽然心華發明，照十方刹，便能於一毛端現寶

默照禪由宋代正覺（公元一〇九一——一一五七）提倡，主張淸心潛神，默照內觀。他在所著

的默照銘說：「默默忘言，昭昭現前，鑒時廓爾，體處靈然。」宗杲反對默照禪，他說：「近來以來，有一種邪師說默照禪，敎人十二時中是事莫管，休去歇去，不得做聲。恐落今時，往往士大夫爲聰明利根所使者，多是厭惡閙處，乍被邪師輩指令靜坐，便以爲是，更不求妙悟，只以默然爲極則。」（答陳季任書。大慧普覺禪師語錄卷二十六）默照禪爲禪宗最初的禪法，菩提達摩曾面壁靜觀，可以視作先師。但是慧能則反對坐禪。

禪宗實行方法的特性，在於『不說破』所說的理，引弟子們疑慮，等到禪機成熟時，自然頓悟。所用的話頭常是矛盾的，或是無意義的話，它要在否定語言的一切意義時，肯定一個超越對立的眞理。

無門關一書錄禪宗事蹟四十八則。第一則爲「趙州狗子」：

「趙州和尚因僧問：『狗子還有佛性也無？』州云：『無！』

無門曰：參禪須參透祖師關，妙悟要窮心路絕。祖關不透，心路不絕，盡是依草依木精靈！且道：如何是祖師關？只是一個『無』字，乃宗門一關也。……莫有要穿過關底麼？將三百六十骨節，八萬四千毫竅，通身起個疑團，參個『無』字，晝夜提撕，莫作『虛無』會，莫作『有無』會。如吞了個熱鐵丸相似，吐又吐不出，蕩盡從前惡知惡覺。久久純熟，自然內外打成一片，如啞子得夢，只許自知，驀然打發，驚天動地。……盡平生氣力舉個『無』字，若不間斷，好似法燭，一點便著！」

這是看話禪的好寫照，在宋代成了禪的正宗。

吳經熊教授曾經說：「中國精神的最大特色，是不喜作有系統的觀念說明，我們最動人的詩，就是那些『言有窮而神無盡』的絕句，能夠用字、聲、色所表現的，都不是最眞實的。中國精神是超越了字、聲、色之上。它是借聲以說無響，借色以明無形，也就是借物質以烘托精神。」⒂他看出禪宗和道家老莊的關係。

胡適主張禪宗思想應該放在中國思想史中去解釋，他說：「禪是中國佛教運動的一部份，而中國佛教是中國思想史的一部份。只有把禪宗放在歷史的確當地位中，才能確當了解。這像其他哲學思想宗派是一樣的。」⒃他不主張禪是不合邏輯，非理性和超乎我們智性理解。

鈴木大拙答覆胡適說：「就我的意見看來，胡適代表第二種心態，（第一種能夠了解禪，因此有權對它做一些談論，另一種則完全不能領會禪是什麼。）還沒有適當的資格來就禪論禪。禪必須從內在去了解而不是從外在，……做一個歷史家，胡適知道禪的歷史環境，但卻不知道禪本身。大致上說，他未能認識到禪有其獨立於歷史的生命。」(17)鈴木大拙主張禪超越時空，超乎智性理解。

我認爲要知道中國禪宗的發展，應該從中國思想史去研究禪宗，禪宗的內容則須從內部思想去了解。凡是哲學思想不能脫離歷史，但思想的內容不能祇從歷史去看，一切天才的成就，都不能限於時空以內。

三、南禪的祖師

1. 慧能

慧能（惠能）雖被稱爲中國禪宗的第六祖，但他在禪宗史上卻有宗師地位的意義。因爲他肯定了『無念』爲禪宗的教法，『頓悟』爲悟道的法門。唐代和宋代的五門禪宗都由他而出，都奉行他的禪法。

慧能在二十餘歲時，往黃梅參見弘忍。弘忍問他：

他回答：

「汝何方人，欲求何物？」

「弟子是嶺南新州百姓遠來禮拜，惟求作佛，不求餘物。」

弘忍說：

「汝是嶺南人，又是獦獠，若爲堪作佛？」

慧能答說：

「人雖有南北，佛性本無南北，獦獠身與和尚身不同，佛性有何差別！」

（壇經行由品第一）

弘忍聽了「唯求作佛」和「佛性有何差別」，很賞識他，知道他利根高深，願意教導他。但是弘忍身邊許多弟子，着實輕看這個南蠻小子。弘忍便叫他到碓房碓米。後來當弘忍吩咐弟子作偈，神秀寫了四句（見七八六頁引），慧能反駁神秀，寫了四句：

「菩提本無樹，

明鏡亦非臺，
本來無一物，
何處惹塵埃。」

弘忍就因着這四句偈，看穿了慧能的心境，將衣鉢傳給了他。他經過許多年的流離，然後在廣州法性寺受戒，開始傳法，後來到韶州，住曹溪山；曹溪便成了慧能的禪號。慧能禪法留傳於後代有壇經；壇經爲慧能口說，弟子法海所集記。以往，明藏本壇經爲正本，後來，燉煌寫本發見了，又有日本與聖寺本、大乘寺本，各本互有出入，後出本修改了前有的本子。我們分三點來研究慧能的思想。

甲、自　性

壇經行由品第一說：

「大師告衆曰：善知識，菩提自性，本來清淨，但用此心，直了成佛。」

這是壇經所記第一次開緣說法的開場白，可見是慧能思想的起點。這四句話裏，可以分成兩段；第一段兩句，講自性；第二段兩句，講用自心。

『自性本來清淨』，乃是大乘的共同思想。自性爲涅槃，爲眞如。眞如本來清淨，沒有染汚，雖然大乘起信論以眞如有清淨一面，有染汚一面；然而染汚並不是眞如的本性。弘忍曾見神秀的偈後，指導神秀：

「無上菩提，須得言下識自本心，見自本性，不生不滅，於一切時中，念念自見，萬法無滯，一眞一切眞，萬境自如如，如如之心，卽是眞實。若如是見，卽是無上菩提之自性也。」（行由品第一）

慧能記下了這段話，他就相信這段話。這段話指示自性爲眞實，爲如如，因爲「一眞一切眞」。

「惠能曰：法師講涅槃經，明佛性是佛法不二之法。如高貴德王菩薩白佛言：『犯四重禁，作五逆罪，及一闡提等，當斷善根佛性否？』佛言：『善根有二：一者常，二者無常；佛性非常非不常，是故不斷，名爲不二。一者善，二者不善；佛性非善非不善，是名不二，蘊之與界，凡夫見二，智者了達，其性無二。』無二之性，卽是佛性。」（行由品第一）

自性卽是佛性，無分善惡，卽是超越善惡，超越常與不常，自性不是善根，善根是相對的，自性則是絕對。

「師陞座，告大衆曰：『……善知識，……當知愚人智人，佛性本無差別，只緣迷悟不同，所以有愚有智。』」（般若品第二）

佛性沒有差別，愚智相同。慧能在第一次參見弘忍時已經說出：「佛性本無差別。」

「一切卽一，一卽一切。」（般若品第二）

「善知識，……吾與說一體三身自性佛，令汝等見三身，了然自悟自性，總隨我道，於自色身，歸依清淨法身佛；於自色身，歸依圓滿報身佛；於自色身，歸依千百億化身佛。善知識，色身是舍宅，不可言歸。向者三身佛在自性中，世人總有。爲自心迷，不見內性，外覓三身如來，不見自身中有三身佛。汝等聽說，令汝等於自身中見自性有三身佛。此三身佛，從自性生，不從外得，何名清淨法身佛？世人性本清淨，萬法從自性生。思量一切惡事，卽生惡行，思量一切善事，卽生善行。如是諸法在自性中，如天常清，日月常明，爲浮雲蓋覆，上明下暗，忽遇風吹雲散，上下俱明，萬象皆現，……見性之人，亦復如是。此名清淨法身佛。……何名圓滿報身？譬如一燈能除千年暗，一智能滅萬年愚。莫思向前，已過不可得；常思於後，念念圓明，自見本性，善惡雖殊，本性無二，無二之性，名爲實性。於實性中，不染善惡，此名圓滿報身佛。……何名千百億化身？若不思萬法，性本如空，一念思量，名爲變化。思量惡事，化爲地獄；思量善事，化爲天堂。……自性變化甚多，迷人不能省覺，念念起惡，常行惡道。回一念善，智慧卽生，此名化身佛。善知識，法身本具，念念自性自見，卽是報身佛。從報身思量，卽是化身佛。」（懺悔品第六）

慧能對於人人悉有佛性，說得明白。佛性卽是人的自性，自性卽是佛，本來清淨。每人身內有心，「心是地，性是王，王居心地上。性在王在，性去王無。性在身心存，性去身心壞。」（疑問品第三）自性既在心內，自性又既是佛，則三身佛也在身內。三身佛是佛性的三面，不宜外求，總祇從自己內身求。自性是佛性，佛性無二，所以說「本性無二，無二之性，名爲實性」。

一個和尚，名叫智通，讀楞伽經千餘遍，還不懂三身四智的意思，來求慧能解釋。慧能說：

「三身者，清淨法身，汝之性也；圓滿報身，汝之智也；千百億化身，汝之行也。若離本性，別說三身，卽名有身無智。若悟三身無有自性，卽名四智菩提。

聽吾偈曰：

自性具三身，發明成四智，不離見聞緣，超然登佛地。

吾今爲汝說，諦信永無迷，莫學馳求者，終日說菩提。」（機緣品第七）

慧能的思想常是一貫，在答另一和尚志道時，也是同樣的思想。志道說一切眾生有二身。一是色身，一是法身。色身無常，有生有滅；法身有常，沒有知覺。色身滅時，四大分散，是死的苦，不可說樂。法身寂靜，如同瓦石，也不能受樂。那麼寂滅爲樂，究竟什麼身受樂呢？寂滅既不樂，則不如生；然而輪廻轉生，又爲涅槃所禁，究竟什麼境況是樂呢？

慧能答說：

「汝是釋子，何習外道！斷常邪見，而議最上乘法？據汝所說：卽色身外別有法身，離生滅求於寂滅，又推涅槃常樂，言有身受用，斯乃執吝生死，耽著世樂。汝今當知佛爲一切迷人，認五蘊和合爲自體相，分別一切法爲外塵相。好生惡死，念念遷流，不知夢幻虛假，枉受輪迴。……聽吾偈曰：

無上大涅槃，圓明常寂照，凡愚謂之死，外道執爲斷。……
惟有過量人，通達無取捨。以知五蘊法，及以蘊中我。
外現衆色像，一一音聲相，平等如夢幻。
不起凡聖見。不作涅槃解，二邊三際斷，常應諸根用，
而不起用想。分別一切法，不起分別想。
刼火燒海底，風鼓山相擊，眞常寂滅樂，
涅槃相如是。……」（機緣品第七）

慧能排斥二身之說，當然也排斥三身之說，他以三身爲一，就是人的本體，本體就是眞如。在這一段對話裏，有一點應特別注意，卽關於寂滅的解釋。死不是寂滅，因爲死後還要轉生，寂滅則再不生。寂滅是入涅槃，入涅槃就是見性。涅槃乃是常樂；「此樂無有受者，亦無不受者，」（同上）不是色身不受樂，也不是法身受樂，而是本體，本體是自性，自性就是『常樂我淨』。

慧能對於佛性的『常』，也有自己的解釋。

「師（慧能）曰：『無常者，卽佛性也；有常者，卽一切善惡諸法分別心也。』曰：『和尚所說，大違經文。』師曰：『吾傳佛心印，安敢違於佛經！』曰：『經說佛性是常，和尚却言無常；善惡諸法乃至菩提心，皆是無常，和尚却說是常，此卽相違，令學人轉加疑惑。』師曰：『涅槃經，吾昔聽尼無盡藏讀誦一遍，便爲講說，無一字一義不合經文，乃至爲汝，終無二說。』曰：『學人識量淺昧，願和尚委曲開示。』師曰：『汝知否？佛性若常，更說什麼善惡諸法，乃至窮劫，無有一人發菩提心者，故吾說無常，正是佛說眞常之道也。又，一切諸法若無常者，即物物皆有自性，容受生死？而眞常性有不徧之處，故吾說常者，是佛說眞無常義。』」（頓漸品第八）

佛以涅槃佛性爲常，諸法爲無常，常不生不滅，無常有生有滅。這是因爲眾生執着諸法爲有常，佛乃說無常，爲破諸法之無常，歸於涅槃佛性之常。慧能卻因爲僧人聽了佛所說，便執着萬法爲無常，遂說萬法是常；僧人都執着佛性爲常，遂說佛性無常。歸根還是大乘「般若」、「華嚴」所說非常非不常亦常亦不常，慧能另外又有一種理由，他以佛性無常，是從萬法都有佛性方面去說；萬法有變，人可以發菩提心，則佛性在萬法中爲無常。又從萬法的變去看，萬法的自性皆不變，否則自性有生滅，故說萬法爲常。但這祇是一種說法，實際上仍舊是自性常在，不生不滅。祇是要破除執着的偏見。「故於涅槃了義教中，破彼偏見，而顯說眞常眞樂眞我眞淨。」（同上）

乙、頓悟

「我於忍和尙處，一聞言下便悟，頓見眞如本性，是以將此教法流行，令學道者頓悟菩提，各自觀心，自見本性。」這是慧能自己的話，他傳頓悟的禪法。慧祖爲南禪的師祖，南禪主張頓悟，北禪祖師神秀主張漸悟。壇經「護法品」記述慧能批評北禪的話。傳說武則天曾遣使迎接慧能進京，慧能不往，使臣薛簡向慧能請教。

「薛簡曰：『京城禪德皆云：欲得會道，必得坐禪習定，若不因禪定而得解脫者，未之有也。未審師所說法如何？』

師曰：『道由心悟，豈在坐也。經云：昔言如來若臥，是行邪道。何故？無所從來，亦無所去，無生無滅，是如來清淨禪。諸法空寂，是如來清淨坐。究竟無證，豈況坐耶！』……

簡曰：『如何大乘見解？』

師曰：『明與無明，凡夫見二，智者了達，其性無二。無二之性，卽是實性。實性者，處凡愚而不減，在聖賢而不增，住煩惱而不亂，居禪定而不寂。不斷不常，不來不去，不在中間，及其內外，不生不滅，性相如如，常住不遷。』」(護法品第九)

所記事蹟，未必是史事，多係後來徒眾所撰。然而所寫慧能的對話，則是慧能的思想。

慧能主張頓悟，根基在於佛性在自己以內，佛性不二，常住不遷。禪是使人悟性，悟性爲見性，見性在於以心見性。

「智常一日問師曰：『佛說三乘法，又言最上乘，弟子未解，願爲敎授。』師曰：『汝觀自心，莫著外法相。法無四乘，人心自有等差，見聞轉誦是小乘，悟法解義是中乘，依法修行是大乘，萬法盡通，萬法具備，一切不染，離諸法相，一無所得，名最上乘。』」（機緣品第七）

「一大事者，佛之知見也。世人外迷著相，內迷著空，於相離相，於空離空，卽是內外不迷。若悟此法，一念心開，是謂開佛知見。佛，猶覺也，分爲四門：開覺知見，示覺知見，悟覺知見，入覺知見，若聞開示，便能悟入。卽覺知見，本來眞性而得出現。……汝今當信佛知見者，只汝自心，更無別佛。蓋爲一切衆生，自蔽光明，貪愛塵境，外緣內擾，甘受驅馳。便勞他世尊，從三昧起，種種苦口，勸令寢息，莫向外求，與佛無二，故云開佛知見。吾亦勸一切人，於自心中，常開佛之知見。」（機緣品第七）

自性眞如，本來清明，祇爲塵埃所蔽；若能撥開塵埃，「本來眞性而得出現」。我以爲慧能之禪爲中國人的禪，在儒家的思想裏早有這種根底。大學講『明明德』，明德是人性自來光明，但常爲私欲所掩蔽；因此修身大道，在於使『明德』光明。中庸講『誠』，天德是誠，人德在於『誠之』。『誠之』即是使人性或人心的天德顯明。中庸和大學的思想很可以啟發慧能的頓悟說。

普通一般人，執著外物的相，以相爲有；僧人聞道卻執着一切爲空；無論執有執空，都不是正道。大乘講非有非空，非不有非不空，以及到究竟空。慧能說：「於相離相，於空離空，一念心開，即見佛性，即是頓悟。」

神秀主張住心、觀淨，慧能反對。神秀門人志誠曾到慧能處聽講，慧能問他：

「汝師若爲示衆？對曰：常指誨大衆、住心，觀淨，長坐不臥。師（慧能）曰：住心觀淨，是病非禪，常坐拘身，於理何益？聽吾偈曰：

生來坐不臥，死去臥不坐，

一具臭骨頭，何爲立功課？」（頓悟品第八）

神秀主張用工夫，靜坐觀自心的清淨，以達到悟道。慧能則主張任其自然，心毫無所拘。若是以觀淨爲主要工夫，則心就拘留在觀淨上。心要無住處，身體也要沒有拘束。心本來不動，何必要靜？心本可光明，何以要觀？慧能以神秀的住心觀淨乃是一種病態，不是禪法的本來面目。

志誠又去訴慧能，神秀注意修行戒、定、慧。

「師曰：『吾聞汝師教示學人戒定慧法，未審汝師說戒定慧行相如何？與吾說看！』

誠曰：『秀大師說：諸惡莫作名爲戒，諸善奉行名爲慧，自淨其意名爲定。彼說如此，未審和尚以何法誨人？』

師曰：『吾若言有法與人，卽爲誑汝。但且隨方解縛，假名三昧。如汝師所說戒定慧，實不可思議也！吾所見戒定慧又別。』

志誠曰：『戒定慧只合一種，如何更別？』

師曰：『汝師戒定慧接大乘人，吾戒定慧接最上乘人，悟解不同，見有遲疾。汝聽吾說，與彼同否，吾所說法，不離自性，離體說法，名爲相說，自性常迷。須知一切法，皆從自性起用，是眞戒定慧法，聽吾偈曰：

心地無非自性戒，心地無癡自性慧，
心地無亂自性定，不增不減自金剛，
身去身來本三昧。』」（頓悟品第八）

「師示衆云：此門坐禪，元不看心，亦不看淨，亦不是不動。若言看心，心原是妄，知心如幻，故無所看也。若言看淨，人性本淨，由妄念故，蓋覆眞如。但無妄想，性自清淨。起心看淨，却生淨妄。」（坐禪品第五）

慧能的禪法，總歸在自性，自性顯現，立卽成佛。他繼續指示志誠和尚說：

「見性之人，立亦得，不立亦得，去來自由，無滯無礙，應用隨作、應語隨答，普見化身，不離自性，卽得自在神通，遊戲三昧，是名見性。

志誠再啓師曰：如何是不立義？

師曰：自性無非，無癡，無亂，念念般若觀照，常離法相，自由自在，縱橫盡得，有何可立？自性自悟，頓悟頓修，亦無漸次。所以不立一切法，諸法寂滅，有何次第？

志誠禮拜，願爲執侍，朝夕不懈。」（頓漸品第八）

慧能的禪法就是沒有禪法。他沒有一定的規律和次第，祇是隨機指導；這是南禪的特點。實際上，這種不立一定的法，也就是慧能的禪法。他是主張「無一法可得，方能建立萬法。」（同上）

丙、無　念

慧能的禪法，常注重一個無字。他的禪法，是一種無法。

「若悟自性，亦不立菩提涅槃，亦不立解脫知見。無一法可得，方能建立萬法。若解此意，亦名佛身。」（同上）

慧能認爲自性佛身，本來光明，又認爲人心，本來清淨，祇要恢復心的本來面目，自性便自然顯現，卽見自性。

「何名摩訶？摩訶是大，心量廣大，猶如虛空，無有邊畔，亦無方圓大小，亦非青黃赤白，亦無上下長短，亦無瞋無喜，無是無非，無善無惡，無有頭尾。諸佛刹土，盡同虛空。世人妙性本空，無有一法可得。自性眞空，亦復如是。善知識，莫聞吾說空便卽着空。第一莫着空！若空心靜

坐，卽着無記空。」（般若品第二）

慧能的『無念』，以『自性眞空』爲根基，以『心量廣大，猶如虛空，』爲用。在這上面他建立了『無念』的禪法，敎人莫執着空，卽是在空一切中又空這個空，心完全不住一處。

「善知識，內外不住，去來自由，能除執心，能修此行，與般若經本無差別。」（般若品第二）

六祖壇經反覆解說『心無住』，重覆指示不求一定方法。慧能稱這種沒有方法的方法爲『無念』。

「師示衆云：善知識，本來正敎，無有頓漸。人性自有利鈍，迷人漸修，悟人頓契，自識本心，自見本性，卽無差別，所以立頓漸之假名。

善知識，我此法門，從上以來，先立『無念』爲宗，無相爲體，無住爲本。

無相者，於相而離相；無念者，於念而無念；無住者，人之本性。……

善知識，於諸境上，心不染，曰無念。於自念上，常離諸境，不於境上生心。……

善知識，無者無何事？念者念何物？無者無二相，無諸塵勞之心。念者念眞如本性。眞如卽是念之體，念卽是眞如之用。眞如自性起念，非眼耳鼻舌能念。眞如有性，所以起念。」（定慧品第四）

慧能的『無念』，按照他自己的解釋，不僅是心無住，於念無念，而且有積極的方面，以念眞如爲念，以眞如自起的念爲念。

在消極方面，『無念』，以『無相爲體，無住爲本。』所謂『無相』，卽是『於相離相』，不講空，不講不空，因爲一講，心便繫着，『離相』不講相，也不想有相無相。所講『無住』，是心不住於任何想念上。然而又不要斤斤地去實踐無相無住，一斤斤地實踐，心又有所繫了。「若百物不思，當令念絕，卽是法縛，卽名邊見。」（般若品第二）一切要任其自然，「自在解脫」，「來去自由」。

「善知識，悟無念法者，萬法盡通；悟無念法者，見諸佛境界；悟無念法者，至佛地位。」（般若品第二）

無念在積極方面，是念眞如。所謂念眞如，不是去想，或去思念眞如，而是眞如自己顯現自己。眞如爲心的本性，本來光明清淨，一旦心除去了染汚，眞如自然顯明自己。所以說：「眞如自性起念，非眼耳鼻舌能念。眞如有性，所以起念。」眞如自己顯現自己，說是在心中起念，實則是『見性』。既見了自性眞如，當然就「萬法盡通」，「見諸佛境界」，「至佛地位」。

「說通及心通，如日懸虛空，
唯傳見性法，出世破邪宗。」（般若品第二）

得見佛性，到佛境地，心便虛空；然而這種虛空，不是寂滅，而是對於世物，沒有一點牽掛，同時在一切事上，得見本性眞如。因此，修禪的人，隨處可修，隨事可修，不必隱居深山，不必時刻長望天空。

「善知識，若欲修行，在家亦得，不由在寺。在家能行，如東方人心善；在寺不修，如西方人心惡。但心淸淨，卽是自性西方。」

韋公又問：在家如何修行？願爲教授。

師言：『吾與大衆說無相頌，但依此修，常與吾同處無別。若不作此修，剃髮出家，於諸道何益？』頌曰：

心平何勞持戒？行直何用修禪？
恩則孝養父母，義則上下相憐。
讓則尊卑和睦，忍則衆惡無喧。
若能鑽木取火，淤泥定生紅蓮。
苦口的是良藥，逆耳必是忠言。
改過必生智慧，護短心內非賢。
日用常行饒益，成道非由施錢。
菩提只向心覓，何勞向外求玄。
聽說依此修行，天堂只在目前。」（疑問品第三）

慧能的禪，是自心見性，也見事物本性。所以在一切事物上都有『禪體驗』。不能說頓悟不講修行，平日便一切隨喜，破除一切倫常道德。平日行事，必守戒律；但不以守戒律爲求頓悟之方要，戒律是人平日生活之道，求禪者也必是善人。若已悟道，並不能說便超越倫常道德，一切任意而爲，更是要事事得其道，顯出『萬法盡通』。而且也不是脫離一切人事，形同枯木，變成社會上無用的人。

「善知識，智慧觀照，内外明徹，識自本心。若識本心，卽本解脫。若得解脫，卽是般若三昧。般若三昧，卽是無念。何名無念？知一切法，心不染著，是爲無念。用卽徧一切處，亦不著一切處。」（般若品第二）

「見一切法，心不染着，」「用卽徧一切處，亦不着一切處」知通一切法，行遍一切處；但是知和行，都不著在任何念上，任何事上。

「使六識出六門，於六塵中無染無雜，來去自由，通用無礙，卽是般若三昧，自在解脫。」（般若品第二）

這種解脫，不祇求入涅槃，而是在一切事上，安於涅槃。這不是通常人所能辦到的。保全六識的作用，而要出離六識的境，無染無雜，這眞談何容易。看來很簡單，實則難乎其難。

「師示衆云：一行三昧者，一切處行坐臥，常行一直心是也。淨名經云：

『直心是道場，直心是淨土。』」（定慧品第四）

在一切事上，都行直心。直心是以眞如之知見，應付一切事。然而又不能以直心爲號召，「常坐不動，妄不起心。」那又是「障道因緣」，不是『無念』。「心不住法，道卽通流；心若住法，名爲自縛。」（同上）

無念，卽是不住法。

「無念者，於念而無念。無住者，人之本性。於世間善惡好醜，乃至寃之與親，言語觸刺欺爭之時，並將爲空，不思酬害。念念之中，不思前境。若前念今念後念，念念相續不斷，名爲繫縛。於諸法上，念念不住，卽無縛也。此是以無住爲本。」（定慧品第四）

慧能的思想注重『無』，在他的第一首偈就表現出來：「菩提本無樹，明鏡亦非臺，本來無一物，何處惹塵埃。」這首偈說明慧能認定心本無物，也指出慧能的頓悟說。心本來沒有物，便無所謂塵埃，就用不着勤於拂掃的漸悟工夫。後來禪宗習慣用無心的名詞。北禪神秀教人觀淨，注意自心的不淨，而看本心眞如的淨。這一來就在心理上分成了兩個心：一個是個別的心，一個是眞心眞如，禪法在于滅除個別的心，使眞心眞如得顯現。但是這種兩心的分別，阻礙人直接和眞心眞如相通，常要經過個別的心以到眞如。慧能不讚成這種禪法，他主張人心就是眞心眞如，沒有兩個心，也沒有兩個性，自性就是眞如，自心也就是眞如。所以他主張無念。無念也就是無心，不念自己個別的心，直接見自性。

人心的自性就是眞如，眞如爲人心的自性，自性也就是人心的自體。自體生來有用，用爲工作，自體的工夫是自己顯現自己，卽是自己認識自己，體就是用，用就是體，體用不二。慧能說：「眞如自性起念」，自性起認識。因此，心能直接見自性，不透過以「自心爲空爲假」的念而到見性。這就是無念無心。

「所以，自慧能以後，禪家便充分發揮這種用的哲學；因此，問問題的人便挨耳光，受脚踢，受杖擊或挨駡，弄得糊里糊塗，也使無知的旁觀者覺得莫明其妙。雖然慧能似乎避免實際應用這種用的哲學，但是前面所說的那種對學禪者的粗野方式，卻是始於慧能的。」[18]

2. 神會

神會宏揚了慧祖的禪法，又替慧祖爭取了『六祖』的名號，奠定了南禪的正統地位。但是他的門下沒有出過大師，胡適說：「神會費了畢生精力，打倒了北宗，建立了南宗爲禪門正統，居然成了第七祖。但後來禪宗大師都出於懷讓和行思兩支的門下，而神會的嫡嗣，除了靈坦和宗密之外，很少大師。臨濟雲門兩宗風行以後，更無人追憶當日出死力建立南宗的神會和尚了。……然而神會的影響始終還是最偉大的，最永久的。他的勢力在這一千二百年中始終沒有隱沒。因爲後世所奉爲禪宗唯一經典的六祖壇經，便是神會的傑作。壇經存在一日，便是神會的思想勢力存在一日。」⒆

壇經是不是神會的傑作，乃是考據學上一大問題。壇經現存本上標明唐釋門人法海錄。但是就內容和各本差異去研究，壇經應是先後集成的，不成於一人之手，而且有過修改和補充。全唐文卷七一五，韋處厚（死於公元八二六）的「興福寺內供奉大德大義禪師碑銘」說：「洛者曰會，得總持之印，獨曜瑩珠。習徒迷眞，橘枳變體，竟成壇經傳宗，優劣詳矣。」所謂傳宗，在燉煌本壇經中說明壇經爲僧人法海所集記，禪宗爲傳法，「遞相敎授一卷壇經，不失本宗。」傳遞壇經，成爲傳遞法統的形式。神會的門人傳遞壇經以傳宗，並不一定說壇經爲神會或神會的門人所記。至於胡適說壇經內容和神會語錄內容有相同的地方，雖然可以說壇經用神會的話，也可以說神會語錄用壇經的話。師弟兩人，思想相同，語錄有些地方相同，在中國古代學術史上，不是罕有的事。何況禪宗最重師承，弟子用老師的話，乃合情合理。不過，壇經和神會及神會門下的關係一定很密切。有人說神會門下用壇經代替「法衣」，

以傳宗，這也是可能的。(20)

神會的遺集語錄，從燉煌石窟裏找到，胡適曾作了一篇「神會傳」，後來出版了神會和尚遺集。

甲、定慧一體不二·頓悟

神會語錄說：

「哲法師問：云何是『定慧等』義？

答：念不起，空無所有，名正定。能見念不起，空無所有，名爲正惠。卽定之時是惠體，卽惠之時是定用，卽定之時不異惠，卽惠之時不異定，卽定之時卽是惠，卽惠之時卽是定。何以故？性自如故。卽是定惠等學。」（胡校本。頁一二九）

『定慧等』的思想，在壇經裏很明顯，胡適就據以說壇經是神會作的。

「師示衆云：善知識，我此法門，以定慧爲本。大衆勿迷，言定慧別。定慧一體，不是二。定是慧體，慧是定用。卽慧之時定在慧，卽定之時慧在定。若識此義，卽是定慧等學。諸學道人，莫言先定發慧，先慧發定，各別。作此見者，法有二相。口說善語，心中不善，空有定慧，定慧不等。若心中俱善，內外一如，定慧卽等。」（定慧品第四）

神會的思想和慧能相同。慧能常主張體用合一，對於定慧，以定爲體，以慧爲用，「定慧一體，不是二」。慧能所說的定，不是指着心的境況，他不主張以修行去求心定，因爲他認爲心的自性是定，用不着去求。因此他主張定爲體，慧爲用。慧是明覺，心的自性本來光明，自然明覺，明覺便是心的自性之本來面目。這樣定慧便是自性本體。神會說：「何以故？性自如故。」定慧既是一體，「卽定之時卽是惠，卽惠之時卽是定。」自性的本體是定，自性的本體又是慧，定慧常是卽等。

這一個主張和禪法，和北禪神秀的禪法相異。神秀教人習戒定慧，分三種層次，「諸惡莫作名爲戒，諸善奉行名爲慧，自淨其意名爲定。」（壇經頓漸品第八）慧能責斥這種修行爲「實不可思議」，他想像不到神秀以這種禪法教人。

這種定慧一體的主張，卽是頓悟的主張，『自性』本來光明，本來安定，本來清淨，用不着去拂拭塵埃，用不着去住心觀淨。神會語錄說：

「問：『何者是大乘禪定？』

答：『大乘定者：不用心，不看心，不看淨，不觀空，不住心，不澄心，不遠看，不近看，無十方。不降伏，無怖畏，無分別，不沉空，不住寂，一切妄相不生，是大乘禪定。』

問：『何不看心？』

答：『看卽是妄，無妄卽不看。』

問：『何不看淨？』

答：『無垢卽無淨，淨亦是相，是以不看。』（胡校本。頁一五一～一五二）

神秀教人看心看淨，慧能和神會都反對。因爲他們師弟認爲『自性』本來光明，不用看就自然明覺。『看』便是人心是主動，自性眞如是被動，人心是主體，眞如是客體，這樣分成了兩體，『看卽是妄』。淨是形容詞是相，是相對詞，淨對不淨。自性看如本來清淨無垢，不能用淨去代表，更不能去看淨。

「然此法門，直指契要，不假繁文。但一切衆生，心本無相。所言相者，並是妄心。何者是妄？所作意住心，取空取淨，乃至起心求證菩提涅槃，並屬虛妄。但莫作意，心自無物，卽無物心，自性空寂，空寂體上，自有本智，用知以爲照能。故般若經云：『應無所住而生其心。』應無所住，本寂之體。而生其心，本智之用。但莫作意，自當悟入，努力努力。」（胡校本。頁一〇二）

寂爲本，智爲用，也就是定爲體，慧爲用。神會的話和慧能的話互相默契。師弟兩人都極力主張『但莫作意』，又都攻擊神秀『取空取淨』，『並屬虛妄。』

神會極力宣揚慧能的『頓悟』，使成爲南禪的特點，也成爲中國禪宗的特點。

「和尙云：世間有不思議者，出世間亦有不（思）議。世間不思議者，若有布衣頓登九五，卽是世間不思議。出世間不思議者，十信初發心，一念相應，便成正覺。於理相應，有何可怪？此明頓悟不可思議。」（胡校本。頁一〇〇）

頓悟的理由，在於自性本來光明，定慧一體，寂智不二。心中一無所念，自性便自然顯現，人便得正覺。

「志德法師問：『禪師今教衆生，唯求頓悟，何故不從小乘漸脩？未有昇九重之臺，(豈)不由階漸而能登者？』答：『恐畏所登者，不是九層之臺，恐畏登著土堆胡塚。若實是九層之臺，此是頓悟義。念于頓中登九層之臺，要籍階漸，(終)不向(漸)中而立漸義。理智兼擇，謂之頓悟。不由階漸而解，自然故，是頓悟義。自心從本已來空寂者是頓悟。卽心無所住爲頓悟。存法悟心，心無所得是頓悟。知一切法是頓悟。聞說空，不著空，卽不取不空，是頓悟。聞說我，不著我，卽不取無我，是頓悟。不捨生死而入涅槃，是頓悟。故經云：『有自然智，無師智。』理發者向道疾，外修者向道遲，出世有不思議事，聞說者卽生驚疑。在世不思議事有頓悟，信不？』」(胡校本。頁一三〇)

神會解釋頓悟，以頓悟在於心無所住。當然不執着有，也不執着空。心有自然智。

乙、自然．無念

心有自然智，因心從本已來空寂，本來光明。心若不被煩惱染汚，心自然光明顯耀。

神會以無明和佛性同屬自然。

「問：無明若爲自然？

答：無明與佛性俱是自然而生。無明依佛性，佛性依無明。兩相依，有則一時有。覺了者卽佛性，不覺了卽無明。涅槃經云：『如金之與礦，一時俱生。』得遇金師，鑪冶烹鍊，金之與礦，當時各自。金卽百鍊百精；礦若再鍊，變成灰土，金卽喻於佛性，礦卽喻於煩惱。煩惱與佛性，一時而有。」（胡校本。頁九八——九九）

涅槃經以佛性能有染汚，大乘起信論以眞如有眞如和生滅二門，都是和「無明與佛性俱是自然而生」。所謂「自然而生」，所注意者不是『自然』而是『生』，卽是說無明和佛性都是自然的，佛性爲自性本體。無明依在自性本體上。

但所謂『自然』，神會說明不是道家的自然。

「問：『若無明自然者，莫不同於外道自然耶？』

答：『道家自然同，見解有別。』

問：『若爲別？』

答：『如釋門中佛性與無明俱自然，何以故？一切萬法皆依佛性力故。所以一切法皆屬自然。如道家自然，道生一，一生二，二生三，三生萬物。從一以下，萬物皆是自然。因此見解不同。』」（胡校本。頁九九）

佛性自然和無明自然，兩者意義不同。佛教人從來不以佛性就是無明，也不以無明就是佛性。祇是神會以佛性和無明都是自然而生。

「別駕（馬擇）言：『應帝庭僧皆說因緣，不說自然；天下道士唯說自然，不說因緣。』

答：『僧立因緣，不立自然者，僧之愚過。道士唯立自然，不立因緣者，道士之遇（愚）過。』

別駕云：『僧家因緣可知，何者是僧家自然？道家自然可知，何者是道家因緣？』

答：『僧家自然者，衆生本性也』。又經云：『衆生有自然智，無師智。』謂之自然。道士因緣者，道生一，一生二，二生三，三生萬物，因道而生。若其無道，萬物不生。今言萬物者，並屬因緣。』」（胡校本。頁一四三）

佛性是自性，因爲佛性是眾生本性。無明由佛性而生，猶如萬物由道而生。然而這並不是說無明由佛性本性而生，祇是說無明的本體是佛性，沒有佛性，無明不能存在。所以說道生萬物，和佛性生無明，意義不同。

神會不管無明的自然，但很注意佛性的自然。佛性卽是自性本體，自然光明：因此他的禪法，和慧能的禪法一樣，以無念爲宗。

「嗣道王問：『無念法是凡人修，是聖人修？若是聖人修，何故勸凡夫修無念法？』

答：『無念法是聖人法。凡夫修無念法，卽非凡夫。』

問：『無者無有云何？念者念何別？』

答：『無者無有云然，念者唯念眞如。』

問：『念與眞如有何差別？』

答：『無差別。』

問：『旣無差別，何故言念眞如？』

答：『言其念者，眞如之用。眞如者，念之體。以念義故，立無念爲宗。

> 若見無念者，雖具見聞覺知，而常空寂。』」（胡校本，頁一二九）

「無念爲宗」也是六祖壇經的主張，神會對無念的解釋，也和壇經一樣。難怪胡適主張壇經爲神會的傑作。

無念卽是『自然』，在禪法上講自然，心不住着任何思念，不執着任何方法，一任自然。在頓悟方面，眞如自然顯明，不能去求，也用不着去求。這是六祖慧能的獨到處，神會完全了解了老師的妙法。

> 「問：『若爲得解？』
>
> 答：『但得無念卽是解。』
>
> 問：『若爲生是無念？』
>
> 答：『不作意是無念。無念體上自有智命，本智命卽是實相。諸佛菩薩用無念以爲解脫法身，恆沙三昧一切諸波羅蜜悉皆具足。』」（胡校本。頁一〇一）

「不作意是無念」，便是無心。自心空虛，不執着一個意念，不想自己要作這個，要作那個，事件都順乎自然，又順乎物理，理事不離，便能在心中見性。無念則心空，心空則眞如自然顯現。「無念體上自有智命，本智命卽是實相。」實相爲眞如，眞如本性光明智慧；無念顯眞如本體，眞如本體自有智命。

「張燕公問：『禪師常說無念法，勸人修學，未審無念法有無？』

答：『無念法不言有，不言無。言其有者，卽同世有；言其無者，卽同世無。是以無念不同有無。』

問：『喚作是物（勿）？』

答：『不喚作是物（勿）。』

問：『作物（勿）生是？』

答：『亦不作物（勿）生。是以無念不可說，今言說者，爲對問故；若不對問，終無言說。譬如明鏡，若不對像，鏡中終不現像。今言現像者，爲對物故，所以現像。』

問：『不對像照？（若不對像，照不照）』

答：『今言照者，不言對與不對，俱常照。』

問：『旣言無形像，復無言說，一切有無，皆不可立。今言照者，復是何照？』

答：『今言照者，以鏡明故有此性，以衆生心淨故自然有大智惠光，照無餘世界。』

問：『作沒生得見無物，見無物喚作是物？』

答：『不喚作是物。』

問：『既不喚作物，何佛性？』

答：『見不見無物是眞見常見。』」（胡校本，頁一一五——一一六）

問客張燕公越問越不得要領，我們普通人看神會的答覆也是越看越糊塗。既然要有對像，鏡中纔現像，後來又說沒有對鏡的像（物）。既說見得無物，無物便是所見的對象，又說無物不是物。但要我們進入神會的思想裏，便要懂得他答話的道理。無念，第一不要執着任一想念，不論有，不論空，都不能執着。所以「無念法不言有，不言無。」人心本來空寂，自然見自性眞如，因爲眞如本來光明，自然顯現自己。眞如是無物，顯現在心中，心便見得無物。眞如不是物，因此，無物不能稱爲物。「以衆生心淨故自然有大智惠光」，大智慧光是眞如，衆生本來心淨，眞如自然顯現，便自然有大智慧光。

「和上言：見無念者，六根無染。見無念者，得向佛智。見無念者，名爲實相。見無念者，中道第一義諦。見無念者，恆沙功德，一時等備。見無念者，能主一切法。見無念者，卽攝一切法。」（胡校本。頁一二三）

這是述說見無念的功效和境界。見無念者卽是頓悟者，卽是得正覺的人、成佛的人。神會講『見無念者』的功效和境界，和他講『頓悟』的功效和境界相同。因爲頓悟就是見無念者，見無念者就是得頓悟的人。

「又經云，一切衆生，本來涅槃無漏智性，本自具足。欲善分別自心現與理相應者，離心意識，離五法三自性八識二無我，離外見內見，離有無二法，畢竟平等，湛然常寂，廣大無邊，常恆不變。何以故？本自性淸淨體不可得故。如是見者，卽得本性。若人見本性，卽坐如來地。如（是）見者，離一切諸相，是名諸佛。如是見者，恆沙妄念，一時俱寂，（如）是見者，恆沙淨妙功德，一時等備。如是見者，名無漏智。如是見者，名一字法門。如是見者，六度圓滿。如是見者，名法眼淨。如是見者，爲無所得，卽眞解脫，卽同如來知見，廣大深遠，無差別故。如是知者，是如來應正遍知。如是見者，放大智惠光，照無餘世界。所以者何？世界者，卽心也。心空寂，更無餘念，故言照無餘世界。」(胡校本。頁一三二——一三三)

「如是見者」，指的「見無念者」。見無念者，應該離開心意識，離開一切佛法，離開內見外見，心要是完全平的。

「堅如金剛，毫微不動。縱見恆沙佛來，亦無一念喜心；縱見恆沙衆生一時俱滅，亦不起一念悲心。此是大丈夫，得空平等心。」(胡校本。頁一三三)

能够達到這個境界，談何容易？禪宗雖不談修行，然所謂修行，是指爲修得『悟』。至於日常生活則禪宗非常嚴肅，嚴肅不在外面，而在精神生活掃除對外界一切貪欲，然後纔能頓悟。所以慧能說他的無念頓悟是爲最上乘人的，神會說是爲聖人的。

丙、佛性

頓悟所見的是佛性，佛性爲眞如。佛性又是自性，又是心，卽是眞心。佛性本來淸靜，本來光明，自有大智慧光。

「心本無相。所言相者，並是妄心。」（胡校本。頁一〇二）

佛性卽是心，心本空寂，不能有相。若說有相，乃是人的妄心。凡人的心都是妄心。

「問：本有今無偈『本有今無，本無今有，三世有法，無有是處。』其義云何？

答：涅槃經云：本有者，本有佛性；今無者，今無佛性。

問：旣言本有佛性，何故復言今無佛性？

答：今言無佛性者，爲被煩惱蓋覆不見，所以言無。本無今有，本無者，本無煩惱；今有者，今日具有煩惱。縱使恆沙大劫煩惱，亦是今有。三世有法，無有是處，謂佛性不繼三世。

問：佛性何以不繼三世？

答：佛性體常故非生滅法。」（胡校本。頁一〇三——一〇四）

佛性本有，而且常有，不生不滅。但能爲煩惱染汚所蓋覆，凡夫乃不見心中佛性。然而涅槃經也說煩惱爲本有。神會答說那祇是對凡夫，才說煩惱爲本有，因爲凡夫總以五蘊色身爲本。佛性則「不生不滅。不生不滅故，得稱爲常，以常故，得稱爲本。」（胡校本。頁一〇七）『常』，又稱爲無常，又稱爲空虛。

「眞法師問：『云何是常義？』

答：『無常是常義。』

問：『今問常義，云何答無常義？』

答：『因有無常，而始說常；若其無常無，常亦無常義。以是義故，得稱爲常。譬如長因短生，短生因長立。若其無長，短亦不立。事相因故，義亦何殊？又，法性體不可得是常義。又虛空亦常義。』

問：『何故虛空是常義？』

答：『虛空無大小，無中邊，是故稱常義。謂法性體不可得，是不有。能見不可得體，湛然常寂，是不然，是以稱(常)義。』」（胡校本。頁一〇九）

神會解釋佛性的常。常是對於無常而言，因有無常的萬法，乃說佛性的常。佛性空虛，不可得。超過時間和空間，故稱爲常。常是『湛然常寂』。

「魏郡乾光法師問：『何者是佛心，何者是衆生心？』

答：『衆生心是佛心，佛心是衆生心。』

問：『衆生心與佛心旣無差別，何故言衆生言佛？』

答：『約不了人論有衆生有佛，若其了者，衆生與佛元（原）不別。』」

（胡校本。頁一二四）

佛心是眞心，卽是眞如。人人都有佛性，佛性乃是人心的眞心。衆生心雖是妄心，具有煩惱染汚，然衆生心的本性卽是眞心，也就是佛心。所以說衆生心是佛心。然而衆生心是佛心，是就本體上說；若就實際上說，兩者有差別，因衆生心有煩惱染汚。當然這種染汚，也就是佛心的染汚。所以說佛性和煩惱互相依。

神會有時稱佛性爲道，老子以道不可道，神會也說佛性不可言。對佛性有所言論，都是有人問佛性怎樣，在答覆時，不能不言。

「鄭濬問：『云何是道？』

答：『無名是道。』

問：『旣無名是道，何故言道？』

答：『道終不自言，言其道者，爲對問故。』
問：『道既假名，無名是眞不？』
答：『亦非眞。』
問：『無名既非眞，何故言無名是？』
答：『爲有問故，始有言說。若不有問，終無言說。』」（胡校本。頁一二七）

老子和莊子的議論，出乎常情之外，像是詭辯。禪宗的對答，更出乎常情，不可懂。佛性不可說，超乎言語文字。禪宗便主張不立文字。

「常州司戶元忠直問：『云何爲空，云何爲不空？』
答：『眞如之體不可得，名爲空。能見不可得體，湛然常寂，有恆沙之用，故能不空。』」（胡校本。頁一三四）

佛性眞如，不可感覺，不可思議，故稱爲不可得體。不可得，是看不到，聽不到，想不到，感覺得不到，意識也得不到。

「蔣山義法師問：『一切衆生皆有眞如之性，中間或有見或有不見，云何是差別？』

答：『衆生雖有如是眞如之性，亦如摩尼之寶，雖含光性，無人摩治，終不明淨。差別之相亦復如是。一切衆生不遇佛菩薩善知識教令發心，終（不）能見。』」

「義聞法師問：『雖說眞如無有形相，使我衆生云何得入？』

答：『眞如之相，卽是本心，雖念無有能念可念，雖說無有能說可說，是名得入。』」（胡校本。頁一三四——一三五）

慧能曾在一舉成名的偈詞裏說，如不執本心，塵埃無處可住，又何必拂拭，神會卻又說眞如爲煩惱所染汚，須要摩治，又說如同金礦，須要治摩才成金子，這不是互相矛盾嗎？其實是自兩方面去看。自眞如本身看，本來光明；自煩惱方面看，眞如具有染汚。染汚須要破除，破除稱爲摩治或治摩。但是這種治摩，不能循階梯漸進，而是一念頓悟。

「羅浮懷廸師問：『一切衆生本清淨，何故染生死法而不能出離三界？』

答：『謂不覺自體本來空寂，又隨妄念而起結業。受生造惡之徒，蓋不可說。修道之輩於此法亦迷，唯種人天因緣，不求究竟解脫。人不遇諸

佛菩薩眞正善知識，何由免得輪廻等苦？』」（胡校本。頁一三六）

凡人不懂解脫法，愈陷愈深，輪廻不已。須要菩薩和善知識的人去指點；禪宗便重師師相承，乃成祖師禪。

「又問：『諸佛成道，皆因智覺，今離智覺，何者是道？』

答：『道體無物，復無比量，亦無智覺照用，又動不動法：不立心地意地，亦無去來，無內外中間，復無處所，非寂靜，無定亂，亦無空名，無相、無念、無思，知見不及，無證者，道性俱無所得。』

又問：『無所得，知見不及，云何而得解脫？』

答：『三事不生，是卽解脫。』

又問：『云何三事不生？』

答：『心不生卽無念，智不生卽無知，慧不生卽無見，通達此理者，是卽解脫。』

又問：『心智旣有，云何不生知智見是無念？』

答：『言心定，不言自定，卽是無念。定則更無分別，卽是無智。慧定諸見不生，是卽無見。非因果法，通達無我，明知生者妄生，滅者妄滅。』

又問：『諸佛皆言因得成佛道，今云言非因法，云何得成師師相授？』

答：『大乘言下悟道，初發心時，便登佛地，無去來今，畢竟解脫。』

問：『何者是大乘禪定？』

答：『大乘禪定者：不用心，（不看心），不看淨，不觀空，不住心，不澄心，不遠看，不近看，無十方。不降伏，無怖畏，無分別，不沈空，不住寂，一切妄相不生，是大乘禪定。』

問：『云何不用心？』

答：『用心卽有，有生卽滅，無用卽無，無生無滅。』

問：『何不看心？』

答：『看卽是妄，無妄卽不看。』

問：『何不看淨？』

答：『無垢卽無淨，淨亦是相，是以不看。』

問：『云何不住心？』

答：『住心卽假施設，是以不住，心無處所。』（胡校本。頁一四九——一五二）

引用這一長段問答文，可以作神會禪法的總結。神會和慧能的思想和禪法同出一轍。眾生有佛性，佛性有染汚。爲破除染汚，不能自作聰明，想出許多辦法，而祇是完全自然地使佛性顯現。佛性本來光明，本來清淨，本來空寂，佛性顯於心中，卽登佛地，進入涅槃境界，具有智慧和一切法。

胡適說：「當日南北宗之爭，根本之點只是北宗重行，而南宗重知，北宗重在由定發慧，而南宗則重在以慧攝定。故慧能神會雖口說定慧合一，其實他們只認得慧，不認得定。此中國思想史上的絕大解放。禪宗本已掃除了一切文字障和儀式障，然而還有個禪定在。直到南宗出來，連禪定也一掃而空，那纔是澈底的解放了。」（胡校本。頁五一）

慧能、神會所否定的定，是靜心的定，定是由外面方法所成的。他們師徒倆人以佛性本來光明，本來清淨，本來空寂，一有智慧光，就有定。不能求定以定，而是自然的定。「不沉空，不住寂，一切妄相不生，是大乘禪定。」

3. 北禪神秀

爲能明瞭南宗禪法的特性，應該把北宗神秀的禪法加以簡要說明。(21)

神秀爲弘忍的及門弟子，曾爲弟子中的上座。他的思想在他所呈於弘忍的偈詞中表現得很清楚。

「身是菩提樹，心如明鏡台，
時時勤拂拭，勿使惹塵埃。」

傳說五祖弘忍看了這首偈詞，深夜三更，喚神秀去見，告訴他還未見到本性，祇到門外，無上菩提，不能尋覓，而是言下識自本心，見自本性。

弘忍的話，錄於六祖壇經，想來是慧能派爲支持南宗的禪法，假口五祖弘忍。否則當日若弘忍如此教導神秀，神秀必不能後來再樹北宗。

神秀沒有著作，弟子們則記錄了他的思想。現在從燉煌發現的佛書裏，有神秀的大乘無生方便門、大乘五方便北宗、無題、觀心論、大乘北宗論。

神秀死於神龍二年（公元七〇六年），稱大通禪師。他有兩個大弟子：一個普寂，一個義福。義福死於開元二十四年，謚爲大智禪師；普寂死於開元二十七年，謚爲大照禪師。

北宗禪法在初授禪法時，講得很明白。

「問：『佛子，心湛然不動，是沒？言：淨。佛子，諸佛如來有入道大方便，一念淨心，頓超佛地。』

和（尚）擊木，一時念佛。

和（尚）言：『一切相總不得取，所以金剛經云：凡所有相，皆是虛妄。看心若淨，名淨心地。莫卷縮身心，舒展身心，放曠遠看，平等盡虛空看。』

和（尚）問言：『見何物？（佛）子云：一物不見。』

和（尚）：『看淨，細細看。卽用淨心眼，無邊無涯際遠看，（和言問）無障礙看。』

和（尚）問：『見何物？』答：『一物不見。』

和（尚）：『向前遠看，向後遠看，四維上下一時平等看，盡虛空看，長

用淨心眼看，莫問斷亦不限多少看。使得者，然(能)身心調，用無障礙。』」(大乘無生方便門)

這篇授法的問答，說明北宗禪法的中心點在於『看』。『看心若淨』，『放曠遠看』，『看淨』，『向前遠看，向後遠看，四維上下一時平等看，盡虛空看。』這種『看』有如華嚴宗和天台宗的『觀』。禪宗主張反觀自心。北宗則主張也向心外去看，向自己心內去看『淨』，向外面一切法去看『平等』，總歸於『盡虛空看』。

「問：『緣沒學此方便？』

答：『欲得成佛。』

問：『將是沒成佛？』

答：『將淨心體成體。

是沒是淨心？

淨心體猶如明鏡，從無始已來，雖現萬像，不曾染着。今日欲得識此淨心體，所以學此方便。』

問：『是沒是淨心體？』

答：『覺性是淨心體。比來不覺，故心使我；今日覺悟，故覺使心。所以使伊邊看，向前向後，上下十方，靜鬧明暗，行住坐臥俱看。故知覺卽是主，心是使。所以學此使心方便，透看十方界，乃至無染卽是菩提樹。……』

和（尚）言：『三點是何？（佛）子云：是佛。是沒是佛？佛心清淨，離有離無，身心不起，常守眞心。是沒是眞如？心不起，心眞如。色不起，色眞如。心眞如故心解脫，色眞如故色解脫。心色俱離，卽無一物是大菩提樹。』（無題）

神秀當然屬於大乘，以本體眞如是淨心體，猶如明鏡。又以人的解脫在於身心不起，身代表色，卽是物質，心代表精神。「心眞如故心解脫，色眞如故色解脫，」這一切都須要定「心不起，色不起」。所謂定，是「覺使心」不是「心使我」。覺爲眞如，心爲人心；定是人心爲眞如所攝。這一點，慧能和神會的南宗也同樣地主張。所不同的，則是神秀講求去尋覓『定』，慧能和神會則不主張尋覓『定』。神秀爲求『定』，修行『離念門』。離念爲淨心；慧能，神會則標明『無念』爲宗。『離念門』的修行爲『看心』、『看淨』、慧能、神會反對看心看淨，實行直見自性。

五方便門的第二門是「開智慧門」或「不動門」。

「和尚打木，問言：『聞聲不？（答）聞，不動。此不動是從定慧方便，是門慧門，聞是慧。此方便，非但能發慧，亦能正定，是開智門，卽是智——是名開智慧門。若不得此方便，正（定）卽落邪定，貪著禪味，墮二乘涅槃。以（已）得此方便，正定卽得圓寂，是大涅槃。智用是知，慧用是見，是名開佛知見。知見卽菩提。』

問：『是沒是不動？答：心（意）不動，是定，是智，是理。耳（等五）根不動，是色，是事，是慧。……是名開智慧門竟。』（大乘無生方便門）

這不動的根據在於體用合一，五根是體，聞見是用。有眼便應常見，有耳便應常聽，不論有沒有可見的物和可聽的聲。因此，聽見聲音時，心意不動。這樣一來，有聲音和沒有聲音一樣，「滅六識而證入空寂涅槃」。從這種六識體用一體而到定慧，也應該一樣，慧能神會以定爲體，以慧爲用，定慧爲一體，不求定也不求慧。神秀卻以智慧爲體，知見爲用，智慧和知見一體，於是要求智慧。爲求智慧乃修『定』。

五方便門的後三門爲：第三「不思議門」，第四「明諸法正性門」，第五「了無異門」。

無題一書，總敍五門：

「問：『緣沒學（爲什麼）學此方便？』答：『欲成佛。』問：『將是沒成佛？』答：將淨心體成佛。……學此使心方便，透看十方界，乃至無染卽是菩提路』——初門。

問：『不動，是沒不動？』

答：『聞聲不動。……由六根不起故，一切法不取捨。』——二門。

『由一切法不取捨故，口不議，心不思。由不思不議故，一切法如如平等；須彌芥子平等，大海毛孔平等，長短自他平等。』——三門。

『由一切平等故，現一切法正性。於正性中，無心無意無識，無意故無思惟，無識故無分別』——四門。

『無動念是大定，無思惟是大智，無分別是大慧。大定是法身佛，大智是報身佛，大慧是化身佛。三法同體，一切法無異。清淨無障礙，覺覺相應畢竟不間斷，永無染著，是無礙解脫道。』——五門。」

五門本從四祖道信的「安心方便」，可以說是禪宗的傳統的法門，也是大乘天台華嚴的止觀法門。五門分層而進，漸漸登高，由不動心到一切法平等，到無分別，到三法同體，畢竟不間斷，無永染着，乃得解脫。

慧能、神會則起一大革命，打破層次的修行，破除分析的理論。傳說慧能不識字，全憑自己心裏的體驗，以一包括一切，一念頓悟，具有一切法。

神秀從定入慧，爲求定，他修行戒、定、慧，修行坐禪。大乘無生方便門記述初學禪法受戒。

「各各蹹跪合掌，當教令發四弘願。

次請十方諸佛爲和尚等。次請三世諸佛菩薩等。

次教受三歸。

次問五能。

次各稱已名，懺悔罪。

汝等悔懺竟，三業清淨，如淨玻璃，内外明徹，堪受淨戒。菩薩戒是持心戒，以佛性爲戒。性心瞥起，卽違佛性，是破菩薩戒。護持心不起，卽順佛性，是持菩薩戒。」

禪宗所授受的戒，爲菩薩戒，在持心不動。受戒以先，應懺悔罪。慧能、神會都反對這種修行。慧能說：

「心平何勞持戒？
行直何用修禪？」（壇經，疑問品第三）

「凡夫不會，從日至夜，受三戒歸，若言歸依佛，佛在何處？若不見佛，憑何所歸？」（壇經，懺悔品第六）

慧能以心自然平了，何必去持戒！所謂戒既不能見佛，有何益處？對於懺悔，慧能說：

「但向心中除罪緣，各自性中眞懺悔。
忽悟大乘眞懺悔，除邪行正卽無罪。
學道常於自性觀，卽與諸佛同一類。」（壇經，懺悔品第六）

慧能所注意的，只在於見自性，見自性卽自然清淨無罪。神會對於懺悔也不讚成：

「牛頭山寵禪師問：『懺罪滅不？』

答：『見無念者，業不自生，何計妄心，而更別懺滅之？滅卽是生。』

問：『云何是生？』

答：『生者，生於滅也。』」（胡校本。神會和尙遺集，頁一三五——一三六）

見無念者，卽是成正覺的人，自然不生惡言惡行，爲什麼要懺悔？心一起懺悔，則是有念，反而生惡了。

關於坐禪，慧能說：

「此門坐禪，元不看心，亦不看定。……善知識，何名坐禪？此法門中，無障無碍，外於一切善惡境界。心念不起，名爲坐，內見自性不動，名爲禪。善知識，何爲禪定？外離相爲禪，內不亂爲定。」（壇經，坐禪品第五）

神會說：

「若教人『凝心入定，住心看淨，起心外照，攝心看內證』者，此是鄣菩

提。今言坐者，念不起爲坐。今言禪者，見本性爲禪。所以不教坐身住心入定」（胡本。頁一七五）

北禪，不僅是神秀和他的門人修行，從佛教史乘，例如五燈會元就可以看到其他北宗的禪師。爲結束北宗禪這一節，可以引壇經的一段事，作爲結束。

「禪者智隍，初參五祖，自謂已得正受，庵居長坐，積二十年。師（慧能）弟子玄策，遊方至河朔，聞隍之名，造庵問云：『汝在此作什麼？』

隍曰：『入定。』

策云：『汝云入定，爲有心入耶，無心入耶？若無心入者，一切無情草木瓦石，應合得心；若有心入者，一切有情含識之流，亦應得定。』

隍曰：『我正入定時，不見有有無之心。』

策云：『不見有有無之心，卽是常定，何有出入？若有出入，卽非大定。』

隍無對。良久，問曰：『師嗣誰耶？』

策云：『我師曹溪六祖。』

隍云：『六祖以何爲禪定？』

策云：『我師所說，妙湛圓寂，體用如如。五陰本空，六塵非有，不出不入，不定不亂，禪性無生，離生禪想，心如虛空，亦無虛空之量。』

隍聞是說，徑來謁師。

師云：『仁者何來？』

隍具述前緣。

師云：『誠如所言！汝但心如虛空，不著空見，應用無礙，動靜無心，凡堅情忘，能所俱泥，性相如如，無不定時也。』

隍如是大悟。」（壇經，機緣品第七）

4. 馬祖道一

禪宗自神會在滑臺建立慧能爲六祖後，禪宗的正派在南方。南方禪都宗慧能，分而爲五，祖系分明。慧祖的弟子中有五大宗匠！青原行思、南嶽懷讓、荷澤神會、南陽慧宗、永嘉玄覺。然五人中在後代流傳最久的，又算懷讓和行思。神會生時聲望很高，但弟子中沒有人能傳他的心學，後來遠的弟子中雖有宗密和澄觀，然都歸於華嚴宗。懷讓門下衍流出臨濟宗、潙仰宗、法眼宗，雲門宗；行思門下出曹洞宗。

我們從許多的大禪師裏，選擇五宗的大師，用他們的語錄，使他活現在我們眼前。懷讓隱居南嶽，造成許多宏揚禪法的弟子。弟子中以馬祖道一和百杖懷海爲最著。馬祖開棒喝顯機用的禪法，創立臨濟宗的特點，懷海也受他的影響。

馬祖名道一，卒於唐德宗貞元四年（公元七八八年）年八十歲，應該生於武后景龍三年（公元七〇九年），道一是漢州什邡縣人。容貌奇偉，俗姓馬，人們尊稱馬大師；後世又稱他爲馬祖。死後，唐憲宗謚他爲大寂禪師。權德輿作「唐故洪州開元寺石門道一禪師碑銘並序」，年幼時他在本色羅漢寺出家，爲成都淨寺金和尚無相的弟子。開元中，往南嶽住傳法院坐禪，遇懷讓。

「問曰（懷讓）『大德坐禪圖什麼？』

師曰：『圖作佛。』

讓乃取一磚，於彼庵前磨。

師曰：『磨磚作麼？』

讓曰：『磨作鏡。』

師曰：『磨磚豈得成鏡？』

讓曰：『磨磚旣不成鏡，坐禪豈得成佛耶？』

師曰：『如何卽是？』

讓曰：『如牛駕車，車不行，打車卽是？打牛卽是？』

師無對。

讓又曰：『汝爲學坐禪，爲學坐佛？若學坐禪，禪非坐臥；若學坐佛，佛非定相，於無住法，不應取捨。汝若坐佛，卽是殺佛。若執坐相，非達其理。』

師聞示誨，如飲醍醐，禮拜問曰：『如何用心卽合無相三昧？』

讓曰：『汝學心地法門，如下種子。我說法要譬彼元澤，汝緣合故，當見其道。』」（江西馬祖道一禪師語錄）

懷讓識才，知道他是法器，因此開導他。他聽了懷讓的話，知是遇到高明，便誠心領教。所以他繼續問。

「又問曰：『道非色相，云何得見？』

讓曰：『心地法眼，能見乎道，無相三昧亦復然矣。』

師曰：『有成壞否？』

讓曰：『若以成壞聚散見道，非見道也。聽吾偈曰：心地含諸種，遇澤悉皆萌，三昧華無相，何壞復何成？』

師蒙開悟，心意超然，侍奉十秋，日益玄奧。」（同上）

天寶初年，道一住建陽（福建建陽縣）的佛跡嶺，聚徒教化。後往臨川（江西臨川縣）的西山，南康的龔公山。大曆年間，移住洪州（江西南昌）開元寺。人稱「洪州宗」。門州弟子很多，以百丈懷海爲最著。懷海門下後來出了潙仰和臨濟兩宗。

甲、平常心是道

道一宏教時，懷讓還活着，一天，問弟子說道一爲眾說法否。眾答已爲眾說法。懷讓怪他多年沒有消息，乃派一徒弟去看，吩咐徒弟說：「俟伊上堂時，但問『作麼生』？待渠有語，記取來。」

「僧依照往問之。

師曰：『自從胡亂後，三十年不少鹽醬。』」（同上）

懷讓認為得法。懷讓教訓他的禪法，為慧祖的頓悟。『心地法眼，能見乎道。』道一後來傳宗，卽是『唯指佛心，卽心是佛。』

「祖（道一）示衆云：汝等諸人，各信自心是佛，此心卽佛。達摩大師從南天竺國來，躬至中華，傳上乘一心之法，令汝等開悟。又引楞伽經，以印衆生心地。恐汝顚倒不自信此心之法各各有之，故楞伽經云：佛語云爲宗，無門爲法門。」（同上）

語錄中的第一段道一自己的話，就可以說是他的法門宗旨。他的宗旨，在於『自心是佛。』

「夫求法者，應無所求，心外無別佛，佛外無別心。……聽吾偈曰：

心地隨時說：菩提亦只寧。

事理俱無礙，當生卽不生。」（同上語錄）

頓悟的禪法，就是『應無所求。』因為自心是佛。

「示衆云：道不用脩，但莫汚染。何爲汚染？但有生死心，造作趨向，皆是汚染。若欲直會其道，平常心是道，何謂平常心？無造作，無是非，無取捨，無斷常，無凡無聖。經云：非凡夫行，非聖賢行，是菩薩行。只於今行住坐臥，應機接物，盡是道。道卽是法界，乃至河沙妙用，不出法界。」（同上語錄）

平常心卽是佛，一個人要能不自作聰明去想辦法追求禪悟，一切任憑心的自然流露，便能得禪悟。得禪悟的人，又要在日常生活中自視超凡，斷絕一切關係，成爲枯槁的人。吳經熊教授說：「這裏強調的日常生活，正和老莊的思想一致，也形成了以後禪師們的一個極爲重要而普遍的原則。馬祖和他最親近的學生南泉普願都以『平常心是道』爲教義。」(22)

『平常心是道』，怎麼樣去發掘呢？這就是用頓悟禪法，頓悟禪法在於見心的佛性。

「故云：如空無所依，心生滅義，心眞如義。心眞如者，譬如明鏡照像，境喻於心，像喻諸法。若心取法，卽涉外因緣，卽是生滅義；不取諸法，卽是眞如義。聲聞聞見佛性，菩薩眼見佛性，了達無二，名平等性，性無有異，用則不同。在迷爲識，在悟爲智。順理爲悟，順事爲迷。迷卽迷自

家本心，悟卽悟自家本性。一悟永悟，不復更迷。……本有今有，不假修道坐禪。不修不坐，卽是如來清淨禪。」（同上語錄）

佛性是自己本性，人祇要不迷失自心，便能成菩薩眼見自性。

「大珠初參，祖師問曰：『從何處來？』

曰：『越州大雲寺來。』

祖曰：『來此擬須何事？』

曰：『來求佛法。』

祖曰：『自己寶藏不顧，拋家散走作什麼？我這裡一物也無？求什麼佛法？』

珠遂禮拜問曰：『阿那個是慧海自己寶藏？』

祖曰：『卽今問我者是汝寶藏，一切具足，更無欠少，使用自在，何假外求。』

珠於言下自識本心，不由知覺，踊躍禮謝。」（同上語錄）

佛性在自己心內，是自己的寶藏，自識本心，就可成佛，何假外求？

「大梅山法常禪師初參祖，問曰：『如何是佛？』

祖曰：卽心卽佛。

常卽大悟。」（同上語錄）

同一段記錄中，記錄法常後來居大梅山，馬祖派遣一個僧人去看他，告訴他說馬師近日不講『卽心卽佛』，卻講『非心非佛』。法常說：

「這老漢惑亂人，未有了日。任汝非心非佛，我只管卽心卽佛。其僧回舉似祖。祖云：梅子熟也。」（同上）

『卽心卽佛』乃是敎理，然不能執著這項敎理，否則，心就有所偏，便是邪道，所以該講『非心非佛』。

「僧問：『和尚爲甚麼說卽心卽佛？』

祖曰：『爲止小兒啼。』

曰：『啼止如何？』

祖曰：『非心非佛。』

曰：『除此二種，人來如何指示？』
祖曰：『向伊道不是物。』
曰：『忽遇其中人來時如何？』
祖曰：『且教伊體會大道。』」（同上語錄）

禪宗重在不立文字，講論禪法時說來說去，都不能達意，祇是勉強說一說。道一說即心即佛，只是爲初學禪法的人，講一講，其實則是『不是物』。然而這種道理不容易懂，也不容易被接受。

「龐居士問祖云：『不與萬法爲侶者是什麼人？』
祖曰：『待汝一口吸盡西江水，即向汝道。』
又問祖云：『不昧本來人，請師高着眼。』
祖直下覷。
士云：『一種沒弦琴，唯師彈得妙。』
師直上覷。士乃作禮。禮歸方丈。士隨後入曰：『適來弄巧成拙。』
又問：『如水無筋骨能勝萬斛舟，此理如何？』

祖曰：『這裡無水亦無舟，說甚麼筋骨。』」(同上語錄)

「一口吸盡西江水」，象徵禪道的廣和深。雖是說平常心卽是佛，這其中道理卻不平常，決不是常人所可通。

乙、公案

我們看六祖壇經和神會語錄，其中的問答，都一問一答，很合情理；雖是禪理不平易，但總還可懂所答的話。馬祖的語錄裡和碧巖錄所記的馬祖公案，則有許多問答，答非所問，語意奇特，而且有時用『棒』用『喝』。這種禪法作風，後來造成南禪的特色。

「鄧隱峯辭祖，祖曰：『甚處去？』
云：『石頭去。』
祖曰：『石頭路滑。』
云：『竿木隨身，逢場作戲。』
便去。纔到石頭，乃遶禪牀一匝，振錫一下。問：『是何宗旨？』
頭曰：『蒼天蒼天。』

峰無語。却回舉似祖。

祖曰：『汝更去見他道蒼天蒼天，汝便噓兩聲。』

峰又去。一依前問。頭乃噓兩聲，峰又無語，歸舉似祖。

祖曰：『向汝道，石頭路滑。』」（同上語錄）

石頭禪師希遷，傳承青原行思，爲當時南禪一位大師。從上段公案中，可見馬祖道一和石頭希遷都開始不着形跡，用象徵暗示的方法。道一說：「石頭路滑」，不易追踵。希遷說馬祖「蒼天蒼天」，無法可攀。

「洪州水老和尚，初參祖，問：『如何是西來的意？』

祖云：『禮拜。』

老纔禮拜，祖便與一蹋。老大悟，起來撫掌，呵呵大笑，云：「也太奇！也太奇！百千三昧無量妙義，只向一毛頭上，便識得根源去。』便禮拜而退。

後告衆云：『自從一喫馬師蹋，直至如今笑不休。』」（同上語錄）

脚一蹋老和尚，和尚頓悟，這就是禪宗的公案。沒有道理可以解釋，祇能由悟道人去體悟。所問西來意，是問達摩祖師西來意，即是問，何爲佛？

「僧問：『如何得合道？』

祖曰：『我早不合道。』

問：『如何是西來意？』

祖便打。曰：『我不打汝，諸方笑我也。』」(同上語錄)

「僧問祖云：『請和尚離四句絕百非，直指某甲西來意。』

祖云：『我今日無心情，汝去問取智藏。』

其僧乃問藏。藏云：『汝何不問取和尚？』僧云：『和尚令某甲來問上座。』

藏以手摩頭，云：『今日頭痛，汝去問海師兄。』其僧又去問海。海云：

『我這裏却不會』。僧乃舉似祖。祖云：『藏頭白，海頭黑。』」(同上語錄)

碧巖錄第七十三則錄有這段公案，題一頌曰：

「藏頭白海頭黑，明眼衲僧會不得，

馬駒踏殺天下人，臨濟未是白拈賊。

離四句絕百非，天上人間唯我知」

馬祖要教訓這個僧人，所問的問題沒有答案，祇是去實行，所以說自己沒有時間作答。僧人問智藏，藏以爲行了一天，頭都痛了，不能作答。百丈懷海更說自己剛開始實行，不知道作答。三個人都不答卻都又答了。

「馬大師與百丈行次，見野鴨子飛過。
大師云：『是什麼？』
丈云：『野鴨子。』
大師云：『什麼處去也？』
丈云：『飛過去也。』
大師遂扭百丈鼻頭，丈作忍痛聲。
大師云：『何曾飛去。』
馬祖次日陞堂，衆纔集，百丈出卷拜席，馬祖便下座，歸方丈次，問百丈云：『我適來上堂，未曾說法，你爲什麼便卷卻席？』
丈云：『昨日被和尚扭得鼻孔痛。』

祖云：『你昨日向什處留心？』
丈云：『今日鼻頭又不痛也。』
祖云：『你深知今日事。』
丈乃作禮，欲歸侍者寮哭。同事侍者問云：『你哭作什麼？』
丈云：『你去問取和尚。』
侍者遂去問馬祖。祖云：『你去問取他看。』
侍者却歸寮問百丈，丈却呵呵大笑。侍者云：『你適來哭，而今爲什麼却笑？』
丈云：『我適來哭而今却笑，看他悟後，阿轆轆地，羅籠不住，自然玲瓏。』」（碧巖錄，第五十三則）

這段公案顯出師徒似乎有些瘋顚的神氣，但就在這種奇特的神氣裏，禪的體驗乃能實現。馬祖問鴨子飛往何處？按禪理說無所謂飛過去或飛往何處，祇有一個飛字。百丈卻答飛過去也。馬祖扭鼻頭敎訓他。他次日覺悟了，乃呵呵大笑。

「馬大師不安，院主問：和尚近日，尊候如何？」

大師云：『日面佛，月面佛。』」

宋朝雪竇和尚作一頌：

『日面佛，月面佛，五帝三皇是何物？
二十年來曾苦辛，爲名幾下蒼龍窟！
屈，堪述，明眼衲僧莫輕忽。』」（碧巖錄，第三節）

道一答院主的話成了一個公案。昔日達摩祖師面壁而坐，十年求禪。道一卻說每天的事，在於『日面佛，月面佛。』白天黑夜都祇見到佛，太陽像佛，月亮像佛。有似乎小孩的天然。

「丹霞天然禪師再參祖，未參禮，便入僧堂內，騎聖僧（文殊佛像）頸而坐，時大衆驚愕，遽報祖。祖躬入堂視之曰：『我子天然。』霞卽下地禮拜曰：『謝師賜法號，因名天然。』」（馬祖道一語錄）

道一的禪法，卻是天然，沒有做作，沒有自想辦法。日是佛，月是佛，自心便是佛。

「峰（鄧隱峰）一日推土車次，祖展脚在路上坐。峰云：『請師收足。』

祖云：『已展不收。』

峰云：『已進不退。』

乃推車碾過，祖脚損，歸法堂，執斧子云：適來碾損老僧脚底出來！』

峰便出，於祖前引頸。祖乃置斧。』」(同上語錄)

禪師徒一片天眞，絕似小孩，似乎是老莊所說的『赤子之心』。這種赤子無邪之心，乃可頓悟禪理？

「有講僧來，問曰：『未審禪宗傳持何法？』

祖却問曰：『座主傳持何法？』

主曰：『忝講得經論二十餘本。』

祖曰：『莫是獅子兒否？』

主曰：『不敢。』

祖作噓聲。主曰：『此是法。』

祖曰：『是什麼法？』

主曰：『獅子出窟法。』

祖乃默然。主曰：『此亦是法。』
祖曰：『是什麼法？』
主曰：『獅子在窟法。』
祖曰：『不出不入，是什麼法？』
主無對，遂辭出門。祖召主：『座主。』主回首。祖曰：『是什麼？』主亦無對。祖曰：『這鈍根阿師。』」（同上語錄）

鈍根的人纔問何者是禪法，又勉強以各種行態屬於何法。道一卻說：『不出不入』，他是沒有甚麼法，祇是天然，直觀心性。

5. 石頭希遷和弟子

甲、石頭希遷

南嶽石頭希遷禪師，端州高要人，俗姓陳，生於武后久視元年（公元七〇〇年）卒於唐德宗貞元六年（公元七九〇年）壽九十歲。他和馬祖道一同時，他參禮青原行思，道一參禮南嶽懷讓。希遷著有草庵歌，現存於景德傳燈錄，又有參同契，存於五燈會元。

「一日原問師，（青原問希遷）曰：『有人道嶺南有消息。』

師曰：『有人不道嶺南有消息。』

曰：『若恁麼大藏小藏從何而來？』

師曰：『盡從這裏去。』

原然之。」（五燈會元卷五，青原思禪法嗣）

禪法已不從嶺南來，而是從南嶽往外傳。當時懷讓和行思，都由南嶽發跡，後來道一在江西，希遷在湖南，共爲南禪的大師，從他們兩位大師，後來形成了南禪的五宗。

希遷在天寶初年，在衡山南寺的東方，有一塊大石頭像一座臺，在石臺上結庵而居，號稱石頭和尚。他在參同契裏說：

「根有利鈍，道無南北。……執事元是迷，契理亦非悟。門門一切境，回互不回互。回而更相涉，不爾依位住。色本殊質象，聲元異樂苦。……吾之法門，先佛傳授，不論禪定精進，唯達佛之知見，卽心卽佛，心佛、衆生、菩提、煩惱，名異體一，汝等當知自己心靈，體離斷常，性非垢淨，湛然圓滿，凡聖齊同，應用無方，離心意識。三界六道，唯自心現，水月鏡像，豈有生滅。汝能知之，無所不備。」（同上）

希遷的參同契，有點道教的氣味。參同契本是道教魏伯陽的書名，希遷性好道家，但不失禪宗面目。他以爲禪宗不分南北，都應該在自然，不執事，不契理。即心卽佛，一切平等。

「時門人道悟問：『曹溪意旨誰人得？』
師曰：『會佛法人得。』
曰：『師還得否？』
師曰：『不得。』
曰：『爲什麼不得？』
師曰：『我不會佛法。』
僧問：『如何是解脫？』
師曰：『誰縛汝？』

問曰：『如何是淨土？』
師曰：『誰垢誰。』
問：『如何是湼槃？』
師曰：『誰將生死與汝？』」（同上）

僧人的問題，是一般僧人的問題，都想知道什麼是佛法，什麼是解脫，什麼是湼槃。希遷傳慧能的禪法，教人知道自心就是佛，就是淨土，就是湼槃。自心本來淸淨，本來自由。所謂淨土，所謂湼槃，所謂垢汚，都是人自己造的。把這一切破除了，自然解脫，不必另求解脫的佛法。

乙、天皇道悟

石頭的著名弟子中，有天皇道悟，藥山惟儼，和繼承法系的德山宣鑑。道悟，俗姓張，生於唐玄宗天寶七年（公元七四八年），卒於唐憲宗元和二年（西元八〇七年）壽五十九歲。他於二十五歲時出家，在杭州竹林寺具戒精修梵行，有時昏夜坐丘塚，身心安靜。他先拜訪了牛頭禪師系統的徑山道欽，後參拜了馬祖道一，最後來到了石頭希遷的門下問說：若能超脫定慧，還可以告訴別人什麼法？石頭答說在他那裏沒有奴隸，用不着解脫。道悟說這樣的話不能懂。石頭便問他懂不懂得空。道悟說對於這一點，早就有了心得。石頭說想不到還是從那邊過來的人。道悟說自己不是那邊的人。石頭說早已知道他的來處。道悟說若沒有證據，不要誣賴人。石頭說：你的身體就是證據。道悟又問自己要拿什麼東西去教給後人？石頭問誰是他的後人。（五燈會元卷七，天皇道悟禪師傳）㉓

五燈會元的「希遷傳」，記載有一僧人從馬祖處來。

「師問曰：『從什麼處來？』

曰：『江西來。』

師曰：『見馬大師否？』

曰：『見。』

師乃指一橛柴，曰：『馬師何似這個。』

僧無對，却回舉似馬祖。

祖曰：汝『見橛柴大小？』

曰：『沒量大。』

祖曰：『汝甚有力。』

僧曰：『何也？』

祖曰：『汝從南嶽負一橛柴來，豈不有力。』」（五燈會元卷五）

這一段問答，好似是希遷和道悟的對答。橛柴是日常用的東西，又是人所拋在一邊的東西。禪師便是如此。

丙、藥山惟儼

石頭禪師的另一位入門弟子，爲澧州藥山惟儼。俗姓韓，十七歲出家受戒。後來參禮石頭禪師。

「問：『三乘十二分教，某甲粗知。嘗聞南方直指人心，見性成佛，實未明了，伏望和尚慈悲指示。』

頭曰：『恁麼也不得，不恁麼也不得，恁麼不恁麼總不得，子作麼生？』

師罔措。

頭曰：『子因緣不在此，且往馬大師去。』」（五燈會元卷五，藥山惟儼禪師傳）

惟儼不能領悟石頭禪師的指點，『直指人心』沒有什麼可講，這樣也不是，那樣也不是，總是不能講。惟儼便到馬祖處，告訴馬大師說：「某甲在石頭處，如蚊子在叮鐵牛。」他在那邊住了三年，算是契悟了，又回到石頭禪師處。

「一日在石頭坐次。石頭問曰：『汝在這裏作麼？』

曰：『一物不爲。』

頭曰：『恁麼卽閑坐也？』

曰：『若閑坐卽爲也。』

頭曰：『汝道不爲不爲箇什麼？』

曰：『千聖亦不識。』

頭以偈讚曰：

從來共住不知名，任運相將祇麼行，

自古上賢猶不識，造次凡流豈可明？

石頭垂語曰：『言語動用沒交涉。』

師曰：『非言語動用亦沒交涉。』

頭曰：『我這裏針劄不入。』

師曰：『我這裏如石上栽華。』

頭然之。」（同上）

石頭和弟子惟儼，都領悟禪道，不爲就是爲，爲就是不爲。領悟禪道的人，心空宇宙，沒有一事可劄入心中，同時卻在絕無情慾的心上生智慧之花。惟儼居澧州藥山，卒於唐文宗太和八年。（公元八三四年）

丁、德山宣鑑

德山宣鑑，四川劍南人，俗姓周，生於唐德宗建中元年（公元七八〇年）卒於唐懿宗咸通六年（公元八六五）壽八十五歲。他出家後，精研金剛般若，聽說南方禪師，不究經典，直見自性，心中疑惑，便到南方去看。

「德山未出關時，心憤憤，口悱悱，得得來南方，要滅却教外別傳之旨。及到澧州路上，問婆子買點心。婆云：大德車子內，是什麼文字？山云：是金剛經疏抄。婆云：只如經中道，過去心不可得，見在心不可得，未來心不可得，大德要點那箇心？德山被她一問，直得口似匾擔。然雖如是，未肯向婆子句下死却，遂問婆子，近處有什麼宗師？婆云：五里外有龍潭和尚。」（無門關。第二十八節）

老太婆一問，叫德山「直得口似匾擔」，一句話也答不出來。他的來勢本是汹汹，一下子就消息了，便去找龍潭和尙，一直坐到深夜。

「龍潭因德山請益抵夜，潭云：『夜深，子何不下山去』。山遂珍重，揭簾而出，見外面黑，却回去云：『外面黑』。潭乃點低燭度與，山擬接，潭便滅。山於此急然有省，便作禮。潭云：『子見箇什麼道理？』山云：『某甲從今日去，不疑天下老和尚舌頭也。』至明日，龍潭陞座云：『可中有箇漢，牙如劍樹，口似血盆，一棒打不回頭。他時異日，向孤峯頂上立吾道在。』山遂取疏抄，於法堂前，將一炬火燒起，云：窮諸玄辯，若一毫致於太虛，竭世樞機，似一滴投於巨壑。

將疏抄便燒。於是禮辭。」（同上）

若是見性者，不分白天黑夜都有眞如光明。若要用經疏的學識去求悟道，則是將一毫毛投於太虛中，一點沒有效益。

「德山到潙山，挾複子（席）於法堂上，從東過西，從西過東，顧視云：

『無，無，』便出。

德山至門首，却云：『也不得草草。』

便具威儀再入相見。潙山坐次，德山提起坐具云：『和尚。』

潙山擬出拂子，德山便喝，拂袖而去。

德山背却法堂，着草鞋便行。

潙山至晚，問首座：『適來新到在什麼處？』

首座云：『當時背却法堂，着草鞋去也。』

潙山云：『此子已向後孤峯頂上，盤結草庵，呵佛罵祖去也。』」（碧巖錄第四則）

雪竇禪師批說：「勘破了也」，默認德山領悟禪道，勘破宇宙一切萬法。禪師雲遊，或者坐庵，來往參見，不拘禮節。

「雪峯問：『從上宗乘學人還有分也無？』師打一棒。曰：『道甚此？』曰：『不會。』至明日請益。師曰：『我宗無語句，實無一法與人。』峯有省。巖頭聞之曰：『德山老人一條脊梁骨，硬似鐵拗不折，然雖如此，於唱教門中，猶較些子。』」（五燈會元卷七，德山宣鑑禪師傳）

6. 百丈懷海・南泉普願

甲、南泉普願

馬祖繼承懷讓的禪風，馬祖的弟子眾多，其中最著的有百丈懷海、南泉普願、西堂智藏。

『西堂、百丈、南泉，侍祖翫月次。祖曰：『正恁時如何？』

西堂云：『正好供養。』

百丈云：『正好修行。』

南泉拂袖便去。

祖云：『經入藏，禪歸海，唯有普願獨超物外。』」（馬祖道一語錄）

馬祖道一論自己的三個入門弟子，智藏有心於經，懷海領悟禪道，普願則超然物外。

南泉普願禪師，鄭州新鄭人，俗姓王，生於唐玄宗天寶七年（公元七四八年）卒於唐文宗太和八年（公元八三四年）壽八十六歲。但五燈會元卷三，在他的傳裏說他「幼慕空宗，唐至德二年，依大槐山大慧禪師受業。」至德二年爲公元七五七年，普願時僅九歲，九歲可以稱爲幼，但說「慕空宗」，則九歲的幼童怎麼可以向慕空宗？可能是生卒年間有誤。普願後往侍馬祖道一。

「一日，爲衆僧行粥次，馬祖問：『桶裏是什麼？』

師曰：『這老漢合取口作恁麼語話！』

祖便休。自餘同參之流，無敢詰問。」（五燈會元卷三）

普願別開馬祖，往池陽，自建禪齋，三十年不下南泉。馬祖教人『即心即佛』。普願卻說不是心，不是佛，也不是物。

「師有時曰：『江西馬祖說卽心卽佛，王老師不恁麼道不是心，不是佛，不是物。恁麼論還有過麼？』」（同上）

連自心的心和佛，都予以否認，把心中的一切思路都堵塞，一切不可說，超越一切的相對。

「若心相所思，出生諸法，虛假不實，何以故？心尚無有，云何出生諸法。猶如形影，分別虛空。如人取聲，安置篋中，亦如吹網，欲令氣滿。故老宿云：不是心，不是佛，不是物。」（同上）

心相是虛，佛也是虛，諸法更是虛。卽心卽佛，以心是佛，好比把聲音藏在篋中，聲音怎麼可以藏？好比吹網使氣滿，網孔漏氣怎可吹滿。他的思想較比馬祖更空靈。

「上堂曰：『王老師自小養一頭水牯牛，擬向溪東牧，不免食他國土水草，擬向溪西牧，亦不免食他國土水草，不如隨分納些些，總不見得。』」

（同上）

『南泉和尚，因東西兩堂爭貓兒，泉乃提起云：衆，道得卽救，道不得卽斬卻也？』

衆無對，泉遂斬之。晚，趙州外歸，泉擧似州，州乃脫履安頭上而出。

衆云：『子若在，卽救得貓兒。』」(無門關第十四)

上兩段公案，都是東西相爭。關於水牛吃草，泉不能斬水牛，祇得說『總不見得。』沒有澈底辦法，關於貓兒，泉便斬卻。但無門頌曰：「趙州若在，倒行此令，奪卻刀子，南泉吃命。」卽是說趙州和尚若在，他會奪南泉斬貓的刀去斬南泉，南泉吃命，貓兒便可救得。這卽暗示禪師的禪法，主張澈底，絕一切思想，不論心佛，一切皆空。

「師問僧曰：『夜來好風？』

曰：『夜來好風。』

師曰：『吹折門前一枝松。』

曰：『吹折門前一枝松。』

問一僧曰：『夜來好風？』

曰：『是什麼風？』

師曰：『吹折門前一枝松。』

曰：『是什麼松？』

師曰：一得一失。」（五燈會元卷三）

一得一失，兩個弟子的答覆，第一個是得，第二個是失，根本不分什麼好風，根本也不分什麼樹。

「師在方丈與杉山向火次。

師曰：『不用指東指西，直下本分事道來。』

山插火箸叉手。

師曰：『雖然如是，猶較王老師一線道。』

有僧問訊，叉手而立。

師曰：『太俗生！』

其僧便合掌。

師曰：『太僧生。』

僧無對。

一僧洗鉢，師乃奪却鉢。其僧空手而立。
師曰：『鉢在我手裏，汝口喃喃作什麼？』
僧無對。
師因入菜園，凡一僧，師乃將瓦子打之。其僧回顧，師乃翹足，僧無語。
師便歸方丈。僧隨後入，問訊，曰：『和尚適來擲瓦子打某甲，豈不是警覺某甲？』
師曰：『翹足又作什麼生？』
僧無對。
上堂，王老師賣身去也，還有人買麼？
一僧出曰：『某甲買。』
師曰：『不作貴，不作賤，汝作麼生？』
僧無對。』（五燈會元卷三）

這幾次問答，僧都不能對。南泉用日常事教導僧人，莫作分辨，乂手已有形像，合掌也是另一形像。擲瓦翹足都沒有意義，賣身沒有貴賤，便不能賣，賣和買又是互相分辨。破除這一切相對的分辨，『直下來分事道來。』

「一日，有大德問師曰：『卽心是佛又不得，非心非佛又不得，師意如何？』

師曰：『大德且信卽心是佛便了，更說什麽得與不得。祇如大德喫飯了，從東廊上西廊下，不可總問人得與不得也。』」（同上）

「師問座主：『你與我講經得麽？』

曰：『某甲與和尚講經，和尚須與某甲說禪，始得。』

師曰：『不可將金彈子博銀彈子，去。』

曰：『某甲不會。』

師曰：『汝道空中一片雲，爲復釘，釘住，爲復藤纜着。』

問：『空中有一珠，如何取得？』

師曰：『斫竹布梯空中取。』

曰：『空中如何布梯？』

師曰：『汝擬作麽生？』

僧辭。」（同上）

向空中白雲釘釘子，再用籐去纜，向空中布竹梯去取珠，都祇是幻想的事，實際誰也知道不可能，願意用修行方法去求悟，同是這種幻想的烏有事。南泉在這兩個公案裏，道出了禪的本來面目。

乙、百丈懷海

百丈懷海，福州長樂人，俗姓王。生於唐玄宗開元八年（公元七二〇年），卒於唐憲宗元和九年（公元八一四年）壽九十四歲。廿歲出家，後聞馬祖在江西闡化，遂往參禮，「與西堂智藏、南泉普願，同號入室。」（五燈會元卷三）承馬祖親自提撕，得悟禪道，乃往洪州新界大雄山，大雄岩巒峻險，故號百丈。

「問：『如何是佛？』

師曰：『汝是阿誰？』

曰：『某甲。』

師曰：『汝識某甲否？』

曰：『分明箇。』

師乃舉起拂子曰：『汝還見否？』

曰：『見。』

師乃不語。

問：『如何是大乘頓法？』

師曰：『汝等先歇諸緣，休息萬事，善與不善，世出世間，一切諸法莫記憶，莫緣念，放捨身心，令其自在，心如木石，無所辨別，心無所行，心地若空。慧日自現，如雲開日出相似。但歇一切攀緣貪嗔愛取，垢淨情盡，對五欲八風不動，不被見聞覺知所縛，不被諸境所惑，自然具足，神通妙用，是解脫人。對一切境，心無靜亂，不攝不散，透過一切聲色，無有滯礙，名為道人。善惡是非，俱不運用，亦不愛一法，亦不捨一法，名為大乘人。不被一切善惡空有垢淨有為無為世出世間福德智慧之所拘繫，名為佛慧。』」（五燈會元卷三）

在禪師的語錄中，很少見到有這樣一段說法。這種說法是慧祖和神會的說法，六祖以後的禪師，凡遇問到佛法或禪法，總是用不相關的暗示話作答。懷海百丈廣錄，收集長篇法語，仍舊是破除一切相對的思念，完全不被任何一種禪法所縛。

「佛是無求，人求之卽乖。理是無求，理求之卽失。若著無求，復同於有求，若著無爲，復同於有爲。」(同上)

這點同於老莊的思想，無爲而無不爲，任心的自然，『慧日自現，如雲開日現相似』。六祖的思想，在他的宗系裏還是一貫流傳。

懷海因羣雁事，被馬祖扭了鼻頭，哭後大笑。

「再參侍立次，祖目視繩牀角拂子。
師曰：『卽此用，離此用。』
祖曰：『汝向後開兩皮，將爲何人？』
師取拂子豎起。
祖曰：『卽此用，離此用。』
師挂拂子於舊處，祖震威一喝，師直得三日耳聾。一日，師謂衆曰：『佛

法不是小事，老僧昔被馬大師一喝，直得三日耳聾。黃檗聞舉，不覺吐舌。』」（同上）

後來禪師，參這樁公案話頭，皆有拈提。懷海不大習用棒喝，雖用不多。他的門生黃檗還用言語教人，有時棒喝兼用，臨濟禪師則專用棒喝禪法。

「師謂衆曰：『有一人長不喫飯，不道饑；有一人終日喫飯，不道飽。』衆無對。」（同上）

這段公案，後來參話頭的人，大加解說。前一句說本有之性，自心是佛性，決不必外求。後一句說現前的心，應接萬法，曾不以爲滿了心性。

懷海對於禪宗的大貢獻，在於制定了禪林清規。禪宗的僧人，在馬祖以前，都尚遵守律師。馬祖開始棒喝，樹立禪宗的新生態度，禪宗乃有自己宗派的禪刹，於是便要有禪宗叢林的清規。百丈懷海就製定了這種共同生活的規矩。禪宗相傳「馬祖建叢林，百丈立清規。」

「百丈大智禪師，以禪宗肇自少室，至曹溪以來多居律寺，雖列別院，然于說法住持未合規度，故常爾介懷。乃曰：佛祖之道，欲誕布化，原冀來

際不泯者，豈當與諸部阿笈摩教爲隨行耶？」（宋，楊億，古清規序）

但百丈所立清規，原作現在已經遺失，在元代敕修百丈清規中，保持少許面貌。

（一）剎中參學人，不論高下，盡入僧堂，住止一處，僧堂設「長連牀」，供僧人坐禪和睡臥。

（二）不立殿佛，祇立法堂。長老上堂說法，或和參學人激揚宗要。

（三）住持稱長老，居方丈。

（四）規定集體操動，從事農耕。

百丈當時親自躬耕。弟子們不忍見他年老操作，把他的耕具密藏起來。他找不到耕具，便不吃飯。他說「一日不作，一日不食。」[24]

百丈懷海的禪學，使學禪者日日從事日常的工作，在勞作中體驗佛道。所謂坐禪使人變成槁木死灰，不是百丈的禪。

「問：『如何得自由分？』

師曰：『如今得卽得。或對五欲八風情無取捨，慳嫉貪愛，我所情盡，垢淨俱忘。如日月在空，不緣而照；心心如木石，念念如救頭然。亦如香象渡河，截流而過，更無疑滯。』」（五燈會元卷三）

7. 趙州和尚（從諗）

南泉普願門下，有一奇特僧人，稱爲趙州和尚。他名從諗禪師，曹州郝鄉人，俗姓郝，生於唐代宗永曆十三年（公元七七八年）卒於唐懿宗咸通四年（公元八六三年）壽九十一歲，但有人說他活了一百二十歲。童年時，在本州扈通院披衣剃髮，沒有受戒，便來池陽參禮南泉普願禪師。

「值泉偃息，而問：『近離甚處？』
師曰：『瑞像。』
泉曰：『還見瑞像麼？』
曰：『不見瑞像，祇見臥如來。』
泉便起坐，問：『汝是有主沙彌，無主沙彌？』
師曰：『有主。』
泉曰：『那個是你主？』

師近前躬身曰：『仲冬嚴寒，伏惟和尚尊候諸福。』

泉器之，許其入室。

他日問泉曰：『如何是道？』

泉曰：『平常心是道。』

師曰：『還可趣向也無？』

泉曰：『擬向卽乖。』

師曰：『不擬，爭知是道？』

泉曰：『道不屬知，不屬不知，知是妄覺，不知是無記。若眞達不疑之道，猶如太虛，廓然蕩豁，豈可強是非耶？』

師於言下悟理。乃往嵩嶽瑠璃壇納戒，仍返南泉。」（五燈會元卷四，趙州從諗禪師）

這是唯一的可懂的對話，眞正表示從諗還未悟道時，和一般僧人一樣問道求解釋，南泉器重他，而因他年輕尚未悟道，所以用言語教導他。他後來一生奇特異言，在佛教史上，成了一個非常瘋狂而又非常脫俗的禪師。碧巖錄和無門關都記載了許多他的公案。

「一日，問泉曰：『知有底人向甚麼處去。』

泉曰：『山前檀越家作一頭水牯牛去。』

師曰：『謝師指示去。』

泉曰：『昨夜三更月到牕。』

泉曰：『今時人順向異類中行始得。』

師曰：『異卽不問，如何是類？』

泉以兩手拓地。師近前，一踏踏倒，却向湼槃堂裡叫，曰：『悔，悔。』

泉令侍者問悔箇甚麼？

師曰：『悔不更與兩脚踏。』

師出問：『明頭合，暗頭合？』

泉便下座歸方丈。師曰：『這老和尚被我一問直得無言可對。』首座曰：『莫道和尚無語，好自是上座不會。』師便打一掌。曰：『此掌合是堂頭老漢喫。』」（同上）

南泉指示他向異類中行，他後來眞的成了異類，留下了一大堆公案。他的像貌怪異，行動奇特，成了禪宗裡的戲劇人物。

「僧問趙州：『萬法歸一，一歸何處？』

州云：『我在青州作一領布衫，重七斤。』」（碧巖錄第四十五則）

一領布衫，怎能重七斤？同樣，萬法歸一，一歸何處，怎麼能答。『一』已經是根底，再向下追，就沒有答案。這些問題，最好不要繫心，把他抛卻才好。雪竇禪師作頌說：

「編辟曾挨古老錐，七斤衫重幾人知？
如今抛擲西湖裡，下載清風付與誰！」（同上）

禪的生活，乃是活潑的體驗，不是抽象的禪理。禪師答話，便常帶日常生活的情調。

「問：『如何是祖師西來意？』
師曰：『庭前柏樹子。』
曰：『和尚莫將境示人』
師曰：『我不將境示人。』
曰：『如何是祖師西來意？』
師曰：『庭前柏樹子。』」

學參禪的人，常常問祖師西來意，禪師的答話，常是卽景目前的事；趙州和尚便答庭前柏樹子。柏樹生子乃自然的日常事，祖師西來修禪，也是日常事。

「趙州示衆云：『至道無難，唯嫌揀擇。纔有語言，是揀擇是明白。老僧不在明白裡，是汝還護惜也無？』

時有僧問：『既不明白裡，護惜個什麼？』

州云：『我亦不知。』

僧云：『和尚旣不知，爲什麼却道不在明白裡？』

州云：『問事卽得。』

禮拜了，退。」（碧巖錄第二則）

至道不難，本來自然，也是唯一。若是人要選擇至道，便不是至道了。禪者悟道，心親體驗，不可言說，所以不在明白裏，自己本來不知道，因爲至道是不可思議的。

「僧問趙州從諗禪師：『至道無難，唯嫌揀擇，如何是不揀擇？』

趙州云：『天上天下，唯我獨尊。』

僧云：『此猶是揀擇。』

趙州云：『田庫奴，什麼處是揀擇？』

僧無對」（碧巖錄第五十七則）

『至道無難，唯嫌揀擇』，是三祖道信的話。趙州和尚曾以這話教導學生。這次一個僧人問他，什麼是揀擇？趙州答的話，指示至道唯一，沒有揀擇。

「僧問趙州禪師：『至道無難，唯嫌揀擇？纔有言語是揀擇？和尚如何爲人？』

趙州云：『何不引盡這話？』

僧云：『某甲只念到這裡。』

趙州云：『只這至道無難，唯嫌揀擇。』」（碧巖錄第五十九則）

這個僧人，聽了趙州和尚說法，舉出這個問題。趙州答說，你沒有念完我的話，其實祇有那兩句話重要。

雪竇禪師作頌說：

「水灑不着，風吹不入，
虎步龍行，鬼號神泣，

頭長三尺知是誰？
相對無言獨足立。」（同上）

雪竇讚頌趙州的答話，好似虎步龍行，風雨都不能入。腦袋長，智慧高，獨足站着不怕任何人的追問。

又有僧人問他，這兩句話是當時人抄襲來的嗎？「是時人窠窟否。」這是有點挖苦他，譏刺他抄襲三祖道信的話。他答說：「曾有人問我，直得五年分疎不下。」（雪巖錄第五十八則）就是他的答話，使發問的僧人五年都不能懂。雪竇又作頌說：

「象王嚬呻，獅子哮吼，
無味之談，塞斷人口。
南北東西，烏飛兔走。」（同上）

問的人，好似象的嚬呻，答的人卻像獅子哮吼。對於無味的談話，最好是塞斷他的口。

「問：『如何是道？』
師曰：『墻外底。』

曰：『不問這個。』

師曰：『你問那個？』

曰：『大道。』

師曰：『大道透長安。』」（五燈會元卷三，趙州從諗禪師傳）

僧問佛法大道，大道不可言，趙州和尚以道路相答。

「問：『如何是佛？』

師曰：『殿裏底。』

曰：『殿裏者豈不是泥龕塑像。』

師曰：『是。』

曰：『如何是佛？』

師曰：『殿裏底。』」（同上）

問題和上段和佛法大道相似，趙州的答案也是一般相似。佛法大道和佛，乃不可思議，不可言說，怎麼能答。

「問：『如何是祖師意？』
師敲牀脚。
僧曰：『祇這莫便是否？』
師曰：『是。』」（同上）

問祖師的禪法，答話卻是敲牀脚。問話的人不懂，便成了公案。

「問僧：『一日看多少經？』
曰：『或七八或十卷。』
師曰：『闍黎不會看經。』
曰：『和尚看多少經？』
師曰：『老僧一日祇看一字。』
文遠侍者在佛殿禮拜次，師見，以柱杖打一下。
曰：『作什麼者？』
曰：『禮佛。』
師曰：『用禮作什麼者？』

曰：『禮佛也是好事。』

師曰：『好事不如無。』」(同上)

不看經卷，不禮佛，看來乃是邪法，但禪法卽在於一切自然，不着於一種形跡或方式。

「問：『初生孩子具六識也無？』

師曰：『急水上打毬子。』

僧却問：『投子急水上打毬子，意旨如何？』

子曰：『念念不停留。』」

「問：『柏樹子還有佛性也無？』

師曰：『有。』

曰：『幾時成佛？』

師曰：『待虛空落地時。』

曰：『虛空幾時落地？』

師曰：『待柏樹子成佛時。』」(同上)

「趙州和尚因僧問：『狗子還有佛性也無？』

州云：『無。』」（無門關，第一則）

上面三個問題，都是佛教的重要問題。對於新生嬰孩有六識否，趙州答急水上玩球，即是暗示嬰孩的六識，在迅速變化中，『念念不停留。』對於柏樹子和狗子，是否有佛性，趙州答覆，雖不相同，實則一樣。大乘有的說一切法都有佛性，有的說一切有情都有佛性；但爲成佛，則須有心。柏樹子和狗子，都沒有可以生萬法的心。

無門關一書，記錄禪宗公案，把趙州和尙答狗子沒有佛性放在第一。無門的作者按語說：「如何是祖師關？只是一個無字，乃宗門一關也。遂目之曰禪宗無門關。」

「趙州對於相同的問題，很少以相同的答案回答。這並不是因爲他酷愛新奇，而是他那純眞的心只爲了一個目的——就是引對方走向覺悟。……」(25)

「趙州並沒有建立自己的宗門，這是因爲他極端自由逍遙而無意讓別人把他當做偶像來開宗立派。雖然如此，但以後五宗卻都把『趙州古佛』當作他們共同的智慧源泉」。(26)

四、南禪五家

1. 潙仰宗

甲、溈山靈祐

禪宗在唐朝分爲五宗：溈仰、臨濟、雲門、法眼、曹洞。溈仰宗最早，奉溈山靈祐禪師爲宗師，靈祐爲百丈懷海的弟子。

靈祐，福州長谿人，俗姓趙，生於唐代宗大曆六年（公元七七一年），卒於唐宣宗大中七年（公元八五四年），壽八十三歲。十五歲在本郡建善寺出家，二十三歲往江西，依百丈禪師。百丈很愛惜他，便收他爲徒，立爲參學者的首領：

「侍立次，丈問：『誰？』

師曰：『某甲。（靈祐）』

丈曰：『汝撥爐中有火否。』

師撥之，曰：『無火。』

丈躬起，深撥得小火，舉以示之，曰：『汝道無，這個呢？』

師由是發悟。禮謝。陳其所解。

丈曰：『此乃暫時岐路耳。經云：欲識佛性義，當觀時節因緣。時節既至，如迷忽悟，如忘忽憶。方省己物不從他得。故祖師云：『悟了同未悟，無心亦無法。』祇是無虛妄，凡聖等心，本來心法，原自備足。汝今旣爾，善自護持。』」（五燈會元卷九，潙山靈祐禪師傳）

百丈對於初來參禪的靈祐，沒有用公案的方法，而用語言開導。指示心法，本來具有，不宜他求。佛性唯一，凡人聖人都是一樣。

「司馬頭陀自湖南來，謂丈曰：『頃在湖南，尋得一山，名大潙，是一千五百人善知識所居之處。』

丈曰：『老僧住得否？』

陀曰：『非和尚所居？』

丈曰：『何也？』

陀曰：『和尚是骨人，彼是肉山，設居徒不盈千尺。』

曰：『吾衆中莫有人住頭否？』

陀曰：『待歷觀之。』

時華林覺爲一座，丈令侍者請至，問曰：『此人如何？』陀請謦欬一聲，行數步。

陀曰：『不可。』

丈人又令喚師（靈祐），師時爲典座。

陀一見，乃曰：『此正是潙山主人也。』

丈是夜，召師入室，囑曰：『吾化緣在此，潙山勝境，汝當居之，嗣續吾宗，廣度後學。』

華林聞之，曰：『某甲忝居上首，典座何得住持？』

丈曰：『若能對衆下得一語出格，當與住持。』

卽指淨瓶問曰：『不得喚作淨瓶，汝喚作什麼？』

林曰：『不可喚作木揬也？』

丈乃問師，師踢倒淨瓶，便出去。

丈笑曰：『第一座輸却山子也。』

師遂往焉。」（同上）

靈祐往住湖南潙山，山很險峻，沒有人煙。住了六七年，沒有人來，他想離山他往，下山時，虎狼攔路。復一年，懶安上座同幾個僧人由百丈派來輔佐他，漸營庵舍，僧徒漸多。門弟子中，以仰山慧寂和香巖智閑爲最著。

「有僧問：『頓悟之人，更有修否？』

師曰：『若眞悟得本，他自知時，修與不修是兩頭語。如今雖初緣得一念頓悟，自理猶有無始曠刼，習氣未能頓淨，須教渠淨除現業流識，卽是修也。不可別有法，教渠修行。趣向從聞入理，聞理深妙，心自圓明，不居惑地。縱有百千妙義抑揚，當時此乃得坐，披衣自解作活計。始得以要言之，則實際理地不受一塵，萬行門中，不捨一法，單刀直入，則凡聖情盡體露眞常，理事不二，卽如如佛。』」（同上）

這一段解釋頓悟修行的話，乃是南禪最溫和的一宗；這一點也是潙仰宗的特點。南禪各宗都主張直見本心，本心卽佛，不假外求。然而靈祐認爲在頓悟上雖沒有階梯，乃是一念頓悟；然而在生活方面不能就馬上到了成全的地步，仍須修行「習氣未能頓悟，須教渠淨除現業流識。」在碧巖錄和無門關的公案裏，沒有潙山公案；但並不是絕對沒有話頭和棒喝。

「師摘茶次，謂仰山曰：『終日摘茶，祇聞聲，不見子形。』

仰撼茶樹。

師曰：『子祇得其用，不得其體。』

仰曰：『未審和尚如何。』

師良久。仰曰：『和尚祇得其體，不得其用。』

師曰：『放子三十棒。』

仰曰：『和尚棒，某甲喫。某甲棒，教誰喫。』

師曰：『放子三十棒。』（同上）

「撼茶樹」是「祇得其用，不得其體。」忘形纔能得到事物的體。

「僧問：『如何是道？』

師曰：『無心是道。』

曰：『某甲不會。』

師：『會取不會底好。』

曰：『如何是不會底？』

師曰：『祇汝是不是別人。』復曰：『今時人但直下體取不會底正是。汝心正是佛，若向外得一知一解，將爲禪道，且沒交涉，名運糞人，不知運糞出，汙汝心田，所以道不是道。』」（同上）

禪道，在求自心，自心正是佛。若向外求，則以是糞染汚心田，便不是禪道。

『仰山香嚴侍立次，師擧手曰：『如今恁麼者少，不恁麼者多。』

嚴從東過西立，仰從西過東立。

師曰：『這箇因緣，三十年後，如金擲地相似。』

仰曰：『亦須如是，和尚提唱始得。』

嚴曰：『卽今亦不少。』

師曰：『合取口。』』」（同上）

靈祐對着兩個及門弟子說，當時隨從他的人少，香嚴和慧寂兩人卻說現在已不少，而將來有的從東走，有的從西來。靈祐說那將是三十年後的事。

乙、仰山慧寂

仰山慧寂，勅諡通智禪師，韶州懷化人，俗姓葉。九歲出家，父母強迫歸來，逼婚娶，他斷兩指，誓願求正法。乃剃髮入庵。謁耽源，源授以圓相方便法，說是懷讓祖師所傳。慧寂接過圓相本，看了便燒掉，耽源向他索求圓相本，慧寂作一圓形相。然後叉手立，耽源以兩手相交，作拳示之，師進前三步，作女人拜。源便點頭禮拜。

這種儀式，在「靈祐傳」中也有。

「師（靈祐）坐次，仰山入來，師以兩人來交示之。
仰作女人入拜。
師曰：如是如是。」（五燈會元卷九）

圓相方便法，爲潙仰宗的特點。禪宗正脈一書記述仰山發展這種方便法的用途。

仰山初參靈祐時，

「潙問：『如是有主沙彌，無主沙彌？』
師曰：『有主。』
曰：『主在甚麼主？』
師從西過東立。潙異之。

師問：『如何是眞佛住處？』

潙曰：『以思無思之妙，返思靈燄之無窮，思盡還源，性相常住，事理不二，眞佛如如。』

師於言下頓悟。自此執侍，前後盤桓十五載。」(同上)

潙山的指示，『思無思』的妙處，『直觀本性』是一種思，然又不是思。『直觀本性』又是返觀自己本心，而本心乃是眞如，眞如則是無窮的靈光。『直觀本性』時，自己本心的無窮靈光顯照一切，便是『性相常住』，而見『眞佛如如』。仰山因此得悟禪道。

「掃地次。

潙問：『塵非掃得，空不自生，如何是塵非掃得？』

師掃地一下。

潙曰：『如何是空不自生？』

師指自身又指潙。

潙曰：『塵非掃得空不自生，離此二途又作麼生？』

師又掃地一下，又指自身並指潙。」(同上)

「塵非掃得，空不自生。」即煩惱和染汚不能掃淨，也不能去掃。掃塵是去添塵。六祖慧能反對神秀的偈，不是說：本來無一物，何必勤拂拭？掃塵，那便是神秀的北禪了。仰山祇掃一下就不掃，更好，還是一掃也不掃。「空不自生」，祇要自心是空，煩惱塵埃便不自生。仰山指着自己和老師，即是說都在我們自心。

「潙一日指田，問：『這丘田那頭高，這頭低。』

師曰：『却是這頭高，那頭低。』

潙曰：『你若不信，向中頭立看兩頭。』

師曰：『不必立中間，亦莫住兩頭。』

潙曰：『若如是著水，看水能平物。』

師曰：『水亦無定，但高處高，平低處低平。』

潙便休。』（同上）

心無所住，無着一物，何必分高低？潙山故意試探慧寂。他既悟道，乃能說水隨處自然。

「師侍潙行次，忽見前面塵起。

潙曰：『面前是什麼？』

師近前看了，却作此○相，溈點頭。

溈山示衆曰：『一切衆生皆無佛性。』

鹽官示衆曰：『一切衆生皆有佛性。』

鹽官有二僧往探問，旣到溈山，聞溈山舉揚，莫測其涯，若生輕慢。因一日與師言，話次，乃勸曰：『師見須是勤學佛法，不得容易。』

師乃作此○相，似乎拓呈了，却拋向背後，遂展兩手，就二僧索，二僧罔措。

師曰：『吾見直須勤佛法，不得容易。』

便起去。時二僧却回鹽官，行三十里，一僧忽然有省，乃曰：『當知溈山道一切衆生皆無佛性，信之不錯』便回溈山。一僧更前行數里，因過水，忽然有省，自嘆曰：『溈山道一切衆生皆無佛性，灼然有他恁麼道』，亦回溈山，久依法席。」（同上）

上段的記述，顯出溈仰宗的兩個特點，第一是『圓相』，第二是『衆生皆無佛性』。圓相祇是一項暗示，暗示一切圓滿，不要想進去追求佛性，佛性自然存在。至於說衆生無佛性，這和趙州說狗子無佛性，注意在『無』字，並不是否認大乘所說一切有情都有佛性，祇是要參禪的人著心在『有』字上，用『無』破『有』，使心無所著。

「師曰：『索喚，則有交易，不索喚，則無。我若說禪宗身邊要一人相伴亦無，豈況有五百七百衆邪？我若東說西說，則爭頭向前采拾。如將空拳誑小孩兒，都無實處。我今分明向汝說聖邊事，且莫將心湊泊，但向自己性海如實而修，不要三明六通。何以故？此是聖末邊事。如今要識心達本，但得其本，不愁其末，他時後日，自具去在。若未得本，縱饒將情學他亦不得。汝豈不見溈山和尚云：凡聖情盡體露眞常，事理不二，卽如如佛。』

問：『如何是祖師意？』

師以手於空，作此〇相示之。

僧無語」（同上）

仰山說他像一個開雜貨店的，各種來學禪的人都向他要禪法，有的粗淺，有的高深，他隨機答覆。但其實如同老師溈山所說自心有如如佛，祇向自己性海如實而修。

「師住來平時，潙山令僧送書並鏡與師。師上堂提起示衆曰：『且道是潙山鏡？東平鏡？若道是東平鏡，又是潙山送來；若道是潙山鏡，又在東平手裏，道得則留取，不得則撲破去也。』衆無語，師遂撲破，便下座。僧參次，便問：『和尚還識字否？』師曰：『隨分。』僧以手畫此○相拓呈。師以衣袖拂之。僧又作此○相拓呈，師以兩手作背拋勢。僧以目視之，師低頭。僧遶師一匝，師便打，僧遂出去。」（同上）

「鏡子」代表心，可以照見眞如佛心。仰山慧寂把鏡問僧人，說鏡子是他的，則是老師送的，說是老師的，卻在他手裏，根本上便應該不要說鏡子是誰的，便把鏡子打破。自有自心，不必去想或去求懂。至於○相，也不過是一種暗示，不要記著，所以應該拋在背後。

慧寂死在東平，年七十七歲。

丙、香嚴智閑

香嚴智閑禪師，青州人。幼聰明，往參百丈。百丈去世後，往參潙山，潙山問他在百丈那邊時，一問十答，十問百答，現在要他答一句，父母沒有生時怎樣？智閑不得答。回到寮所，翻盡平日所看的書，也找不到一句答語。便求潙山作答，潙山不肯。他祇好把所有書燒了，辭別潙山，說不再求佛法，祇作長行粥飯僧。路過南陽，在一寺除草，拋瓦片打擊竹桿有聲，忽然有悟，趕緊回來。作一詩讚，遙禮潙山：

「一擊忘所知，更不假修持。動容揚古路，
不墮悄然機。處處無蹤跡，聲色外威儀。
諸方達道者，咸言上上機。」(五燈會元卷九，香嚴智閑禪師傳)

潙山聽說了，很高興，便告訴仰山。仰山說那首詩讚，祇是集些成句，他要親自去看看。見到了香嚴，仰山便說那首詩讚，再說幾句看。智閑便作一頌：

「去年貧未是貧，今年貧始是貧，
去年貧，猶有卓錐之地，今年貧，錐也無。」(同上)

仰山卻說：「如來禪，許師弟，祖師禪未夢見在。」這表示他還沒有入門。香嚴再作一頌：

「我有一機，瞬目視伊，
若人不會，別喚沙彌。」（同上）

仰山回報老師潙山，智閑眞得祖師禪。第一首詩讚，尙以別人說是上上機，留心別人的話，第二首頌以心中放棄了一切，然尙和去年的境況比較。第三首頌則只是瞬目一看，直見心性。

潙山因此派僧人給他送書和柱杖。香嚴接到，放聲大哭，喊：「蒼天！蒼天！」

「僧曰：『和尙爲什麼如此？』
師曰：『祇爲春行秋令，上堂，道由悟達，不在語言。況是密密堂堂，曾無間隔，不勞心意，暫借回光。日用全功，迷途自背。』」（同上）

禪道在於自心體驗，不假言語。師弟之間，以心傳心。何必要送書送柱杖？

「問：『如何是直截根源佛所印？』
師拋下柱杖，散手而去。

問：『如何是佛法大意？』

師曰：『今年霜降早，蕎麥總不收。』

問：『如何是西來意？』

師以手入懷，作拳展開與之，僧乃跪以兩手作受勢。

師問：『是什麼？』

僧無對。」(同上)

常是同樣的問題，禪師的答覆常不一樣。香嚴的答覆，是一切自然。祖師西來，以心傳心，無言可說。

「師問僧：『甚處來？』

曰：『潙山來。』

師曰：『和尚近日有何言句？』

曰：『有。』僧問如何是西來意，和尚竪起拂子。

師曰：『彼中兄弟作麼生會？』

曰：『彼中商量，道卽色明心，附物顯理。』

師曰：『會卽便會，著甚死卽？』
僧却問：『師意如何？』
師亦竪起拂子。」(同上)

師弟一貫，佛法不可言。拂子在手裏，竪起，放下，一切隨意。香嚴喜歡用偈，留有偈頌兩百多篇。溈仰宗，不重棒喝，頗重偈語和圓相，啟廸參禪者。

頌「修行」

「天寒宜曝日，歸堂一食傾。思着未生時，宜然任他清。
只摩尋時○　明鏡非明鏡。獨坐覺虛凉，行時也只寧。」
「思清人少慮，風規自然足。影落在音容，孤明絕撑觸。」

吟「勵學」

「滿口語，無處說，明明向道人不決。
急著力，勤咬齒，無常到來救在徹。
日裏話，暗瑳切，快磨古錐淨挑揭，

理盡覺，自護持，此生事，吾不說，玄旨求他古老吟，禪學須窮心影絕。」(27)

2. 臨濟宗

甲、黃檗希運

黃檗希運（福建人）生於唐代宗大曆十一年（公元七七六年）卒於唐宣宗大中十年（公元八五六年），壽八十歲。少年在本州黃檗山出家，往遊天台，路上遇一僧人，相偕同行，如舊相識。路過一澗，水流很急。僧人建議徒步過水，希運不從。僧人提起衣就向澗中走，踏水如走平地。過了澗，以手招希運，喊說：「渡來！渡來。」「師曰：『咄！這自了漢，吾早知，當斫汝脛。』其僧嘆曰：『眞大乘法器，我所不及。』」（五燈會元卷四，黃檗希運禪師）

往從百丈懷海，

「丈問：『巍巍堂堂，從何方來？』

師曰：『巍巍堂堂，從嶺南來。』

丈曰：『巍巍堂堂，當爲何事？』

師曰：『巍巍堂堂，不爲別事。』便禮拜問曰：『從上宗乘如何指示？』

丈良久。

師曰：『不可教後人斷絕去也！』

丈曰：『將謂汝是個人。』

乃起，入方丈。

師隨後入，曰：『某甲特來。』

丈曰：『若爾，則他後不得孤負吾。』」（五燈會元卷四，黃檗希運禪師傳）

希運參見百丈，兩人對話和行動，很合普通情理。百丈不願敎，希運警告不宜絕了禪統，百丈囑他不能辜負他。希運侍立百丈門下

「丈一日問師甚麼處去來？

曰：『大雄山下採菌子來。』

丈曰：『還見大蟲麼？』

師便作虎聲。丈拈斧作斫勢，師卽打一摑，丈吟吟而笑，便歸上堂。曰：『大雄山下有一大蟲，汝等諸人也須好看，百丈老漢今日親遭一口。』」(同上)

棒喝的方便法，在臨濟宗特別盛行，希運在百丈門下就開始用了。裴相國鎭宛陵，建大禪寺，請希運說法。想他很懷念自己的本鄉舊山，便以「黃檗」爲寺名。後來又贈他一首詩：

「自從大士傳心印，額有圓珠七尺身。
挂錫十年棲蜀水，浮盃今日渡漳濱。
一千龍象隨高步，萬里香花結勝因。
擬欲事師爲弟子，不知將法付何人。」(同上)

黃檗門下弟子很多，禪風盛行江表。他卻說大唐國內沒有禪師，也責備參禪的人不要湊熱鬧。

「一日上堂，大衆雲集，乃曰：『汝等諸人，盡是噇酒糟漢，恁麼行脚取笑於人，但見八百一千人處便去，不可圖他熱鬧也。老漢行脚時，或遇草根下有一箇漢，便從頂門上一錐，看他若何痛痒。……還知大唐國內無禪師麼？』

時有僧問：『諸方尊宿盡聚衆開化，爲什麼却道無禪師？』

師曰：『不道無禪，祇是無師。闍黎，不見馬大師下有八十四人坐道場，得馬師正法師者，止三兩人，盧山歸宗是其一。夫出家人，須知有上來事分始得。且如四祖橫說竪說，猶未知向上關捩子。……我纔見汝入門，便識得了也。還知麼急須努力，莫容易事。持片衣口食，空過一生。明眼人笑汝。久後，總被俗漢筭將去在。宜自看遠近，是阿誰面上事。若會卽便會，若不會卽散去。』」（同上）

「彌重問：『如何是西來意？』

師便打。」（同上）

希運的話頭很鋒利，警告大家急須努力，莫把禪道作容易事看。

「裴相公問曰：『山中四五百人，幾人得和尚法？』

師云：『得者莫測其數。何故？道在心悟，豈在言說？言說只是化童蒙耳。』」(宛陵錄)

希運留有兩種著作：一是傳心法要，一是宛陵錄。從兩本小冊子，可以深入禪宗的心法。

『卽心是佛』爲禪宗的根基；『不著一念』，爲禪法的秘訣。南宗禪法在於自然。

「問：『如何是佛？』

師云：『卽心是佛，無心是道。……心本是佛，佛本是心，心如虛空。所以云：佛眞法身，猶如虛空，不用別求，有求皆苦。……』

問：『聖人無心卽是佛，凡夫無心莫沈空寂否？』

師云：『法無凡聖，亦無沉寂。法本不有，莫作無見。法本不無，莫作有見。有之與無，盡是情見。……』

問：『心本是佛，還修六度萬行否？』

師云：『悟在於心，非關六度萬行。六度萬行，盡是化門，接物度生邊事。設使菩提眞如，實際解脫法身，直至十地四果聖位，盡是度門，非關佛心。心卽是佛。所以一切度門中，佛心第一。但無生死煩惱等心，卽不用菩提等法。……』」（宛陵錄）

希運的答覆，非常明顯。佛卽是本心，本心卽是佛。凡人聖人都是一樣，不用向外去追求佛性。修行的六度萬行，是爲平日的生活，然也不能輕忽。

「問：『何者是精進？』

師云：『身心不起，是名第一牢彊精進。纔起心向外求者，名爲歌利王愛遊獵去。心不外求，卽是忍辱仙人。身心俱無，卽是佛道。』」（同上）

精進爲六度的一度，希運解釋精進爲『身心不起』，內外都專注在『直觀自心』，不有任何思念，這種解釋爲禪宗的解釋。

「師謂休（裴休相國）曰：『諸佛與一切衆生，唯是一心，更無別法。此心從無始已來，不曾生，不曾滅，不青不黃，無形無相，不屬有無，不計新舊，非大非小，超過一切限量名言蹤跡對待。當體便是，動念卽乖。……

如今學道人，不悟此心體，便於心上生心，向外求佛，著相修行，皆是惡法，非菩提道。供養十方諸佛，不如供養一個無心道人。……』

九月一日，師謂休曰：『自達摩大師到中國，唯說一心，唯傳一法，以佛傳佛，不說餘佛，以法傳法，不說餘法。法卽不可說之法，佛卽不可說之佛，乃是本源淨心也。……』

問：從上來皆云，卽心是佛，未審卽那箇心是佛？師云：『你有幾個心？』云：『爲復卽凡心是佛，卽聖心是佛？』師云：『你何處有凡聖心耶？……』

問：『祇如目虛空，可不是境？豈無指境見心乎？』師云：『什麼心教汝境上見？設汝見得，只是箇照境底心。如人以鏡照面，縱然見得眉目分明，元來只是影像，何關汝事。』云：『若不因照，何時得見？』師云：『若也涉因，常須假物。有什麼了時！汝不見，他向汝道，撒手似君無一物，徒勞謾說數千般。』云：『他若識了，照亦無物耶？』師云：『若是無物，更何用照？你莫開眼寐將去。』」（傳心法要）

傳心法要解說了幾個禪法的問題。第一，解說了『心』。心不是每人的形色或思念的心，而是『眞心』，眞心卽是佛性眞如，超過一切形色和限制。第二，卽心是佛，一切心都是佛心，不分凡人的心和聖人的心。第三，明心見性，不是一種境況，而是心的本體。不是見，不是照；若是見，則見者和被見者相分離爲兩；若是照，則也要有照者爲因，被照者爲果。明心見性，乃是眞如本性自然顯明，禪的頓悟，卽是直接體驗眞如的顯明，自己整個是眞如，不分內外。就是『卽心是佛』這句話，也都沒有道理，不過祇是不可解釋時勉強用這句話作說明。

「云：『和尚所言卽者是何道理？』師云：『覓什麼道理？纔有道理，便卽心異』」（同上）

心法不可言說，所言祇是一些引導學禪者步入禪道。若得了正覺的悟，便沒有言說了。

宛陵錄結尾有一項，很可代表希運的禪悟：

「塵勞迥脫事非常，緊把繩頭做一場
不是一番寒徹骨，爭得梅花撲香鼻。」

乙、臨濟義玄

臨濟義玄，俗姓邢，山東曹州南華人，生卒年現在不確實知道，大約生於唐德宗貞元三年（公元七八七年），卒於唐懿宗咸通七年或八年（公元八六六或八六七年）。青年落髮爲僧，入黃檗門下，三年未曾參問，後因第一座僧人勸他往參，問如何是佛法的大意。

「師便去問。聲未絕，檗便打。師下來。州（睦州）曰：『問話怎麼生？』師曰：『某甲問聲未絕，和尚便打。某甲不會。』州曰：『但更去問。』師又問，檗又打。如是三度問，三度被打。師白州曰：『早承激勸問法，屢蒙和尚賜棒，自恨障緣，不領深旨，今且辭去。』州曰：『汝若去，須辭和尚了去。』師禮拜退。」（五燈會元卷十一，臨濟義玄禪師傳）

睦州先去見黃檗，說明三次問法三次被打的後生，要來辭別。但看後生爲一奇特人，將來必能成一大樹，蔭庇天下人，還請接引他。第二天，義玄向黃檗辭行。黃檗告訴他不要往遠走，祇往高安灘頭參見大愚禪師。義玄往參大愚。

「愚問：『甚處來？』
師曰：『黄檗來。』
愚曰：『黄檗有何言句？』
師曰：『某甲三度問佛法，三度被打，不知某甲有過無過？』
愚曰：『黄檗與麼老婆心，切爲汝得徹困，更來這裏問有過無過！』
師於言下大悟，乃曰：『元來黄檗佛法無多子！』
愚搊住曰：『這尿牀鬼子，適來道有過無過，如今却道黄檗佛法無多子，你見箇甚麼道理，速道！速道！』
師於大愚肋下築三拳，愚拓開曰：『汝師黄檗，非干我事。』
師辭大愚，却回黄檗。
檗見，便問：『這漢來來去去，有甚了期？』
師曰：『便爲老婆心切，便人事了。』
侍立。檗問：『甚處來？』
師曰：『昨蒙和尚慈旨令參大愚去來。』
檗曰：『大愚有何言句？』

師擧前話。檗曰：『大愚老漢饒舌，待來痛與一頓。』

師曰：『說甚待來，卽今便打？』

隨後便掌，檗曰：『這瘋顚漢來這裏捋虎鬚。』

師便喝，檗喚侍者曰：『引這瘋顚漢參堂去。』」（同上）

這一幕開場白，述說義玄初見黃檗的一劇，現露臨濟宗的禪風。義玄後來以很強的個性，發揮凌厲逼人的偈句和棒喝。

「師栽松次，檗曰：『深山裏栽許多松作甚麼？』

師曰：『一與山門作境致，二與後人作標榜。』

道了，將钁頭鋤地三下。

檗曰：『雖然如是，子已喫吾三十棒了。』

師又鋤三下，噓一噓。

檗曰：『吾宗到汝大興。』」（同上）

松樹將來發育，長成大樹，象徵黃檗的禪風，成爲一宗，由義玄發揚。後來稱爲臨濟宗。

「師後住鎮州臨濟，學侶雲集，一日謂普化、克符二上座曰：『我欲於此建立黃檗宗旨，汝且成數我。』二人珍重下去。三日後，普化却上來問：『和尚三日前說什麼？』師便打。三日後，克符上來問：『和尚前日打普化作什麼？』師亦打。至晚，小參曰：『有時奪人不奪境，有時奪境不奪人，有時人境兩奪，有時人境俱不奪。』」(同上)

義玄建立黃檗宗風，後人不稱黃檗，而稱臨濟，以他爲宗祖。義玄的禪風雖宗於黃檗，然而他的個性強，給了禪宗一個特別的風格。

「僧問：『如何是眞佛眞法眞道？乞師開示。』師曰：『佛者，心清淨是。法者，心光明是。道者，處處無礙。淨光是三卽一，皆是空名而無實有。如眞正作道人，念念心不間斷。』」(同上)

明爽地答覆，本心卽是佛，佛性淸淨，本來光明，自然隨地顯露。眞眞作道的人，念念心不間斷。

「師問洛浦：『從來上一人行棒，一人行喝，阿那個親？』

浦曰：『總不親。』

師曰：『親處作麼生？』

浦便喝，師乃打。」（同上）

「師應機，多用喝。會下參徒，亦學師喝。師曰：『汝等總學我喝。我今問汝，有一人從東堂出，一人從西堂出，兩人齊喝一聲，這裏分得賓主麼？汝且作麼生？分若分不得，已後不得學老僧喝。』

示衆：『我有時先照後用，有時先用後照，有時照用同時，有時照用不同時。先照後用有人在，先用後照有法在，照用同時，駈耕夫之子，奪饑人之食，敲骨取髓，痛下針錐。照用不同時，有問有答，立賓立主，合水和泥，應機接物。若是過量人，向未舉已前，撩衣便行，猶較些子。』」（同上）

臨濟宗習用棒喝，養成鋒銳的禪風。然而棒喝祇是一種方便，爲引領參禪者可以得到禪的體驗，義玄向弟子們說他所用的方便。

義玄說明他用方法，看所對的人而有分別。

「有時奪人不奪境，有時奪境不奪人，有時人境兩奪，有時人境俱不奪。」

這一段說明，若參學的人有錯誤的心理，便祇對他的心理下藥，不管他所持的主張。若參學的人所持的主張錯誤，便先破他錯誤的主張，不理他的心理如何。若是參學的人，心理和主張都錯，便雙管直下，痛下針錐。若是參學者的人，一時難予開導，則慢慢等時機，暫時不予引導。又或來者或弟子已悟道，則就人境俱不奪。

「有時先照後用，有時先用後照，有時照用同時，有時照用不同時。」

這一段說明，與前面的說明意義相彷彿。先照後用以人爲主；先用後照以法爲主；照用同時，則鞭策參學者，敲骨取髓；照用不同時，則有問有答，應機接物。至於『照』、『用』代表什麼，他沒有說明，似乎『照』代表『喝』，『用』代表『棒』。

在喝的方便中，要緊分明賓主，否則喝便沒意義。「參學之人，不須子細如賓主相見，便有言論往來。」（同上）一個僧人對學參禪人，大模大樣，學人喝他，他也喝，不肯放，這是『賓看主』。「此是膏肓之痛，不堪醫治。」（同上）一個僧人，當學參禪人發問時，即喝，不理他的心境和主張，學參禪的人，抵死不肯放，這是『主看賓』。若有學參的人，在好的心理境況下，說出善知識，僧人識得，卻把他抛向坑裏而喝，學參禪的便禮拜，這是『主看主』。若有學參禪的人，心理上枷鎖很重，僧人沒有解脫煩惱枷鎖，卻再替他加上一層枷鎖，這叫做『賓看賓』。

義玄的主賓，在主的人是悟道而主動引導者，賓則是未悟道而應受引導者。雙方對喝時，總要有一方，用喝能給對方以悟道的暗示，否則便成了互對相鬬，沒有意義。

「師陞堂，有僧出，師便喝，僧亦喝，便禮拜，師便打。」

師徒相對喝打，在臨濟門人似是傳統，因義玄自己和老師黃檗就常行這種方便。但臨濟義玄對於外來者，則也用偈頌。

「趙州遊方到院，在後架洗脚次。
師便問：『如何是祖師西來意？』
州曰：『恰遇山僧洗脚。』
師近前，作聽勢。
州曰：『會卽便會，啗啄作什麼？』

師便歸方丈。

州曰：『三十年行脚，今日錯爲人下註脚。』」（同上）

趙州和尚當時爲著名禪師，行脚遍南北，義玄以長者相待，故從他問道。趙州素常不答，答卽公案。這次卻是平常對話，所以後悔「錯下了註脚。」

「到鳳林，林曰：『有事相借問得怎？』

師曰：『何得剜肉作瘡！』

林曰：『海月澄無影，遊魚獨自迷。』

師曰：『海月旣無影，游魚何得迷！』

林曰：『觀風知浪起，翫水野帆飄。』

師曰：『孤蟾獨耀江山靜，長嘯一聲天地秋。』

林曰：『任張三寸揮天地，一句臨機試道看。』

師曰：『路逢劍客須呈劍，不是詩人不獻詩。』

林便休。師乃頌曰：

『大道絕同，任向西東。石火莫及，電光罔通。』」（同上）

鳳林譏刺義玄迷惘行脚，義玄答說獨耀江山。兩人不是鬪法，而是鬪智。因爲遇了鬪智的人，便以智相對。『路逢劍客須呈劍。』

五燈會元本傳將結尾時，還記錄棒喝公案，饒有臨濟宗風趣。

「僧問：『如何是佛法大意？』

師豎起拂子，僧便喝，師便打。

又僧問：『如何是佛法大意？』

師亦豎起拂子，僧便喝，師亦喝，僧擬議，師便打。

乃曰：『大衆，夫爲法者不避喪身失命。我於黃檗先師處，三度問佛法的大意，三度被打如蒿枝拂相似。如今更思一頓，誰爲下手？』

時有僧出，曰：『某甲下手，』師度與柱杖，僧擬接，師便打。」（同上）

受棒喝，爲求法的人應是一件樂事，表示老師看識，願意施敎，又在受棒喝時，眞能得到頓悟

義玄後居大明府興化寺東堂，在去世時，留一偈曰：

「沿流不止問如何，眞照無邊說似他，

離相離名人不禀，吹毛用了急須磨。」（同上）

臨濟義玄不是開棒喝的方便法，而是棒喝的盛行者，使棒喝截斷弟子的意識，引他們入悟。義玄曾說：

「有時一喝如金剛王寶劍，有時一喝如踞地師子，有時一喝如探竿影草，有時一喝不作一喝用。」（同上）

臨濟的禪風，流傳長久。在唐武宗破佛後，仍舊流傳到宋代。

3. 雲門宗—文偃禪師

文偃禪師，浙江嘉興人，俗姓張，生於唐僖宗中和元年（公元八八一年），卒於唐懿宗咸通七年（公元八六六年）。少年落髮，往參睦州。

「州纔見，便閉却門。師乃扣門，州曰：『誰？』師曰：『某甲。』州曰：『作什麼？』師曰：『己事未明，乞師指示。』州開門，一見便閉却門。師如是連三日扣門。至第三日，州開門，師乃拶入，州便擒住，曰：

『道！道！』師擬議，便推出，曰：『秦時轅轢鑽，』遂掩門，損師一足。師從此悟入。州指見雪峰。」（五燈會元卷十五，雲門文偃禪師傳）

這種參見禮，非常饒戲劇性，足見文偃當時求法的誠切，也見禪師們引導後進的果決。文偃到雪峰莊參見義存禪師，沒有往莊山去以前，他在路上遇到一個僧人，託付他向義存說：「這老漢項上鐵枷何不脫卻」。僧人便去說了。雪峰便下望攔胸把住僧人，叫他快說。僧人沒有別的話接下去。雪峰便道這不是他的話。僧人說是的。雪峰吩咐侍者拿繩子和棒來，僧人才說明是代莊外一個來客說的話。雪峰立時吩咐大眾去迎接入莊。次日，文偃進了雪峰莊。

「峯纔見，便曰：『因什麼得到與麼地？』師乃低頭。從茲契合，溫研積稔，密以宗印授焉。」（五燈會元卷十五，雲門文偃禪師傳）

這種參見又饒有戲劇性，雪峰明眼人識破文偃的修養，厚禮地收留為弟子，（義存的宗系由德山宣鑑，到龍潭崇信，到天皇道悟，到石頭希遷，到青原行思）文偃辭別雪峰，徧訪各方名刹，到了靈樹，被請為首座。靈樹二十年不立首座，一時說我首座已出生，一時說我首座在牧牛，一時說我首座已在行脚。文偃抵靈樹時，靈樹擊鐘，令大眾往迎首座，正遇着文偃，便接他到首座寮。後在靈樹開堂說法。

他指示大眾不要尋法問事，連一句話都不能得。否則祇是一場口語，不能得道。

「更欲踏步向前，尋言逐句，求覓解會，千差萬別，廣設問難，贏得一場口滑，去道轉遠，有什麼休歇時。……若是得底人，道火不能燒，口終日說事，未嘗掛著唇齒，未嘗道著一字。終日著衣吃飯，未日觸著一粒米，掛一縷絲。雖然如此，猶是門庭之說也。」（同上）

一切言辭說教，在佛經裏樣樣都有，「此事若在言語上，三乘十二教，豈是無言語？因什麼更道教外別傳？」（同上）佛法不在言語上。

「師一日打椎，曰：『妙喜世界百雜碎拓鉢，向湖南城裏吃粥飯去來，上堂諸兄弟，盡是諸方參尋知識，決擇生死。到處豈無尊宿垂慈方便之詞，還有透不得底句麼？出來舉看，待老漢與你大家商量，有麼有麼？』

時有僧出，擬伸問次。

師曰：『去！去！西天路迢迢十萬餘』，便下座。舉世尊初生下，一手指天，一手指地，周行七步，目顧四方云：『天上天下，唯我獨尊。』師曰：『我當時若見，一棒打殺與狗子吃，却貴圖天下太平。』」(同上)

禪師們喝佛罵師，表示成佛全在自己心內。文偃因說棒殺世尊給狗吃，天下更享太平。這種話語當然不能出諸一般僧人的口。

「僧問：『如何是西來意？』
師曰：『山河大地。』
曰：『向上更有何事也無？』
師曰：『有。』
曰：『如何是向上事？』
師曰：『釋迦老子在西天，文殊菩薩居東土。』」(同上)

山河遼闊，莫知方向，祖師西來意，茫茫莫測。向上更有達摩祖師的祖師。

「問：『一生積惡不知善，一生積善不知惡，此意如何？』

師曰：『燭。』

問：『如何是和尚非時爲人一句。』

師曰：『早朝牽犁，晚間拽杷。』」（同上）

這兩條公案話頭，很不容易參透。一生知惡不知善，一生知善不知惡，都是光明照不照的問題。和尚實在也是和常人一樣，應付日常生活。

「舉雪峯云：『三世諸佛向火焰上轉大法輪。』

師曰：『火焰爲三世諸佛說法，三世諸佛立地聽。上堂舉一則語，教汝直下承當，早是撒屎著汝頭上也，直饒拈一毫頭盡大地，一時明德也，是剜肉作瘡。雖然如此，汝亦須是實到這個田地始得。若未一切不得掠虛，却須退步，向自己根脚下推尋，看是個什麼道理，無絲毫許與汝作解會，更不煩汝一毫氣力，便與祖佛無別。自是汝諸人，信根淺薄，惡業濃厚，突然起得許多頭角，擔鉢囊千鄉萬里受屈作麼？……兄弟古德，一期爲汝諸人不奈何，所以方便垂一言半句，通汝入路。……』」（同上）

文偃苦口告勸僧人們，好好靜心，自向心頭尋求，佛法在自己心內，莫虛度光陰。

「莫空遊州獵縣，橫擔柱杖，一千里二千里，走這邊經冬，走那邊過夏。好山好水堪取，性多齋供，易得衣鉢，苦屈苦屈，圖他一粒米，失却半年糧。此如行脚，有甚利益？信心檀越把菜粒米作什麼生消得！……」（同上）

當日，行脚僧人遍天下，拉着杖走遍南北。文偃指斥他們這般行脚有什麼益處。

「師見僧量米，問：『米籮裏有多少達摩眼睛？』

僧無對。

師代曰：『斗量不盡。上堂人人自有光明在，看時不見，暗昏昏作什麼生？是諸人自己光明。』」（同上）

人人自有光明，卻昏昏不見。一粒米可代表達摩的眼睛，因達摩自一粒米看見佛性。

「上堂，衆集，師以柱杖指面前曰：『乾坤大地，微塵諸佛，總在裏許。爭佛法，覺勝負，還有人諫得麼？若無人諫得，待老漢與你諫看。』

僧曰：『請和尚諫。』

師曰：『這野狐狸精。』

上堂，拈柱杖曰：『天親菩薩無端變作一條榔栗杖。』

乃畫一畫曰：『塵沙諸佛盡在這裏葛藤。』

便下座。上堂，曰：『我看汝諸人，二三機中尚不得構得，空披衲衣，何益！汝還會麼？我與汝註破。久後，到諸方，若見老宿舉一指，豎一拂子，云是禪是道，拽柱杖打破頭便行。若不如此，盡落天魔眷屬，壞滅吾宗。……』」（同上）

文偃說法，話語沈重。僧人一方面行脚，一方面三五研討佛法。這都是墮落天魔眷屬，不能得禪道，將來要壞滅他的宗道。

雪峰曾說：「盡大地撮來，如粟米粒大，拋向面前。」（碧巖錄，第五則）文偃所以說：「乾坤大地，微塵菩薩，總在面前。」一切平等，萬法共融。

「雲門垂語云：『十五日以前不問汝，十五日以後道將一句來。』自代云：日日是好日。』」（碧巖錄，第六則又見同上本傳）

雪竇禪師頌曰：

「去却一，拈得七，上下四維無等匹。
徐行踏斷流水聲，縱觀寫出飛鳥跡。
草茸茸，烟冪冪，空生巖畔花浪藉。」

一切平等，日日是好日。心無所掛。流水怎能徐行去踏斷？飛鳥怎會寫出飛行跡？一切任憑自然，猶如默默生在巖下水畔的花草。

「問：『如何是雲門一曲？』
師曰：『臘月二十五。』
曰：『唱者如何？』
師曰：『且緩緩。』
問：『如何是雪嶺泥牛吼？』
師曰：『山河走。』
問：『如何是雲門木馬嘶？』
師曰：『天地黑。』
問：『從上來事，請師提綱。』

師曰：『朝看東南，暮看西北。』
問：『便恁麼會時如何？』
師曰：『東家點燈，西家暗坐。』
問：『十二時中如何卽不得空過？』
師曰：『向什麼處著此問？』
曰：『學人不會，請師舉。』
師曰：『將筆硯來。』
僧乃取筆硯來。師作一頌曰：
舉不顧，卽差互，擬思量，何刼悟？」（五燈會元卷十五，本傳）

這一短頌，道盡禪宗方便法，不用言語，不用思量，自然光明。若有思量，豈能悟道？若人得道，像東家點了燈，一室光明。別人不得道，則如同西家暗裏坐。

在雲門的公案話頭裏，常很簡單，有時一句話，有時一個字，或稱「一字關」。

「僧問：『如何是雲門劍？』
師曰：『祖。』

問：『如何是玄中的？』

師曰：『𡎺』

問：『如何是吹毛劍？』

師曰：『骼』

問：『如何是正法眼？』

師曰：『普』

問：『如何是啐啄機？』

師曰：『響』

問：『如何是雲門一路？』

師曰：『親』

問：『殺父殺母向佛前懺悔，殺佛殺祖，向甚處懺悔？』

師曰：『露』

問：『鑿壁偷光時如何？』

師曰：『恰』

師垂語曰：『會佛法如何沙百草頭上道，將一句來。』

自代云：『俱』
僧問：『如何是一代時敎？』
師曰：『對一說。』
問：『不是目前機，亦非目前事，如何？』
師曰：『倒一說。』」（同上）

後面兩則公案，在碧巖錄裏也錄有。這些公案的話頭祇一個字，仔細去想，都很有道理，恰恰對答了問題。雲門的劍，是祖師禪，是宏揚宗祖的禪道。雲門的一路，是親切。雲門不似臨濟鋒銳的棒喝，而是俗人親切感，要人對於目前的機，特別親切。殺佛殺祖沒有可懺悔，乃是佛性的顯露，若要懺悔，向着露天就可以。碧巖錄解說『對一說』的意思，第一，可以說一代時敎，是對每一種人的說敎。第二，可以說是超越時間和談話對方的意思，只是自己對自己說。雪竇禪師的頌表示這種超越感：「對一說，太孤絕，無孔鐵鎚重下楔。閻浮樹下笑呵呵，昨夜驪龍拗角折。別！別！韶陽老人得一橛。」（碧巖錄第十四則）『倒一說』，既不是目前的機，那就無所可說，好似水中的月，撈也不撈不着。雪竇和尚的頌說：「倒一說，分一節，同死同生為君訣，八萬四千非鳳毛，三十三人入虎穴。擾擾忽忽水裏月。」

（碧巖錄第十五節）靈山會上八萬四千人，都不是傑出的鳳毛，迦葉到六祖三十三禪祖入虎穴度人，也如同水裏撈月。

「僧問：『樹凋葉落時如何？』
師曰：『體露金風。』
僧問：『如何是清淨法身？』
師曰：『花藥欄。』
僧曰：『便恁麼去時如何？』
師曰：『金毛獅子。』」（同上本傳，及碧巖錄）

人能解脫一切無明煩惱，本性自然顯體，便是『體露金風』。清淨法身卽是人的本心本性，不可言說，不可論價值。雪竇和尙作頌說：「花藥欄，莫顢頇，星在秤兮不在盤。便恁麼，太無端。金毛獅子大家看。」（碧巖錄第三十九則）

「有陳尙書者，請齋，纔見便問：『儒書中卽不問：三乘十二分敎，自有座主，作麼生是衲僧行脚事？』

師曰：『曾問幾人來？』
書曰：『卽今問上座。』
師曰：『卽今且置作麼生是教意。』
書曰：『黃卷赤軸。』
師曰：『這個是文字語言，作麼生是教書？』
書曰：『口欲談而辭卷，心欲緣而慮忘。』
師曰：『口欲談而辭卷，爲對有言。心欲緣而慮忘，爲對妄言。作麼生是教意？』
書無語。
師曰：『見說尚書看法華經是否？』
書曰：『是。』
師曰：『經中道一切治生產，皆與實相不相違背，且道非非想天有幾人退位？』
書無語。
師曰：『尚書且莫草草三經五論，師僧拋却特入叢林十年二十年，尚不奈何，尚書又爭得會。』

書禮拜曰：『某甲罪過。』

師唱道：『靈樹雲門，凡三十載，機緣語句，備載廣錄。以乾和七年己酉四月十日，順寂。』」（五燈會元卷十五本傳）

乾和七年即咸通七年，文偃逝世。他的禪風後繼有人。不重文字語言，也不重棒喝猛撞。吳經熊教授引「雲門三句」：「涵蓋宇宙，截斷眾流，隨波逐浪。」加以解釋說：「這三句根本上是屬於絕對的。以筆者看來，它們是表現出一套辯證歷程的三個方面，就其普遍性來說，是無所不在，涵了整個宇宙的；就其超越性來說：是截斷眾流，超越了宇宙，不是我們所能窺破、觸及的；就其對這個世界的作用來說，是與世俗相處，隨波逐浪的。」(28)

這就是文偃的禪法。

4. 法眼宗—文益禪師

清涼文益，餘杭人，俗姓魯，生於唐僖宗光啟元年（公元八八五年），卒於後周世宗顯德五年（公元九五八年）。七歲，依新定智通院全偉禪師落髮，後往臨川，州牧請住崇壽院。文益曾參羅漢桂琛禪師（公元八六七年——九二八年）。桂琛禪師曾因弟子問：「如何是羅漢家風？」答說：「不向你道。」弟子曰：「爲什麼不道？」答說「是我家風。」羅漢學於玄沙師備（公元八三五——九〇八），師備爲雪峰義存的弟子，義存的老師爲青原行思宗派的德山宣鑑，上溯到石頭希遷。

文益的禪風，在於『諸方會下有存知解者，翕然而至，始則行行如也，師微以激發，皆漸自服膺。』（五燈會元卷十，清涼文益禪師傳）

「上堂，大衆立，久乃謂之曰：

『祇怎麼便散去，還有佛法道理也無？試說看！若無，又來這裏作麼？若有，大市裏人叢處亦有，何須到這裏。諸人各曾看還源觀，百門義海，華嚴論，涅槃經，諸多策子，阿那個教中有這個時節？若有，試舉看。莫是恁麼經裏有恁麼語，是此時節麼？有什麼交涉？所以道微言滯於心，首嘗爲緣慮之場。實際居於目前，翻爲名相之境，又作麼生得翻去？若也翻去，又作麼生得？正去還會麼？莫祇恁麼念策子，有什麼用處！』」（同上）

文益說明讀佛經不能助人得入禪道，佛法道理不在書册裏，若多讀佛經，反爲名相所累。

文益受周主的禮遇，迎住報恩禪院，署淨慧禪師，屢次和李王論道。

「一日，與李王論道罷，同觀牡丹花，王命作偈。師卽賦曰：『擁毳對芳叢，由來趣不同，髮從今日白，花是去年紅。艷冶隨朝露，馨香逐晚風。何須待零落，然後始知空。』

王頓悟其意。」（同上）

一切都是空，解脫煩惱，眞如顯露，人卽是佛。禪的體驗較比道家眞人的體驗還更超越，更絕對。

「問：『如何是古佛心師？』

師曰：『流出慈悲喜捨。』

問：『百年暗室一燈能破，如何是一燈？』

師曰：『論什麼百年。』」

問：『如何是古佛？』
師曰：『卽今也無嫌疑。』
問：『古鏡未開，如何顯照？』
師曰：『何必再三。』
問：『如何是諸佛玄旨？』
師曰：『是汝也。』」（同上）

古佛心，古鏡，諸佛玄旨，都祇是假名，實際就是每人自己的心。文益指示來問的人：「是汝也」，「卽今也」。

文益後來住清涼上堂，後人遂以清涼爲他的別號，他自己曾說：

「出家人，但隨時及節，便得寒卽寒，熱卽熱。欲知佛性義，當觀時節因緣，古今方便不少。不見石頭和尚因看肇論云：『會萬物爲己者，其唯聖人乎。』他家便道聖人無已，靡所不已。有一片言語，喚作參同契，末上云：『土大僊心，無過此語也。』中間也祇隨時說話。上座，今欲會萬物爲自己去，蓋爲大地無一法可見也。』

他又囑云：『光陰莫虛度，適來向上座道，但隨時及節便得。若也移時失候，卽是虛度光陰，於非色中作色解。上座，於非色中作色解，卽是移時失候。且道色作非色解，還當不當？上座，若恁麼會，便是沒交涉，正是癡狂兩頭走，有什麼用處？上座，但守分隨時過好珍重。』」（同上）

文益以清涼爲別號，不祇是因爲他住在清涼上堂；也因爲他的個性清淡，不用棒喝的急燥方便；又因他自己解釋「清涼」是「隨時及節」。禪宗最重『機』，有了禪機，纔可得禪體驗。這種機隨時可得，又隨時不可得；便應隨時警覺，切莫虛度。

文益引石頭和尚得肇論所說「會萬物爲己」的感召，對上座說：「蓋爲大地無一法可見也」，僧肇的話，會通道家的情緒，儒家易經也以大人和天地相通。中國儒道兩家都以宇宙爲一體，萬物的生命在氣上互成一貫。聖人在自己心中，能見宇宙萬物之情。佛教禪師則承天台和華嚴的思想，默承宇宙萬物相融，一卽一切，一切卽一。

「僧問：『如何是清涼家風？』

師曰：『汝到別處，但道到清涼來。』」（同上）

清涼家風，要到別處纔可以覺得出來。生長在自己團體中，不會覺到團體的特點；待到了別的團體中，因別的團體生活，和自己原有的團體生活不同，便看出了原有團體生活的特點。

「上座曰：『爭奈日夕何？』

師曰：『閑言語』」（同上）

頓悟隨時可現，豈在年老年少。白天黑夜爲得禪道沒有分別，年老年青又豈有分別。所以說這些分別是「閑言語」。

「問：『觀身如幻化，觀內亦復然時，如何？』

師曰：『還得恁麼也無！』」（同上）

內外不分，外身是幻，內心也是幻。能內外見到空，還有甚麼多事！

「師問修山王：『毫釐有差，天地懸隔，見作麼生會？』

修曰：『毫釐有差，天地懸隔。』

師曰：『恁麼會又爭得？』

修曰：『和尚如何？』

師曰：『毫釐有差，天地懸隔。』」（同上）

兩句話在普通來說，有意義；但對禪家來說，也不過是兩句空言，也沒有意義，就好似一種聲音，翻來覆去。

「有俗士獻畫障子，師看了，問：『汝是手巧心巧？』

曰：『心巧。』

師曰：『那個是汝心？』

士無對。」（同上）

不僅是俗士無對，就連僧家也不能對。若是禪師作答就必作一公案話頭。馬祖因答大梅問，說『卽心卽佛』，然又答僧問，說：『非心非佛』。俗士『無對』最妙，若有對答，必錯。

文益晚年，在金陵佈道，倡立宗風。五燈會元本傳說：

「師緣被金陵，三坐大道場，朝夕演旨，時諸方叢林，咸遵風化。異域有慕其法者，涉遠而至。玄沙正宗，中興於江表。

> 師調機順物，斥滯磨昏，凡舉諸方三昧，或入室呈解，或叩激請益，皆應病與藥，隨根悟入者，不可勝紀。」（同上）

當時佛教遭唐武宗的毀佛，元氣大傷，唯有禪宗能重振禪風。文益得周主的優遇，在金陵宏法。日本和朝鮮也有僧人來求禪道，故說：「異域有慕其法者，涉遠而至。」在五燈會元有傳者：有高麗國道峰山慧炬國師。

文益卒於後周顯德五年，弟子多人，繼揚宗風。弟子中以天台德韶爲最著，其他弟子多在杭州靈隱寺、永明寺、報恩寺，在金陵報恩院、報慈院、淨統院，在撫州和廬山。

德韶，俗姓陳，處州龍泉人，出家後，訪問名師，最後到臨川，參文益禪師。

> 「最後至臨川，謁法眼，眼一見深器之。師以徧涉叢林，亦倦於參問，但隨衆而已。一日，法眼上堂，僧問：『如何是曹源一滴水？』眼曰：『是曹源一滴水。』僧惘然而退。師於坐側，豁然開悟，平生凝滯，渙若氷釋。遂以所悟，聞於法眼。眼曰：『汝向後當爲國王所師，致祖道光大，吾不如也。』」（五燈會元卷十，天臺德韶禪師傳）

師生相見，文益很謙虛，表現文益的天性。德韶遂有自信，乃開堂傳法。五燈會元載：

「自是諸方異唱，古今玄鍵，與之決擇，不留微跡。」

德韶告誡僧人不要逐字問句，不要辯論佛法：

「如此見解，喚作依草附木，與佛法天地懸隔。假饒答話，揀辨如懸河，祇成個顛倒知見。若祇貴答話揀辨，有什麼難？但恐無益於人，翻成賺悞。……所以古人道，見聞不脫如水裏月，無事珍重。師有偈曰：『通玄峯頂，不是人間，心外無法，滿是青山。』法眼聞云：『卽此一偈，可起吾宗。』」（同上）

德韶傳繼師法，作法眼宗繼承人。

5. 曹洞宗

甲、洞山良价

洞山良价悟本禪師，會稽人，俗姓俞，生於唐憲宗元和二年（公元八〇七年），卒於唐懿宗咸通一〇年（公元八六九年）。洞山爲雲巖曇晟（公元七八一——八四二）的弟子，雲巖則是清原行思宗系。藥山惟藥的弟子，藥山的老師爲石頭希遷。

良价，年二十一，詣嵩山，具戒，行脚遊方，至南泉，又至潙山，潙山指點他到雲巖。

「潙曰：『此去澧陵攸縣，石室相連，有雲巖道人，若能撥草瞻風，必能子之所重。』

師曰：『未審此人如何？』

潙曰：『他曾問老師，學人欲奉師去時如何，老僧對他道，直須絕滲漏始得。他道還得不違師旨也無。老僧道第一不得道老僧在這裏。』」

（五燈會元卷十三，良价悟本禪師傳）

良价遂去參雲巖，述說了前段經過，便問：「無情說法，何人得聞？」

「巖曰：『無情得聞。』

師曰：『和尚聞否？』

巖曰：『我若聞，汝卽不聞吾說法也。』

師曰：『某甲爲什麼不聞？』

巖豎起拂子曰：『還聞麼？』

師曰：『不聞。』
巖曰：『我說法汝尚不聞，豈況無情說法乎！』
師曰：『無情說法，該何典教？』
巖曰：『豈不見彌陀經云：水鳥樹林悉皆念佛念法？』
師於此有省，乃述偈曰：
也大奇，也大奇！無情說法不思議，
若將耳聞終難會，眼處聞時方得知。』」（同上）

良价參見溈山時，也曾以「無情說法」相問，溈山祇答：「闍黎莫記得否？」有另一僧人繼續問溈山得聞無情說法否？溈山也答說自己不聞，若他聞了，僧人便不聞他說法，祇有聖人得聞。雲巖答良价，也說自己不聞無情說法。溈山曾舉華嚴經印證，雲巖舉彌陀經。一切眾生都有佛性，乃是大乘的教義；但若說一人有無情物說佛法的體驗，則祇有悟道的聖人，聖人與宇宙萬物相通，悟道的禪師，體驗自心卽佛，也就可以體驗無情物也顯露佛性。這一點爲法眼文益的禪法，會宇宙萬物於自己，溈山、雲巖、良价也都想有這樣的體驗，良价也說出無情說法的體驗，不用耳聽，而用眼聞。

良价參見了雲巖，雲巖依照溈山的指示，收徒弟須絕滲漏的原則，收他爲弟子。

「師問雲巖：『某甲有餘習未盡。』

巖曰：『汝曾作什麼來？』

師曰：『聖諦亦不爲。』

巖曰：『還歡喜也未？』

師曰：『歡喜則不無，如糞掃堆頭拾得一顆明珠。』」（同上）

良价想進一步修習禪法，雲巖則以他沒有修行爲好，祇要心中安定喜樂。這就是禪的體驗。

良价辭別雲巖，再去行脚。

「師辭雲巖，巖問：『什麼處去？』

師曰：『雖離和尚，未卜所止。』

曰：『莫湖南去？』

師曰：『無。』

曰：『莫歸鄉去？』
師曰：『無。』
曰：『早晚却回。』
師曰：『待和尚有住處，卽來。』
曰：『自此一別，難得相見。』
師曰：『難得不相見。』臨行，又問：『百年後忽有人問還邈得師眞否，如何祇對？』
巖良久曰：『祇這是。』
師沈吟。
巖曰：『价，閣黎承當個事大，須審細。』
師猶涉疑。後因過水睹影，大悟前旨，有偈曰：
切忌從他覓，迢迢與我疎。
我今獨自往，處處得逢渠。
渠今正是我，我今不是渠。
應須恁麼會，方得契如如。」（同上）

「他日，因供養雲巖眞次，僧問：『先師道，祇這是莫便是否？』
師曰：『是。』
僧曰：『意旨如何？』
師曰：『當時幾錯會先師意。』
曰：『未審先師還知有也無？』
師曰：『若不知有，爭解恁麼道？若知有，爭肯恁麼道。』」（同上）

良价對於雲巖，心多嚮慕，在別離時的偈，表示懷念，默認自己悟道，具有老師的禪風，故說「渠今正是我，我今不是渠。」欲卽欲離。雲巖去世後，他常供養。

「因雲巖諱日營齋，僧問：『和尚於雲巖處，得何指示？』
師曰：『雖在彼中，不蒙指示。』
曰：『旣不蒙指示，又用設齋作什麼？』
師曰：『爭敢違背他。』
僧曰：『和尚初見南泉，爲什麼却與雲巖設齋？』
師曰：『我不重先師道德佛法，祇重他不爲我說破。』

曰：『和尚爲先師設齋，還肯先師也無？』

師曰：『半肯半不肯。』

曰：『爲什麽不全肯？』

師曰：『若全肯，卽孤負先師也。』」（同上）

禪宗的師風，在於引導弟子走入禪的體驗，不在於設教說法。所以「祇重他不爲我說破」。弟子承老師禪風，應由自己去體驗，不能抄襲老師的經驗，所以不能完全和老師一般，否則，「卽孤負先師也」。

「問：『寒暑到來，如何回避？』

師曰：『何不向無寒暑處去。』

曰：『如何是無寒暑處？』

師曰：『寒時寒殺，闍黎，熱時熱殺，闍黎。』」（同上）

這種非常俗氣的問題，若遇着石頭和尚或是趙州和尚，馬上給與顏色看。良价卻很平和答覆，爲參學道的人沒有寒暑，寒也不寒，熱也不熱，自心超越紅塵世界。

雪峯義存（公元八二二——九〇八）和雲巖曾有師弟之誼，雪峯少於雲巖。

「雪峯搬柴次，乃於師前拋下一束。師曰：『重多少？』
峯曰：『盡大地人提不起。』
師曰：『爭得到這裏？』
峯無語。」（同上）

雪峯義存能說柴重，「盡大地人提不起」，他是以柴卽宇宙萬法，萬法卽一束柴。卽是說泰山等於鴻毛，鴻毛等於泰山。

「師看稻次，見朗上座牽牛，師曰：『這個牛須好看，恐傷人苗稼。』
朗曰：『若是好牛，應不傷人苗稼。』
僧問：『如何是青山白雲父？』
師曰：『不森森者是。』
曰：『如何是白雲青山兒？』
師曰：『不辯東西者是。』
曰：『如何是白雲終日倚？』
師曰：『去離不得。』

曰：『如何是青山總不知？』

師曰：『不顧視者是。乃頌曰：青山白雲父，白雲青山兒，白雲終日依，

青山總不知。』

問：『清河彼岸是什麼草？』

師曰：『是不萌之草。』」（同上本傳，又洞山悟本禪師語錄）

這些都是公案話頭，以常識爲答，暗示禪機。無門關第十八則有「洞山三斤」公案。

「洞山和尚因僧問：『如何是佛？』

山云：『麻三斤，』」

眼前當時有麻三斤，洞山便以麻三斤作答。看來極不通，實則是至理名言。一切都是佛，眼前的三斤麻當然是佛，這樣便開啟僧人的智慧，使他懂得無情物也有佛性。無門頌曰：

「突出麻三斤，言親意更親，來說是非者，便是是非人。」

曹山本寂來參良价，被接收爲弟子，曹山日後宏禪法，乃有曹洞宗。

「曹山來謁師，師問曰：『闍黎名什麼？』

對曰：『本寂。』

師曰：『向上更道？』

曹云：『不道。』

師曰：『爲什麼不道？』

曹云：『不名本寂。』

師深器之。」（洞山悟本禪師語錄）

名字都是假名，洞山試探曹山，問他名字，他第一次參見，禮貌上應報名。後來知道洞山的意思，乃說沒有名字。洞山便很器重他。曹山侍奉洞山數載，後辭別。

「曹山親入師室，密印所解，盤桓數載，乃辭師。

師問：『什麼處去？』

云：『不變異處去。』

師曰：『不變異處豈有去耶？』

曹云：『去亦不變異。』

師又曰：『子歸鄉莫打飛鳶嶺過麼？』

曹云：『是。』

師曰：『來時莫打飛鳶嶺來么』

曹云：『是。』

師曰：『有一人不打飛鳶嶺過，便到此間，子還知麼？』

曹云：『渠無彼往。』

師曰：『子見甚道理，便道渠無彼往？』

曹云：『若不到這田地，爭解恁麼道。』

師遂囑曰：『吾在雲巖先師處，親印寶鏡三昧。事窮的要今付于汝。』

師又曰：『末法時代，人多乾慧。若要辨驗眞僞，有三種滲漏：一曰，見滲漏，機不離位，墮在毒海；二曰，情滲漏，滯在向背，見處偏枯；三曰，語滲漏，究妙失宗，機昧終始。』」(同上語錄)

在「本傳」裏，洞山授於曹山寶鏡三昧後，作一詞曰：

「如是之法，佛祖密付，汝今得之，宜善保護。
銀盌盛雪，明月藏鷺。類之弗齊，混則知處。

意不在言，來機亦赴。動成窠臼，差落顧佇。
背觸俱非，如大火聚。但形文彩，即屬染污。
夜半正明，天曉不露。爲物作則，用拔諸苦。
雖非有爲，不是無語。如臨寶鏡，形影相覩。
汝不是渠，渠正是汝。如世嬰兒，五相完具。
不去不來，不起不住。婆婆和和，有句無句，
終不得物，語未正故。……」

洞山又給曹山三偈，第三偈曰：

「事理俱不涉，回照絕幽微，背風無巧拙，電光爍難追。」(同上)

在禪宗史裏，很難見到師弟相別時，老師有這些長的贈言，囑咐『宜善保護』爲師的佛法。佛法禪道『意不在言』，祇乘禪機，『來機亦赴』不宜抄襲，否則『動成窠臼』然而師弟之間，禪的體驗，使兩人聯繫，『汝不是渠，渠正是汝。』授給弟子三種滲漏，由見、情、語，三方面去觀察，而後選擇弟子。

良价病危時，問一僧人說，離開這軀殼，到什麼地方相見？僧人沒話可對。良价乃作一

頌曰：

「學者恒沙無一語，過在尋他舌頭路，
欲得忘形泯蹤跡，努力殷勤空裏步。」（五燈會元卷十三）

禪法不在尋求語言，須要忘形泯跡，在『空』裏殷勤學步。良价在咸通十年三月去世。

乙、曹山本寂

曹山本寂，俗姓黃，泉州莆田人，生於唐文宗開成五年（公元八四〇年），卒於唐昭宗天復元年（公元九〇一年）。幼年業攻儒學，十九歲時出家，二十五歲受戒，參謁洞山良价，侍奉數載，辭出，往曹溪禮拜六祖塔，回吉水，心嚮六祖，乃名所居山爲曹山。他曾告洞山：『去亦不變異』。洞山也囑咐他愼守宗風。師弟倆人，共稱爲曹洞宗的祖師。不久，地方遭兵亂，本寂往宜黃，有信士王若一請他住何王觀，他改何王觀爲荷玉觀，大興法席，「洞山之宗，至師爲盛。」（五燈會元卷十三，曹山本寂禪師傳）

「僧問五位君臣旨訣。

師曰：『正位卽空界，本來無物；偏位卽色界，有萬象形；正中偏者，背理就事；偏中正者，舍事入理；兼帶者，冥應衆緣，不墮諸有，非染非淨，非正非偏。故曰虛玄大道，無著眞宗，從上先德，推此一位，最妙最玄，當詳審明。』」(同上)

『正位卽空界』，不帶形色，事理相應，不墮諸有，不染不淨；這是禪宗的傳統思想。

「問：『萬法從何而生？』
師曰：『從顛倒生。』
曰：『不顛倒時萬法何在？』
師曰：『在。』
曰：『在什麼處？』
師曰：『顛倒作麼。』」(同上)

萬法由顛倒而來，本來沒有。不顛倒，當然沒有萬法，爲什麼還要問不顛倒時萬法何在。不過，現生的人都無明而顛倒，所以萬法在。

「一日，師入僧堂向火，有僧曰：『今日好寒！』

師曰：『誰知有不寒者。』

曰：『誰是不寒者？』

師筴火示之。

僧曰：『莫道無人好。』

師拋下火。

僧曰：『某甲到這裏來却不會。』

師曰：『日照寒潭明更明。』

問：『不與萬法爲侶者，是什麼人？』

師曰：『汝道洪州城裏如許多人什麼處去？』

問：『眉與目還相識也無？』

師曰：『不相識。』

曰：『爲什麼不相識？』

師曰：『爲同在一處。』

曰：『恁麼則不分去也？』

師曰：『眉且不是目。』
曰：『如何是目？』
師曰：『端的去。』
曰：『如何是眉？』
師曰：『曹山却疑。』
曰：『和尚爲什麼却疑？』
師曰：『若不却疑，卽端的去也。』』（同上）

這些問答，似乎近於兒戲，實則都會有禪道深理。說寒則有不寒，須要超越這些相對知識。寒潭水靜，日照乃能明更明；人心若靜，眞如光明必照人心。不與萬法爲侶者，當然是悟道的人；然而一般城裏的人都可以悟道。眉和目，豈不是同路人？怎識各人的心。

「問：『幻本何眞？』
師曰：『幻本元眞。』
曰：『當幻何顯？』
師曰：『卽幻卽顯。』

曰：『恁麼則始終不離於幻也？』

師曰：『覓幻相不可得。』

問：『卽心卽佛，卽不。』問：『如何是非心非佛？』

師曰：『兎角不用無，牛角不用有。』

『幻本元眞』，或『幻本不眞』，就是空和有的問題；有也不是，空也不是；空又是，有也是。同樣卽心卽佛，當然是眞理，若執以爲眞，則須破，乃說非心非佛。

「問：『子歸就父，爲什麼父全不顧？』

師曰：『理合如是。』

曰：『父子之恩何在？』

師曰：『始成父子之恩。』

曰：『如何是父子之恩？』

師曰：『刀斧斫不開。』

問：『靈衣不挂時如何？』

師曰：『曹山孝滿。』

曰：『孝滿後如何？』

師曰：『曹山好顛酒。』」（同上）

父子之恩，理合子歸就父；雖然父全不顧，其實父心中有子，因爲父子之恩，刀斧砍不斷。但是兒子掛孝以後，則生活如常，「曹山好顛酒」。

「問：『世間什麼物最貴？』

師曰：『死貓兒頭最貴。』

曰：『爲什麼死貓兒頭最貴？』

師曰：『無人著價。』」（同上）

這種答辭眞配禪師的答辭，『沒有人著價』的東西最貴，因爲沒有價錢，乃是超越價錢。超越了價錢，纔是沒有貴賤的絕對寶。佛法禪道，即是超越一切相對。

「問：『國內按劍者，是誰？』

師曰：『曹山。』

曰：『擬殺何人？』

師曰：『一切總殺。』

曰：『忽逢本生父母，又作麼生？』

師曰：『揀什麼？』

曰：『爭奈自己何？』

師曰：『誰奈我何？』

曰：『何不自殺？』

師曰：『無下手處。』」（同上）

曹山按劍，殺盡天下人，氣態豪邁。他願以禪法，破除天下人的現生，解脫他們的輪迴。僧人卻把『殺』懂爲刀劍殺人，便問怎肯殺父母？再問爲何不自殺？一個人已經解脫煩惱，便沒有可殺的了，所以說『無下手處！』

「問：『一靈眞性，不假胞胎時如何？』

師曰：『未是妙者。』

曰：『如何是妙？』

師曰：『不借，借者珍重便化。』

師示頌曰：

「覺性圓明無相身，莫將知見妄踈親，
念異便於玄體昧，心差不與道爲鄰。
情分萬法沉前境，識鑒多端喪本眞。
如是句中全曉會，了然無事昔時人。」（同上）

這一首頌辭，詠說禪法的自然，圓性無相，不用知識去知，不用言語去說，不用思想去想。心有念卽離道，情分法便遠禪境，識多更喪卻本眞。一切自然，一切無文字言語思慮。本寂另有一偈，也吟咏這種禪風。

「枯木龍吟眞見道，髑髏無識眼初明。
喜識盡時消息盡，當人那辨濁中清。」（同上）

僧問香嚴，如何是道，香嚴說以枯木龍吟。僧問本寂，如何是枯木龍吟，他答說髑髏有眼睛。僧人當然不懂。本寂說了上面一偈。佛法禪道有如枯木能龍吟，髑髏能有眼睛。就是人解除了一切思念情欲，有如枯木，有如髑髏，反而有如龍的長吟，天下皆聞；有如髑髏明眼，遠近皆見。

「本傳」說：「師尋常應機，曾無軌轍。」他在引發人禪機時，曾不守一定方式，更不用一定的說法。禪是活潑潑的體驗，怎麼能用模型去製造呢？

佛教就禪宗五家禪風，常說：「曹洞丁寧，臨濟勢勝，雲門突急，法眼巧便，潙仰回互」。曹洞丁寧，即曹山本寂辭別洞山良价時，洞山叮嚀囑咐，有似父親囑咐兒子，故又有人說「臨濟將軍，曹洞士民。」

註

㈠ 胡適校　敦煌，唐寫本神會和尚遺集，頁二四——三三。胡適紀念館

㈡ 李孝本等著　佛學入門，頁二〇五。常春樹書坊。

㈢ 印順　中國禪宗史，頁十二。廣益書局。

㈣ 船庵　中土禪宗五祖述略。見禪宗學論文集，頁一九。現代佛教學術叢刊。大乘出版社

㈤ 參考印順著　中國禪宗史，頁七五——二二六。

㈥ 鈴木大拙　禪學隨筆，頁六六、五六。志文出版社。

㈦ 鈴木大拙　禪與生活，頁九五。志文出版社

㈧ 鈴木大拙　禪學隨筆，頁八九。

㈨ 同上，頁九九。

(十) 胡適　中國禪學之發展。現代佛教學術叢刊，禪宗思想與歷史。頁二七九。

(十一) 鈴木大拙　禪學隨筆，頁二〇——二二。

(十二) 同上，頁二四。

(十三) 巴壺天　禪宗大公案之透視。現代佛教學術叢刊。禪宗思想與歷史。頁五四。

(十四) 鈴木大拙　禪與生活，頁一四八。

(十五) 吳經熊　禪學的黃金時代，頁六。商務印書館。

(十六) 鈴木大拙　答胡適博士，現代佛教學術叢刊，禪學論文集。頁二〇七。

(十七) 同上，頁二一二。

(十八) 鈴木大拙　禪與生活，頁一七七。見(7)

(十九) 胡適校　神會和尚遺集。頁七三——七四。見(1)

(二十) 印順　中國禪宗史。頁二五一。

(二一) 參考印順　中國禪宗史頁一三六——一四七。

(二二) 吳經熊　禪學的黃金時代，頁六二。臺灣商務印書館。

(二三) 參閱同上，頁一三三——一三五。

(二四) 久光　百丈禪要，現代佛教學術叢刊。禪學論文集。頁九一。

(二五) 吳經熊　禪學的黃金時代。頁一二六。

(二六) 同上，頁一二八。

(二七) 關於李唐襲燈大師香巖智閑的頌吟偈讚，見陳祚龍著中華佛教文化史散策初集，新文豐出版公司出版。

(二八) 吳經熊　禪學的黃金時代。頁二三一。

後語

一

二十年以前，我在羅瑪傳信大學教授中國思想史和宗教史時，曾研究過佛經，但也沒有深入。回國以後，主管教會行政，雖仍在輔仁大學和文化學院兼幾小時的哲學課，然從沒有講佛學。五年前我開始寫中國哲學思想史，一邊寫，一邊付印，先就自己所熟識的寫起，第一寫先秦時代，第二寫宋代，第三寫兩漢魏晉南北朝時代。前年下半年應該寫隋唐佛教哲學思想，心中茫然，不知道如何下筆。家中藏書雖有大藏經第一輯四十册。第二輯八十册，還有幾十册中外研究中國佛教的書，卻因爲經册太多，實在有望「書」興嘆的感覺。經過半年的翻閱，總算有些頭緒。提筆寫稿時，仍舊寸步難行。值到去年暑假時，看到了日本高楠順次郎所著，藍吉富所譯的佛教哲學要義，突然看到了我要寫的這册書的大綱。先有佛教思想的簡史，然後有佛教的基本哲學，最後有佛教各宗的哲學思想。有了大綱，進行便很順利，到本年正月底，完結這册書稿，竟有一千多頁，幾乎五十餘萬字。我想字數太多，一些所引佛經文句，該可以删除使行文略爲輕鬆，但又想，讀者未必能有機會去翻佛經，書中能多引經典，爲讀者較方便，所以也就按原稿刊出。

研究中國哲學思想史與研究西方哲學思想史，方法有些不同。西洋哲學家對於哲學問題常有整本的著作，研究時祇提出他們的思想，註明出處就够了。中國哲學思想家對於哲學問題沒有專著，所有思想散在他們的文集和語錄裏，研究的人要從文集語錄裏去收集有關的資料；因而在提出他們的思想時，必定要舉出文據以佐證，否則，就將成爲研究者自己的虛構幻想。

中國哲學思想史上，有兩個最難的題目：一是兩漢魏晉南北朝時代的易學；一是隋唐時代的佛學。兩漢魏晉南北朝時代的思想，並不是因爲五胡亂華，把先秦傳統思想弄亂了，而是當秦始皇焚書以後，又經過戰國時代思想的自由，社會基層所有的思想乘機發揚，幾乎把儒家思想擠出了思想的舞臺。當時社會的基層思想：有民間的宗教信仰，以陰陽五行爲代表；有道家的避世無爲，以魏晉清談爲典型；有天人感應的占卜，以兩漢易學爲大宗；有道教佛教的興起，以求仙和譯經爲工作。因此，這個時代的思想不在兩漢的經學，而在兩漢的易學，和道佛的經典，兩漢易學，爲中國哲學思想史上一個最難說明內容的思想系統。刻薄一點地說，兩漢易學沒有哲學思想，但是在中國思想史上則影響非常廣，非常深，祇要看陰陽五行的觀念，怎樣深入中國民間的生活，便能懂得兩漢易學的重要。研究中國哲學而不懂兩漢易學，就缺了含有關鍵性的一個環串。

中國哲學思想史上的第二個難題，是隋唐時代的佛學。其困難，有內在和外在兩方面。外在的困難，在於佛經的譯文難懂，佛經的卷數太多；內在的困難，在於佛教思想爲外來的思想，經過中國高僧的融會，發展成不可以語言文字傳授的禪學，超越了儒家和道家的思想規範。有人說，研究中國佛教思想，必定要懂梵文，這一點當然是正確的，但並不完全合於事實。中國佛教思想的發展，當然以佛典爲依據，然而隋唐時代的中國高僧，能够懂梵文的人很少，而對於佛教哲學有貢獻的高僧，大都不懂梵文。玄奘是一位懂梵文的大師，可是他的工作盡在翻譯，大乘各宗的大師，如慧遠、窺基、智顗、吉藏、法藏，以及禪宗的六祖和南禪五家的祖師，都是不通梵文的僧人，他們依據所懂的佛經，以中國的儒家和道家的思想，融會而成一門新的思想。這種佛教思想乃是中國的佛教思想，不能僅由梵文去研究。

二

佛教到了隋朝，已經進入了創設時期。魏晉南北朝時代的譯經工作，已到了完結階段。唐朝因着玄奘，譯經工作再度大盛，然而玄奘的工作大都是改正補充前代的翻譯。佛教的大經典，在隋以前，幾乎都譯成中文了。隋唐佛教高僧從事著述，作經論，作註疏，發揮自己的思想，建立了佛教的各宗。北齊慧文，傳授慧思，慧思傳智顗，以「大乘止觀」「摩訶止觀」，創立天台宗。

金陵嘉祥，承鳩摩羅什的法門，綜合南北朝的有和無的觀念。宏揚三論宗。杜順作法界觀和五教止觀，弟子智儼作華嚴略疏，法藏作探玄記，創立華嚴宗，後有澄觀，作大疏及演義抄，宏揚宗義。

淨土宗、律宗、成實宗、俱舍宗，在南北朝時都已發揚，到了唐朝，卻漸衰微。唯識宗由法相宗而出，在玄奘時，頗盛一時。玄奘弟子窺基，傳述宗義，作有成唯識論述記，不久即衰。

唐朝的佛教，以禪宗爲最著。魏晉南北朝時，道安、慧遠等已提倡般若和涅槃，慧遠更實行念佛。達摩祖師東來，在金陵面壁，創立禪宗，以後六傳到慧能和神秀，禪宗風靡大江南北。南禪慧能稱爲六祖，以頓悟爲風，著重禪的體驗。南禪後分五家：臨濟宗、溈仰宗、雲門宗、法眼宗、曹洞宗，禪風各有不同。法眼禪師在十規律裏說：

「曹洞則敲唱爲用，臨濟則互換爲機，韶陽則函蓋截流，溈仰則方圓默切，如谷應韶，似關合符。」

他沒有說他自己法眼宗的禪風。通常我們以爲「曹洞丁寧，臨濟氣勝，雲門突急，法眼巧便，溈仰回互。」

晚唐時華嚴宗有圭峯宗密，兼傳禪法，爲慧能弟子神會的繼法人，曾倡禪教一致，著禪源諸詮集都序。

中國哲學的特性，在於以人生爲中心。易經倡天地之大德曰生。以宇宙變易化生萬物。論語、中庸、孟子建立精神生活系統，以人性爲本，人生爲用，人道合於天地之道，存心養性，以明明德，以達到至誠而能贊天地之化育。老莊的道雖玄妙莫名，然以無爲爲性，自然爲法，應用到人的生活。莊子乃有心齋，以成至人。

佛教傳入中國首先和道家思想相融會，藉清談之名，傳四諦之實。稍後雖因專心譯經，西僧多於華僧，翻譯者備受朝廷帝王的禮遇，印度的氣味頗濃。然而當時的高僧如慧遠、僧肇等人，仍傾慕老莊之學。到了唐朝，佛教成了中國佛教，吸取了中國文化傳統，便拋棄了印度邏輯和玄想，傾向人的生活。三論宗，成實宗，以至唯識論都不繼續發揚，而注重人生的律宗、淨土宗，尤其禪宗則臻興盛。代表唐代佛教的禪宗，雖看來好像印度的玄想，實際上乃是中國傳統文化的特點。禪宗的心學，應上溯到中庸、大學和孟子。禪宗的禪風，應上承莊子。而禪宗的直見心性，不是形上哲理，而是活活潑潑的生活。禪宗的祖師們，罵佛毀經，一心專注在生命的中心。宋朝理學家有人責斥禪宗使人變成枯木槁灰；然而禪師們教人能夠「枯木龍吟，髑髏明眼。」

宋朝理學家都反對佛教，然而他們大都在青少年時研究過佛家經典，所以理學深受佛學影響。雖然周敦頤的「太極圖」，源於道教，但是道教和道家對於理學，影響輕微。朱熹可以說是受佛教影響最少，可是他的理氣說，也受有佛教理事說的影響，至於他的人性人心的思想，和修身的方法，也和佛教的心性說有關。陸象山高唱心外無理，這乃是禪宗的學說。楊時、羅從彥、李侗的中論和靜坐，更是禪師的禪法。理學家的語錄，也是仿效禪師們的語錄。

如此，研究中國哲學的人，不研究佛學，既不能懂得唐代的思想，也不能明瞭宋明理學的來源。

三

宋朝理學既興，佛學便衰了。唐武宗和後周世宗的破佛，給佛教一個很大的打擊。唐後，又有五代的變亂，佛教僧人散避各省，經論遭燬銷。唯獨不假經論的禪宗，偶有二三同道，在叢林中，可以互相參究，乃能繼續傳流。宋代的佛教仍以禪宗爲主。

禪宗本不立文字，唐朝祖師雖留有六祖壇經和神會語錄；然其他禪師的語錄，多成於宋代。碧巖錄、無門關、宗鏡錄都是宋代的著作。宋代的禪，已成爲文字禪。儒家的宋代大師，如歐陽修、蘇軾、黃庭堅等，都喜歡和僧人唱和。畫和茶道，也受禪風的影響。

禪宗的五家，從唐末傳到宋朝初年，都有了一時的興盛，不久，卻相次衰微，祇有雲門和臨濟兩宗，繼續法統，尤其是臨濟宗分爲黃龍揚歧兩派，流傳長久，幾乎成爲宋代佛教的代表。

宋代禪宗繼承唐代五家的禪風，有點像是「強弩之末」，走向消靡的路途。唐朝的禪宗大師，雖也祖述宗風，然而都是活潑靈巧的天才，隨機指導，沒有固定方式。唐代禪風因此靈活多變，玄妙不可捉摸，宋代禪師則失去了這種活潑的精神，使生龍活虎般的禪體驗，關進了形式的牢籠裏，乃招得了儒家的責駡爲「枯木槁灰」

宋代禪宗表現了幾種弊病：第一、參話頭，把唐代禪師隨機應變的話，拿來作爲參禪的工具，有碧巖錄和無門關的公案。參禪的人玩弄古人的一則話頭，有如口中含着鐵丸，株守前人的軌轍。第二、文字禪，唐代禪師本以不立文字爲宗規，但若沒有文字，則又不能使一般人懂得，因而在宋代出了許多禪書，收集了禪師的偈頌。參禪的人不注重禪的直接體驗，專而埋頭於依文解義。第三、禪教相混，唐代禪師常自命爲教外別傳，不專心於經論，宋代禪者傾向禪敎一致，有的人傾於律宗，拘守戒律的小節目，有的人習於念佛，求能往生淨土。第四、死求禪靜，唐代禪師力排坐禪求靜的弊端，宋代禪者卻死求禪靜，寂默枯坐。於是有「看話禪」和「默照禪」。看話禪參究古人的話頭，默照禪祇是靜坐，斷絕一切知念與活動。這個禪風在開始時，也都是禪學正統，幾項參禪的方法，後來流於偏激，便成了流弊。「看話禪」的開始人大慧宗杲，「默照禪」的開始人宏智正覺，堪稱爲禪學的大師。他的學徒們則陷於看話、默照，忘卻禪的本來意義。

法眼宗在宋初有天臺德韶和永明延壽兩位禪師，以後便衰頹無聞，法統傳於高麗。德韶，處州龍泉人，親參法眼文益，曾答弟子問說：「大道廓然，詎齊今古，無名無相，是法是修，良由法界無邊，心亦無際。無事不彰，無言不顯，如是喚作般若現前，理同眞際，一切山河大地，森羅萬象，墻壁瓦礫，並無虧闕。」（五燈會元卷十，天臺德韶禪師傳。）。延壽，餘杭人，俗姓王，在龍州寺出家，師事翠巖，後參德韶。他在雪竇寺住過，後來住在靈隱山，門下僧徒很衆，弟子一千七百餘人，曾在天臺山度戒一萬餘人，著有宗鏡錄一百卷，高麗王遣派韓僧三十六人來受印記。

雲門文偃的弟子，六十一人，傳法於五代和宋初，宗風非常興盛。著名禪師有契嵩禪師，懷璉法師。契嵩，藤州鐔津人，俗姓李，住杭州靈隱寺。當時儒者排佛，契嵩抗辯，又著禪門定祖圖、傳法正宗記，述說禪宗二十八祖的法統。懷璉，漳州龍溪人，俗姓陳，宋仁宗勅住淨因禪院，賜號大覺禪師。

曹洞宗在宋初，已不能繼承唐代的盛況，雖有大陽警玄禪師，五十年授徒宏法，門下得法者二十餘人然祇能保守餘油。他曾作曹洞五位頌：「正中偏，一輪皎潔正當天，宛轉虛玄事不彰，明暗祇在影中圓。偏中正休觀朗月秦時鏡，隱隱猶如日下燈，明暗混融誰辨影？正中來，脈路玄玄絕迂廻，靜照無私隨處現，如行鳥道入鄽開。偏中至，法法無依卽智智，橫身物外兩不傷，妙用玄玄善周備。兼中到，叶路當風無中道，莫守寒巖異草青，坐卻白雲宗不妙。」（五燈會元卷十四，大陽山警玄禪師傳。）五位爲正中偏、偏中正、正中來、兼中至、兼中到。

宋代最盛的禪宗爲臨濟宗。臨濟宗在宋初，稍形衰頹，到了宋末和元代反而興盛。此宗有名的禪師：風穴延沼、首山省念、淨陽善沼、石霜楚圓、黃龍慧南、楊岐方會。省念爲延沼的弟子，萊州人，住汝州首山。他的門下弟子六人，都是傑出人才，而最重要的是善沼。善沼太原人，俗姓俞，十四歲修道，遍訪名師，後參首山。石霜楚原爲善沼的弟子，全州青湘人，俗姓李，住湖南南岳和潭州興化。他的弟子黃龍慧南和楊岐方會，分爲兩家，臨濟乃有黃龍和楊岐兩派。

黃龍慧南，信州玉山人，俗姓章，十九歲出家，歷訪幾處禪師，不能悟道，乃到衡岳謁福巖，參拜楚圓，乃得了悟，時年三十五歲。後往住隆興府黃龍寺，開堂說法，學徒眾多，形成黃龍派。曾自頌曰：「生緣有語人皆識，水也何曾離得蝦。但見日頭昇畔上，誰能更喫趙州茶，我手佛手兼舉，禪人直下薦取，不動干戈，道出當處，超佛越祖，他脚驢脚並行，步步踏着無生，會得雲收日卷，方知此道縱橫。」（五燈會元卷一七，黃龍慧南禪師傳。）

楊岐方會，袁州宣春人，俗姓冷，追隨石霜楚原多年。後往住袁州楊岐山，又移居潭州雲蓋山，創楊歧宗風。曾示眾說：「身心清淨，諸境清淨，諸境清淨，身心清淨，還知楊歧老人落何處，河裏失錢河裏摝。」（五燈會元卷十九楊歧禪師傳）臨濟宗素重棒喝，禪風急烈，到了宋代黃龍和楊岐兩家，都趨穩重。楊岐雖曾說「放汝三十棒」，但不執行。

楊岐派後來有圜悟禪師和宗杲普覺禪師。圜悟禪師又名克勤佛染禪師，彭州崇寧人，俗姓駱，居灃州夾山靈泉院，名碧巖，作碧巖錄，記錄禪師公案，如「雪竇頌古」。他的門生中，有徑山宗杲。宗杲也名大慧普覺禪師，宜州人，俗姓奚，普覺是謚號，大慧是宋孝宗賜他的號。他幼好儒書，生有辯才，攻擊曹洞宗的默照禪。他自己則重參話頭，成為看話禪的代表人。他的語錄在淳熙元年，以皇帝詔命，列入大藏經。

宋代的禪宗，也可以說是人才濟濟；但是祖師禪力主承繼祖風，乃少有發展。天台宗和華嚴宗本是中國佛教哲學的最高峯。天臺在宋代分為山家和山外兩派，兩派的分歧，在於止觀，山家以安心為觀境，山外以眞如為觀境，已經不是哲學的爭論。華嚴在唐代有圭峯宗密，復興宗義，然他已和禪宗相融會。在五代時，這兩宗的宗法已絕，到了宋代又重有僧人繼承墜緒。

在寫完這册隋唐佛教哲學思想史以後，自己明知對佛學還是沒有入門，很難以現代哲學的方法，解釋佛學，使一般人可以懂。但是學問無止境，希望研究中國哲學的人，因這册書可以懂得中國佛學的大綱，再進而深入研究佛教各宗的義理。